〈執筆者一覧（執筆順）〉

山田	庫平	（明治大学名誉教授）	第1章・第2章
三木	僚祐	（摂南大学経営学部准教授）	第3章・第8章
山下	裕企	（青山学院大学経営学部教授）	第4章・第9章
大槻	晴海	（明治大学経営学部准教授）	第5章・第15章・第17章
広原	雄二	（東北文化学園大学経営法学部教授）	第6章・第14章
吉村	聡	（流通経済大学経済学部教授）	第7章・第10章
手嶋	竜二	（環太平洋大学経営学部准教授）	第11章
飯島	康道	（愛知学院大学経営学部教授）	第12章・第13章
中島	洋行	（明星大学経営学部教授）	第16章

Fundamentals of Cost and Management Accounting

原価・管理会計の基礎

山田庫平
吉村　聡　［編著］
飯島康道
大槻晴海

中央経済社

Fundamentals of Cost and Management Accounting

原価・管理会計の基礎

山田庫平
吉村　聡　[編著]
飯島康道
大槻晴海

中央経済社

まえがき

　アメリカではじめてマッキンゼーにより，『管理会計』という著書が出版されてから100年になろうとしている。この間，管理会計は原価計算を基礎として発展を遂げてきた。また，原価計算も経営管理に役立つことを，その主要な目的として発展してきた。こうしたことから，原価計算と管理会計は相互に関連性の深い学問分野であるということができる。そこで本書では，原価計算と管理会計の両分野にまたがる領域を取り上げ，これらについて解説している。というのも，原価計算と管理会計を1冊のテキストで学習することにより，関連性の深い両分野の内容を網羅的かつ体系的に理解することができると考えるからである。

　本書は，大学における原価計算や管理会計のテキストまたは参考書として，また資格試験の参考書として，さらに企業で原価計算や管理会計の実務に携わる人々の参考書として使用されることを意図している。本書はこのような意図のもとに，現代における原価計算や管理会計の理論と実践とを，体系的かつ平易にまとめたものである。

　本書は，つぎのように4編から構成されている。
　第Ⅰ編　原価・管理会計の基礎
　第Ⅱ編　財務諸表の作成と原価・管理会計
　第Ⅲ編　経営管理と原価・管理会計
　第Ⅳ編　現代における原価・管理会計の展開

　第Ⅰ編の「原価・管理会計の基礎」では，現代における原価計算の主要な目的について説明することにより，原価計算とは何かを明らかにしている。また，管理会計がどのような会計であるかを理解するため，財務会計との主要な相違について説明するとともに，管理会計の体系についても解説している。

　第Ⅱ編の「財務諸表の作成と原価・管理会計」では，財務諸表作成のために必要とされる原価計算として実際原価計算を取り上げ，特にそのうち，製造原価の計算手続について説明している。製造原価の計算は，原則として，費目別計算，部門別計算，製品別計算という3つの手続過程を経て行われる。費目別

計算とは一定期間における原価要素を費目別に分類測定する手続,部門別計算とは費目別計算によって把握された原価要素を,その発生場所別に分類集計する手続,また製品別計算とは原価要素を一定の製品単位に集計し,製品の製造単位原価を算定する手続をいうが,これら3つの手続過程について,その計算の仕組みを中心に解説している。

第Ⅲ編の「経営管理と原価・管理会計」では,経営管理のために必要とされる原価計算や管理会計の手法について説明している。すなわち,原価管理のために必要とされる手法として標準原価計算,また利益管理のために必要とされる手法として損益分岐点分析,直接原価計算および予算管理,そしてさらに経営意思決定のために必要とされる手法として差額原価収益分析と設備投資の経済性計算を取り上げ,これらの計算手続について具体的な数字例を用いて解説している。

第Ⅳ編の「現代における原価・管理会計の展開」では,1980年代以降,急激な企業環境の変化に対応して登場してきた戦略管理会計あるいは戦略的コスト・マネジメントの代表的手法について説明している。すなわちそこでは,ABCとABM,原価企画,ライフサイクル・コスティングおよびバランスト・スコアカードを取り上げ,こうした手法の計算の仕組みやその有効性などを解説している。

本書の主要な特徴は,以下のとおりである。

(1) 原価計算と管理会計の両分野に関連する内容を取り上げていること。すなわち,原価計算と管理会計の両分野を1冊のテキストで学習することができ,両分野の内容を網羅的かつ体系的に理解することができる。

(2) できるだけ多くの例題(計算例)を用い,それにもとづく説明が行われていること。特に,計算手続の説明が必要となる第Ⅱ編と第Ⅲ編については,わかりやすい例題を多く設けている。また,各例題について,計算過程(解き方)をかなり詳しく説明しているため,自習用としても使用することができる。

(3) 各章の冒頭にPoint(学習の要点)を付し,学習の目標を明示していること。これにより,各章の学習内容が明確になり,その内容を体系的に学習することができる。

(4) 原価計算や管理会計の手続の説明については,できるだけ図示して理解

を助けていること。すなわち，本文を図表と対応させながら読むことで，その理解を容易にしている。

　本書の主要な特徴は上記のとおりであるが，さらに初学者が学習することも念頭において，平易な表現を用いるとともに，基礎から出発して段階的に学習ができるようにまとめられている。また，中級者にも対応できるレベルまで説明されている。

　最後に，本書の出版をご快諾いただいたばかりでなく，全面的なご協力を賜った中央経済社会計編集部の田邉一正氏に，執筆者一同を代表して，心から謝意を表する次第である。

2018年2月

編著者

目　次

第Ⅰ編　原価・管理会計の基礎

第1章　原価計算の意義 ―――――――――――――――――― 2

1. 原価計算とは …………………………………………………………… 2
2. 原価計算の目的 ………………………………………………………… 4
   (1) 財務諸表作成目的・5／(2) 原価管理目的・6／(3) 利益管理目的・6／(4) 経営意思決定目的・7
3. 原価計算の手続過程 …………………………………………………… 8
4. 原価単位と原価計算期間 ……………………………………………… 9
   (1) 原価単位・9／(2) 原価計算期間・9
5. 原価計算の形態 ………………………………………………………… 10

第2章　管理会計の意義 ―――――――――――――――――― 12

1. 財務会計と管理会計 ……………………………………………………12
   (1) 企業の利害関係者集団と会計情報・12／(2) 企業会計の2大領域－財務会計と管理会計・13／(3) 管理会計と財務会計の相違・14
2. 管理会計の体系 …………………………………………………………16
   (1) 計画会計と統制会計・17／(2) 業績管理（評価）会計と意思決定会計・18
3. 業績管理（評価）会計 …………………………………………………19
4. 意思決定会計 ……………………………………………………………21
5. 原価計算と財務会計・管理会計 ………………………………………22
6. 原価計算と管理会計 ……………………………………………………23

第Ⅱ編　財務諸表の作成と原価・管理会計

第3章　原価の概念と分類 ── 26

1. 原価計算制度における原価の一般概念 ……………26
2. 原価計算制度における原価の諸概念 ……………29
   - (1) 実際原価と標準原価・29／(2) 製品原価と期間原価・30／
   - (3) 全部原価と部分原価・30
3. 原価要素 ……………31
   - (1) 形態別分類・31／(2) 製品との関連における分類・32／
   - (3) 機能別分類・32／(4) 操業度との関連における分類・32／
   - (5) 原価の管理可能性にもとづく分類・33
4. 製造原価と総原価 ……………34

第4章　原価の費目別計算 ── 36

1. 材料費の計算 ……………36
   - (1) 材料費の分類・36／(2) 材料購入原価の計算・38／(3) 材料消費量の把握方法・40／(4) 材料消費価格の計算・41／(5) 実際残高量の確認と棚卸減耗・47
2. 労務費の計算 ……………47
   - (1) 労務費の分類・47／(2) 支払賃金の計算・49／(3) 消費賃金の計算・50
3. 経費の計算 ……………56
   - (1) 経費の分類・56／(2) 経費の計算・57

第5章　原価の部門別計算 ── 59

1. 部門別計算の意義と目的 ……………59
2. 原価部門の設定 ……………60
3. 部門に集計される原価要素の範囲 ……………61
4. 部門別計算の手続 ……………62
   - (1) 原価要素の部門個別費と部門共通費への分類・62／

(2) 部門個別費と部門共通費の各部門への集計（部門費の第1次集計）・63／(3) 補助部門費の製造部門への配賦（部門費の第2次集計）・67／(4) 単一基準配賦法と複数基準配賦法・77

第6章　原価の製品別計算(1)—個別原価計算 ——— 79

1. 個別原価計算の意義 …………………………………… 79
   (1) 個別原価計算の特徴・79／(2) 個別原価計算の適用・80／(3) 個別原価計算の種類・81

2. 個別原価計算の手続 …………………………………… 81
   (1) 製造直接費の賦課・82／(2) 製造間接費の配賦・82

3. 製造間接費の配賦計算 ………………………………… 83
   (1) 製造間接費配賦の意義・83／(2) 製造間接費の予定配賦・86

4. 作業屑の評価と処理 …………………………………… 87
   (1) 作業屑の評価・87／(2) 作業屑の処理・87

5. 仕損費の計算と処理 …………………………………… 88
   (1) 仕損費の計算・89／(2) 仕損費の処理・89

第7章　原価の製品別計算(2)—総合原価計算 ——— 93

1. 総合原価計算の意義 …………………………………… 93

2. 単純総合原価計算 ……………………………………… 94
   (1) 期末仕掛品原価の計算・95／(2) 仕損と減損の処理および計算・99

3. 工程別総合原価計算 …………………………………… 104
   (1) 工程別総合原価計算の意義・104／(2) 工程別計算の方法・104／(3) 加工費工程別総合原価計算・109

4. 組別総合原価計算 ……………………………………… 111
   (1) 組別総合原価計算の意義・111／(2) 組別総合原価計算の方法・111

5. 等級別総合原価計算 …………………………………… 115
   (1) 等級別総合原価計算の意義・115／(2) 等価係数の算定・116／(3) 等級別総合原価計算の方法・116

6. 連産品の原価計算 ……………………………………… 121
   (1) 連産品の意義・121／(2) 連産品原価の計算方法・122／

(3) 副産物の評価および処理・123

第Ⅲ編　経営管理と原価・管理会計

第8章　標準原価計算 ―― 128
　1　原価管理の意義 ……………………………………………128
　2　標準原価計算の意義と目的 ………………………………129
　　　(1) 標準原価計算の意義・129／(2) 標準原価計算の目的・130
　3　標準原価の種類 ……………………………………………131
　　　(1) 標準の改訂の頻度にもとづく分類・131／(2) 標準の厳格度にもとづく分類・132
　4　原価標準の設定 ……………………………………………133
　　　(1) 直接材料費標準の設定・133／(2) 直接労務費標準の設定・133／(3) 製造間接費標準の設定・134／(4) 標準製品原価の算定・135
　5　標準原価差異の計算と分析 ………………………………136
　　　(1) 直接材料費差異の分析・136／(2) 直接労務費差異の分析・137／(3) 製造間接費差異の分析・139／(4) 標準原価差異の原因分析・142
　6　標準原価計算における勘定記入法 ………………………142
　　　(1) パーシャル・プラン・142／(2) シングル・プラン・143／(3) 原価差異の会計処理・143

第9章　損益分岐点分析 ―― 145
　1　原価の固変分解 ……………………………………………145
　2　損益分岐点分析 ……………………………………………148
　　　(1) 損益分岐点分析の意義と定式化・148／(2) 損益分岐点分析の仮定・154

第10章　直接原価計算 ―― 156
　1　直接原価計算の意義 ………………………………………156
　2　直接原価計算の計算構造 …………………………………158

　　　　　(1) 全部原価計算と直接原価計算の計算構造・158／(2) 全部原価計算と直接原価計算による営業利益の相違・159

　　3　直接原価計算の利用目的 …………………………………………163

　　4　直接原価計算と外部報告 …………………………………………164
　　　　　(1) 直接原価計算の外部報告目的への利用・164／(2) 直接原価計算における固定費調整・164／(3) 直接原価計算の外部報告目的論争・165

　　5　直接原価計算と経営管理 …………………………………………166
　　　　　(1) セグメント別損益計算・166／(2) 直接原価計算による価格決定・168

第11章　予算管理 ── 171

　　1　経営計画，利益計画および企業予算 …………………………171

　　2　予算管理の意義 ……………………………………………………172
　　　　　(1) 企業予算・172／(2) 予算管理の機能・172

　　3　予算の種類と体系 …………………………………………………173
　　　　　(1) 予算の種類・173／(2) 予算の体系・175

　　4　予算の編成 …………………………………………………………175
　　　　　(1) 予算編成の意義・175／(2) 予算編成方針・176／(3) 予算委員会の設置・177／(4) 予算編成の手続・177

　　5　参加型予算管理 ……………………………………………………178

　　6　予算による統制 ……………………………………………………179
　　　　　(1) 予算統制と予算実績差異分析・179／(2) 予算実績差異分析の実施・179／(3) 予算報告書・181

　　7　予算管理の新たな潮流 ……………………………………………182
　　　　　(1) ABBの意義・182／(2) ABBの予算編成プロセス・182

第12章　特殊原価調査と差額原価収益分析 ── 184

　　1　経営意思決定のプロセス …………………………………………184

　　2　特殊原価調査と差額原価収益分析 ……………………………185

　　3　業務執行的意思決定と差額原価収益分析 ……………………188
　　　　　(1) 新規受注の可否に関する経営意思決定・188／(2) 部品の自製か購入かに関する経営意思決定・189／(3) 最適セールス・ミックスに

関する経営意思決定・191

第13章　設備投資の経済性計算 ── 195

1　戦略的意思決定と設備投資の経済性計算 ……………………195
(1)　戦略的意思決定の意義・195／(2)　設備投資の経済性計算における基礎概念・195

2　設備投資案の評価方法 ………………………………………197
(1)　正味現在価値法・198／(2)　内部利益率法・199／(3)　収益性指数法・200／(4)　回収期間法・201／(5)　投資利益率法・202

第Ⅳ編　現代における原価・管理会計の展開

第14章　ABCとABM ── 204

1　ABCの意義 ……………………………………………………204
2　ABCの特質 ……………………………………………………205
3　ABCの基本概念 ………………………………………………205
(1)　活動・205／(2)　コスト・ドライバーおよびコスト・プール・206／(3)　長期変動費・207／(4)　資源消費型の計算構造・208

4　ABCの計算構造 ………………………………………………208
5　ABCによる製品原価の計算 …………………………………210
(1)　伝統的原価計算による総原価の計算・210／(2)　ABCによる総原価の計算・211／(3)　両計算方法による利益の計算・213

6　ABM ……………………………………………………………214
(1)　活動分析・215／(2)　コスト・ドライバー分析・215／(3)　業績分析・216

第15章　原価企画 ── 217

1　原価企画の意義 …………………………………………………217
(1)　原価企画の定義・217／(2)　原価企画の目的と特徴・218

2　原価企画の基礎概念とプロセス ………………………………219

　　　　　(1) 原価企画の基礎概念・219／(2) 原価企画のプロセス・221

　　3　目標原価の設定 ……………………………………………223
　　　　　(1) 目標原価の設定・223／(2) 目標原価の細分割付・224

　　4　目標原価の達成管理 ………………………………………226
　　　　　(1) VEによる目標原価の達成活動・226／(2) 原価見積による設計代替案に対する経済性の評価・227／(3) マイルストーン管理による目標達成状況の監視・228

第16章　ライフサイクル・コスティング ——————————— 229

　　1　ライフサイクル・コストの意義 ……………………………229
　　2　ライフサイクル・コストの特徴 ……………………………231
　　　　　(1) ライフサイクル・コストの構成要素・231／(2) ライフサイクル・コストの3つのモデル・232／(3) ライフサイクル・コストの考え方が適用可能な製品のタイプ・233

　　3　ライフサイクル・コストのマネジメント …………………234
　　　　　(1) ユーザーの立場からのライフサイクル・コストのマネジメント・234／(2) メーカーの立場からのライフサイクル・コストのマネジメント・235／(3) ライフサイクル・コストのマネジメントと信頼性・236

　　4　ライフサイクル・コスト情報の活用 ………………………237
　　　　　(1) 地方自治体の公共施設マネジメント（ユーザーの立場）・237／(2) 市場での競争優位の確保（メーカーの立場）・238

　　5　ライフサイクル・コストの拡張 ……………………………239

第17章　バランスト・スコアカード ——————————— 240

　　1　バランスト・スコアカードの意義 …………………………240
　　2　バランスト・スコアカードの基本構造 ……………………242
　　3　戦略マップによる戦略の可視化 ……………………………244
　　4　バランスト・スコアカードによる戦略の具体化と監視 ……247
　　5　バランスト・スコアカードによる戦略のコントロール ……249

索　引 …………………………………………………………………253

第 I 編

原価・管理会計の基礎

第1章　原価計算の意義
第2章　管理会計の意義

第1章　原価計算の意義

> **Point**
> 1．「原価計算基準」にいう原価計算および今日，一般に理解されている原価計算とは何かについて概括的に学習する。
> 2．現代における原価計算の主要な目的について理解する。
> 3．製造原価の計算における3つの手続過程について学習する。
> 4．原価単位と原価計算期間について理解する。
> 5．原価計算の形態について概括的に学習する。

1　原価計算とは

　「原価計算（cost accounting）とは何か」の説明は，まず原価計算の定義を示し，それを説明するという方法が一般的な説明方法であるかもしれない。しかし，原価計算の初学者が，そのような説明を正確に理解することはきわめて困難である。そこでここではそのような説明方法をとらないで，本章全体で原価計算の内容を概括的に説明し，その説明を通して原価計算がどのような会計技法であるかを概説したいと考える。

　わが国では，1962年（昭和37年），企業会計審議会によって「原価計算基準」が公表された。したがって，同基準が公表されてから50年以上の歳月を経過している。50年前と現在とでは，企業を取り巻く環境は大きく変化している。このような企業環境の大きな変化からして，「原価計算基準」にもいくつかの問題点が生じている。つまり，今日の企業環境に適合した新たな「原価計算基準」の制定が望まれているのである。しかし，今日まで原価計算に関する新たな基準をみることはできない。したがって，50年以上前に制定された「原価計算基準」とはいえ，原価計算に関する新たな基準がみられない以上，とりわけ原価計算の初学者は「原価計算基準」でいう原価計算について理解しておくことが

必要である。

それでは「原価計算基準」は，原価計算をどのように規定しているのであろうか。同基準は，原価計算を原価計算制度と特殊原価調査とに分類している。そして同基準における原価計算とは，制度としての原価計算（原価計算制度）をいうとしている（「原価計算基準」2）。それでは原価計算制度とは，どのような原価計算をいうのであろうか。「原価計算基準」2は，原価計算制度をつぎのように規定している。

「原価計算制度は，財務諸表の作成，原価管理，予算統制等の異なる目的が，重点の相違はあるが相ともに達成されるべき一定の計算秩序である。かかるものとしての原価計算制度は，財務会計機構のらち外において随時断片的に行われる原価の統計的，技術的計算ないし調査ではなくて，財務会計機構と有機的に結びつき常時継続的に行われる計算体系である。」

原価計算制度の上記の規定からして，原価計算制度の基本的特徴はつぎの3点にある。

① 財務諸表の作成，原価管理，予算統制等の異なる目的が重点の相違はあるが相ともに達成されるべき原価計算であること。
② 一定の計算秩序をもって常時継続的に行われる原価計算であること。
③ 財務会計機構と有機的に結びついて行われる原価計算であること。

原価計算制度とは上述したとおりであるが，それを今日の企業環境に照らしてみたとき，今日においては上記①の基本的特徴には問題がある。

つまり，原価計算制度は，異なる原価計算目的が相ともに達成されるべき原価計算であるとしている。それはITが普及発展していなかった「原価計算基準」制定時（1962年）としては当然といえよう。しかし，ITが著しく普及発展している現代においては，次節で説明する原価計算目的の各々に応じた有益な原価計算を安価なコストで行うことができる。したがって，現代においては，財務諸表作成目的のための原価計算は原価計算制度として行い，他の目的については各々の目的に応じた有益な原価計算を行えばよいといえよう。

ところで原価計算では，製品，サービス，活動などの原価計算対象（給付）1単位についての原価が計算されるが，原価計算制度において計算される原価と

は，どのようなものをいうのであろうか。「原価計算基準」3は，原価計算制度における原価をつぎのように規定している。

　「原価計算制度において，原価とは，経営における一定の給付にかかわらせて，把握された財貨又は用役（以下これを「財貨」という。）の消費を貨幣価値的に表わしたものである。」

　上記に規定された原価は，原価計算制度における原価の一般概念といわれる。原価計算制度における原価の一般概念や原価の諸概念などについては，第3章の「原価の概念と分類」で説明している。詳細についてはそちらで学習されたい。

　これまで原価計算制度としての原価計算について説明してきた。今日，一般に理解されている原価計算は，原価計算制度としての原価計算と特殊原価調査とを包括した原価計算である。

　それでは特殊原価調査とは，どのような原価計算であろうか。特殊原価調査（special cost studies）とは，臨時的に生ずる原価計算目的，すなわち経営意思決定目的を果たすために，財務会計機構のらち外において，統計的，技術的計算ないし調査のかたちで随時断片的に行われる原価計算である。特殊原価調査においては，原価計算制度では通常用いられない各種の特殊な原価概念が用いられるが，この種の原価概念は「特殊原価概念」とよばれる。特殊原価概念は経営意思決定のための原価概念であり，差額原価，埋没原価，機会原価，現金支出原価，付加原価，回避可能原価，延期可能原価などがその代表的なものである。特殊原価調査や特殊原価概念については，第12章で説明されているのでそちらをみられたい。

2　原価計算の目的

　原価計算は，それがいかなるために行われるのかという「目的」に対する「手段」の体系にほかならない（P.F. Bourke, "What Does It Cost?" in *Accounting for Managerial Decision Making*, 2nd ed., ed. by D.T. DeCoster, K, V. Remanathan, G.L. Sundem, 1978, p.183）。したがって，原価計算はその目的いかんによって，そこで用いられる原価の概念や計算の仕組みが異なったものとなるから，原価

計算はその目的との関連において理解することがきわめて重要となる。

さてそこで，現代における種々の原価計算目的のうち，その主要なものをあげれば，つぎのようになる。

① 財務諸表を作成するために必要な原価資料を提供する。
② 原価管理に必要な原価資料を提供する。
③ 利益管理に必要な原価資料を提供する。
④ 経営意思決定に必要な原価情報を提供する。

上記の①は財務諸表作成目的または財務会計目的とよばれ，また②は原価管理目的，③は利益管理目的，④は経営意思決定目的，随時的な経営意思決定目的などとよばれている。

以下本節においては，上記4つの目的の内容について，説明することにしよう。

(1) 財務諸表作成目的

原価計算は，損益計算書，貸借対照表および製造原価明細書の作成に際して重要な資料を提供する。

損益計算書においては，売上高から売上原価が控除されて売上総利益が示される。そこでの売上原価を計算するためには，原価計算から提供される資料が必要となる。製造業の損益計算書において，売上原価をその計算過程と併せて表示する場合には，製品期首棚卸高に当期製品製造原価を加え，その合計から製品期末棚卸高を控除する形で表示される。売上原価はこのように計算表示されるが，その計算表示に必要な期首・期末の製品棚卸高は，原価計算から提供される製品別（あるいは単一種類）の給付単位の製品製造原価を基礎資料として算定・表示され，また当期製品製造原価は原価計算手続によって得られた原価額にもとづいて表示されるのである。さらにまた売上総利益から控除される販売費および一般管理費に関する原価資料も原価計算により提供され，それにより営業利益が計算表示されることになる。

貸借対照表の作成に際しては，貸借対照表の流動資産の区分に示される製品，半製品，原材料，仕掛品，貯蔵品に関する資料が原価計算より提供される。

また原価計算は，製造原価明細書の作成に際しても，その作成に必要な原価資料を提供する。製造原価明細書は，一般に，当期の材料費・労務費・経費が区分して示されるとともに，それらを合計して当期総製造費用が示される。そして当期総製造費用に期首仕掛品棚卸高を加え，その合計額から期末仕掛品棚卸高を控除する形で当期製品製造原価が示される。このような製造原価明細書は，原価計算の提供する原価資料にもとづくことによって，正しく作成することができるのである。

(2) 原価管理目的

原価管理には，広義と狭義の意味がある。ここでの原価管理とは狭義の原価管理を意味する。狭義の原価管理について，その手続過程を段階的に示せば，およそつぎのようになる。

---

① 原価の標準を設定してこれを経営管理者に指示する。
② 作業活動を標準に向けて指導，規制する。
③ 実績を標準と比較して，その差異の原因を分析し，これに関するデータを経営管理者に報告する。
④ ③の報告にもとづき，必要な改善措置をとる。
⑤ つぎに設定される原価の標準をより合理的に設定するために，③の差異分析に関するデータを，つぎの原価標準の設定にフィードバックする。

狭義の原価管理はおよそ上述の手続過程を経て行われるが，原価計算はこの手続過程において直接的には①と③の手続を担当する。したがって，原価計算は①と③の手続を通じて原価管理に必要な原価資料を提供し原価管理のために役立つのであるが，その役割は第8章で説明する標準原価計算によってもっとも効果的に果たされるのである。

(3) 利益管理目的

利益管理は，長期利益計画設定 → 短期利益計画設定 → 予算編成 → 予算統制という一連の過程を経て展開される総合的な経営管理活動である。しかし，利益管理はこの過程のうち，短期利益計画設定から始まる過程として論じられている場合も少なくない。そこでここでは，長期利益計画設定から始まる一連の

経営管理活動を広義の利益管理とよび，短期利益計画設定から始まる一連の経営管理活動を狭義の利益管理とよぶ。

利益管理のために必要な情報は，原価計算によってすべて提供されているわけではないが，原価計算も重要な情報を提供する。まず，短期利益計画設定においては，たとえば次期の売上高をいくらに増やせば，原価はいくらになり，利益はいくらになるかというような，原価と営業量（売上高や販売数量などで測定される）と利益の3者の関係，すなわち原価・営業量・利益関係（cost-volume-profit relationship：CVP）に関する情報が重要である。このような情報は原価計算，具体的には損益分岐点分析や直接原価計算によって提供される。前者については第9章で，後者については第10章で説明されている。また，予算の編成においては原価に関連する予算（たとえば直接材料費予算，直接労務費予算など）の編成に際して，その編成のための原価に関する基礎資料が原価計算によって提供される。さらに予算統制においては，予算原価と比較される実際原価に関する資料が原価計算によって提供されるのである。また，広義の利益管理における長期利益計画設定においては，戦略的意思決定の問題がきわめて重要となる。戦略的意思決定と原価計算については，次項において説明する。

(4) 経営意思決定目的

経営意思決定（managerial decision making）とは，経営管理者が企業活動の個別問題について将来とるべき活動のコースを決めるために，相互代替的な諸案のなかから最良の案を選択することである。このような経営意思決定は，その経営意思決定が経営構造そのものに関するものであるか否かにもとづき，戦略的意思決定と業務執行的意思決定とに分類される。

戦略的意思決定（strategic decision）は，経営構造に関する経営意思決定をいい，たとえば新製品の開発，新事業への進出，経営立地，設備投資などに関する経営意思決定がその例である。業務執行的意思決定（operating decision）は，一定の経営構造を前提とした業務活動の個別問題に関する経営意思決定をいい，たとえば部品を自製するか購入するか，新規注文の引受けの可否，操業度などに関する経営意思決定がこれに相当する。

上述してきた経営意思決定のためには，原価計算制度では通常用いられない各種の特殊な原価が必要となる。そのような原価情報は，特殊原価調査から入

手する。これについては第12章で説明されている。

3　原価計算の手続過程

　販売費および一般管理費は，通常，期間原価(一定期間における発生額を，当期の収益に直接対応させて把握した原価)として処理され，製品原価（一定単位の製品に集計された原価）は製造原価によって計算される。したがって，製品原価の計算は，通常，製造原価の計算として行われることになる。

　ところで製造原価の計算は，原則としてつぎの**図表１－１**のように，３つの手続過程を経て行われる。

　費目別計算とは，一定期間における原価要素を費目別に分類測定する手続である。費目別計算は，第２段階，第３段階の計算手続である部門別計算，製品別計算の基礎的段階となる手続過程であると同時に，財務会計と原価計算とを結合させる手続過程である。

　部門別計算とは，費目別計算によって把握された原価要素を，その発生場所別に分類集計する手続である。それは原価管理のために，またつぎの製品別計算を正確に行うために重要な手続過程である。

　製品別計算とは，原価要素を一定の製品単位に集計し，製品の製造単位原価を算定する手続である。製品別計算は，財務会計における損益計算書と貸借対照表の作成，また販売製品の組合せなどの計画設定などにとって重要な情報を提供する計算手続である。

　原価計算は，原則として，上述のような３つの手続過程を経て行われるが，第２段階の部門別計算を省略することがある。このような場合には，費目別計算を行ったならば，ただちに製品別計算が行われる。したがって，この場合，原価計算は２つの手続過程を経て行われることになる。

4　原価単位と原価計算期間

(1) 原価単位

　原価計算では，製品，サービス，活動などの原価計算対象1単位についての原価が計算される。そこで原価計算では，原価計算対象に関連づけて原価を集計するための物量単位が必要となる。このような原価計算対象1単位の原価を集計するための物量単位を原価単位（cost unit）または原価計算単位（costing unit）という。

　製品の原価単位には，1個，1本，1kg，1m，1ポンド，1ガロン，1リットルなどがある。ここに示した例は，1個，1本というように製品1つ1つが原価単位とされるが，つねに製品1つ1つが原価単位になるとはかぎらない。1ロットあるいは1バッチを原価単位とすることもある。たとえば，作業工具製造業においてモンキー・レンチ2,000本を1ロットとして生産し，あるいはネジ製造業においてネジ30,000個を1バッチとして生産する場合，2,000本というロット，30,000個というバッチを原価単位とするのである。

　また原価単位は，各部門における作業の業績を測定するためにも必要である。このためには，たとえば動力部門については供給電力1キロワット（kW）時が原価単位として用いられる。

(2) 原価計算期間

　製品原価の計算および原価報告のために人為的に区切られた一定の期間を原価計算期間（costing period）という。原価計算期間は，通常，暦月の1ヵ月である。原価計算期間が会計期間（1年，半年または四半期）よりかなり短くなっているのは，原価管理など経営管理に役立つ原価情報を迅速に提供しなければならないからである。

5　原価計算の形態

本章の３節で説明したように，製造原価の計算は，原則として，費目別計算→部門別計算→製品別計算という３つの手続過程を経て行われる。

ところで，第３段階である製品別計算は，生産形態の種類別に対応して異なる計算形態をとる。そのような計算形態は「原価計算の形態」とよばれているが，それは一般に図表１−２のような類型に分類される。

図表１−２　原価計算の形態

- 個別原価計算
- 総合原価計算
  - 単純総合原価計算
  - 等級別総合原価計算
  - 組別総合原価計算
  - 連産品の原価計算

個別原価計算（job order costing）は，種類を異にする製品を個別的に生産する生産形態に適用され，個別的に生産される製品（１単位の製品，あるいはバッチないしロットとして生産される一定単位数量の製品）に対し製造指図書（production order）を発行し，製造指図書別に製造原価を集計する原価計算の方法である。

種類を異にする製品を個別的に生産する生産形態の代表的な例は，顧客からの注文にもとづいてその注文された製品を製造する個別受注生産形態である。造船業，機械製作業，航空機産業などは個別受注生産形態の業種の例であるが，個別原価計算は一般にこのような個別受注生産形態の業種の企業に適用される。

個別原価計算においては，製造指図書の番号が重要な意味をもつ。製造指図書は製造の命令書であるが，それにはその発行順に一連の番号がつけられている。特殊な目的の製造指図書（たとえば固定資産建造指図書など）を除いて，通常の製造指図書には特定製品製造指図書（特定製造指図書）と継続製造指図書がある。個別原価計算の場合には，特定種類の製品を一定数量だけ製造することを命令した特定製品製造指図書が発行されるが，それにつけられている番号，すなわち指図書番号はその指図書により製造を指示した製品を表わしている。個別原価計算の場合には，このような意味をもつ指図書の番号にもとづき，各製品の製造の着手から完成までの製造原価が指図書の番号別に集計されるのであ

る。

　総合原価計算（process costing）は，一般に，同一規格の製品を反復連続的に大量生産する生産形態，すなわち市場見込生産形態に適用され，一定期間における総生産数量とその期間生産量に対する総製造原価を把握し，後者を前者で除することによって製品の製造単位原価を算定する原価計算の方法である。

　市場見込生産では，一般に市場における不特定の顧客をあらかじめ見込んで，同一規格の製品が反復連続的に大量に生産される。セメント製造業，石油工業，化学工業，製紙業，鉄鋼業などは市場見込生産形態の業種の例であるが，総合原価計算は一般にこのような市場見込生産形態の業種の企業に適用される。

　総合原価計算の場合にも，通常，継続製造指図書とよばれる製造指図書が発行される。継続製造指図書は，同一種類の製品を一定数量だけ一定期間継続して製造することを命令したものであるが，その役割は特定製品製造指図書とは非常に異なっている。つまり，継続製造指図書は特定製品製造指図書のように製造原価を集計するための手段として用いられるのではなく，作業を予定どおりに進めるための手段として用いられる。したがって，総合原価計算においては継続製造指図書の番号別に製造原価が集計されるのではなく，製造原価は原価計算期間別に集計されるのである。

　総合原価計算は上述のような原価計算の方法であるが，それはさらに単純総合原価計算，等級別総合原価計算，組別総合原価計算および連産品の原価計算に分類される。単純総合原価計算は単一種類の製品を反復連続的に生産する生産形態に，等級別総合原価計算は等級製品を連続生産する生産形態に，組別総合原価計算は異種製品を組別（製品種類別）に連続生産する生産形態に，そして連産品の原価計算は連産品を連続生産する生産形態に適用される原価計算の方法である。

第2章　管理会計の意義

> Point
> 1．管理会計の意義について概括的に学習する。
> 2．管理会計と財務会計との主要な相違について理解する。
> 3．業績管理（評価）会計および意思決定会計が，それぞれどのような管理会計であるかについて概括的に学習する。
> 4．原価計算と財務会計・管理会計との関係，および原価計算と管理会計の同一点と相違点を理解する。

1　財務会計と管理会計

　管理会計とは何か，それは管理会計の具体的内容を学習することによって，したがって本書の第Ⅱ編以下，とりわけ第Ⅲ編と第Ⅳ編のすべてを学習することによって，はじめてよく理解することができる。しかし，管理会計を体系的に学習するためには，まず管理会計がどのような会計であるかを概括的に理解し，ついで管理会計の具体的内容を学習するのが効果的である。そこで本節では，管理会計がどのような会計であるかを，財務会計との対比において概説することにしよう。

(1)　企業の利害関係者集団と会計情報

　企業会計は企業の経済事象ないし経済活動を，主として貨幣額で記録・計算・報告する手続であり，したがってそこには，当然，計算結果を報告する対象が存在する。そこでの計算結果を報告する対象とは，企業の利害関係者である。
　今日の企業は，多数の利害関係者と密接な関係を保ちながら存在している。その利害関係者をグループ別にみるならば，経営管理者，株主，債権者，税務当局，仕入先，消費者，労働組合などをあげることができ，そしてそれらはつ

ぎのように企業外部の利害関係者と企業内部の利害関係者とに分けることができる。

◆企業外部の利害関係者－株主，債権者，税務当局，仕入先，消費者，労働組合など
◆企業内部の利害関係者－経営管理者（トップ，ミドル，ロワー）

　企業の各利害関係者集団は，企業に対する各々の関心をとおして，企業とそれぞれ利害関係をもつことになる。したがって，企業外部の利害関係者は自己の利益を守るべく適切な意思決定を行い合理的な行動をとるために，関係企業に関する会計情報が必要となり，そしてその公開を要求することになる。また，企業内部の利害関係者である経営管理者も自らの任務を遂行するために，経営管理に役立つ会計情報が必要となるのである。

(2)　企業会計の2大領域－財務会計と管理会計

①　財務会計

　前項で明らかにしたように，企業の利害関係者は，企業外部の利害関係者と企業内部の利害関係者とに分けられる。財務会計 (financial accounting) とは，株主，債権者など企業外部の利害関係者に対して，企業の経営成績，財政状態およびキャッシュ・フローの状況に関する会計情報の報告を目的とする会計である。それは，企業外部の利害関係者に報告するための会計であるところから，外部報告会計 (accounting for external reporting) ともいわれ，またその報告の具体的手段が財務諸表 (financial statements) であるところから，財務諸表会計ともよばれる。

　今日の会計は，株主，債権者，税務当局，仕入先，消費者，労働組合など多くの企業外部の利害関係者とのつながりのもとに存在し，またその要求に応ずる企業の社会的責任からしても，いわばそれは社会的な性格をもって存在している。このような社会的な要請を満たす会計が財務会計であるから，「財務会計はもはや単なる一部の利害関係者のためのものではなく，社会の公器としての役割を帯びるようになる」(飯野利夫『財務会計論〔三訂版〕』同文舘，1993年，第1章10頁)。したがって，財務会計のこのような性格からして，財務会計は法令

などによっても規制を受け，経済社会をささえる1つの制度として存在しているのである。

② 管理会計

管理会計 (management accounting : managerial accounting) とは，企業内部の各階層の経営管理者に，経営管理に有用な会計情報の提供を目的とする会計であり，それは企業内部の利害関係者に会計情報を提供するための会計であるところから，内部報告会計 (accounting for internal reporting) ともよばれる。

ここに経営管理 (management) とは，これを一般的，抽象的にいうならば，それは経営目的を達成するために多数の人間活動を結合させ，それによって仕事を効率的に運営していく働きである。このような経営管理の内容は，一般に，計画，組織化，動機づけ，統制などの諸要素から構成されていると考えられている。管理会計は，このような経営管理の内容のうち，計画と統制に有用な会計情報を提供するのである。なお，計画および統制については後述する。

(3) 管理会計と財務会計の相違

これまで述べてきたところから，財務会計と管理会計がどのようなものであるかが，おおよそ明らかになったであろう。そこでつぎに，両者の主要な相違について説明することにする。両者の主要な相違を要約して示せば，およそつぎのようになる。

① **会計実体の相違** —— 財務会計における実体は企業実体(株式会社，個人企業など)であるのに対し，管理会計における実体はそれだけではなく，企業内の小実体としての責任実体(事業部，工場，販売店，部門，課など)・製品実体(製品や製品系列)・プロジェクト実体（新しい生産方法，新しい販売促進方法，拡張計画など）が管理会計の実体となる。

② **情報利用者の相違** —— これは計算結果を報告する対象の相違である。前述したように，管理会計情報の利用者は企業内部における各階層の経営管理者であるのに対して，財務会計情報の利用者は株主，債権者など企業外部の利害関係者である。

③ **目的の相違** —— 管理会計は，経営管理に有用な会計情報の提供を目的としている。いいかえれば，管理会計は，経営管理を支援するための会計情報の提供

を目的としている。したがって，管理会計の目的を端的にいうならば，それは「経営管理の支援」ということになる。これに対し財務会計は，企業の経営成績，財政状態およびキャッシュ・フローの状況に関する会計情報の提供を目的としている。企業外部の利害関係者集団の企業に対する関心の内容は多様である。そこで各利害関係者集団に対し，それぞれの関心に適合した会計情報を，個別的に提供することが考えられる。しかし，そのようなことは困難である。したがって財務会計では，多様な利害関係者に共通してみられる中心的な関心に対して適合した会計情報を提供することになる（鳶村剛雄『体系財務会計論』中央経済社，1991年，2頁）。そのような情報が，企業の経営成績，財政状態およびキャッシュ・フローの状況に関する会計情報である。

④ **原価概念の相違**── 財務会計で用いる原価概念は，原則として取得原価であるのに対し，管理会計では取得原価のほかに利用目的に応じて多様な原価概念が用いられる。たとえば，原価管理のために管理可能費と管理不能費が，利益管理のために変動費と固定費が，また経営意思決定のために差額原価や機会原価などの特殊原価概念が用いられる。

⑤ **法規制の有無の相違**── 管理会計は企業内部の会計であるから，法令などの規制を受けることはない。これに対して財務会計は，前述のように，社会の公器としての役割を帯び，したがってそれは社会的な影響が大であるところから，会社法，財務諸表等規則，企業会計原則などといった法令などの規制を受けることになる。

⑥ **測定尺度の相違**── 財務会計情報は，企業全体の活動に対するものである。企業全体の活動についての統一的価値尺度は貨幣であるから，財務会計情報はほとんど貨幣的情報である。これに対して管理会計では，その測定尺度として貨幣だけではなく，物量もきわめて重要となる。管理会計の会計単位は企業の全体だけではなく，それがさらに細分化される。その細分化された単位では，貨幣尺度とともに物量尺度の利用も可能であり，そしてそれによる情報が経営管理のために有用であるところから，管理会計では物量尺度も重要となるのである。

⑦ **会計事象の発生時点の相違**── 財務会計では過去の会計事象を対象として，過去における企業の経営成績，財政状態およびキャッシュ・フローの状況が明らかにされる。したがって，財務会計情報は実績情報である。これに対して管理会計では実績情報だけではなく，将来を予測した未来の会計事象をも対象とし，それから得られる未来の予測情報を必要とする。なぜならば，管理会計は，経営管理のための計画設定に必要な会計情報も，提供しなければならないからである。

⑧ **情報の詳細さの相違**──財務会計情報は要約的情報である。管理会計では要約的情報だけではなく，より詳細な情報が重要である。経営管理のためには，要約的情報だけでは不十分であり，詳細な情報が必要となるからである。

⑨ **報告頻度の相違**──財務会計は各事業年度の業績を報告するのであるから，会計情報の報告は，わが国の場合，通常，1年ごとまたは半年ごとまたは四半期ごとである。これに対し管理会計情報はかなり弾力的である。毎時，毎週，毎月などということもあれば，相当年度ごとということもある。管理会計情報は，経営管理に必要なタイミングに合わせて報告する必要があるからである。

⑩ **情報の特性の相違**──財務会計情報には客観性が要請される。客観性が保証されるのでなければ，財務会計は企業外部の利害関係者に有用な会計制度として成立しないからである。これに対して管理会計情報は，経営管理を支援するために使われるのであるから，経営管理者の利用目的に適合したものでなければならない。したがって，管理会計では目的適合性が重視される。

2　管理会計の体系

　先に明らかにしたように，管理会計は，企業内部の各階層の経営管理者に，経営管理に有用な会計情報の提供を目的とする会計である。しかしそれは，特定の計算制度や計算技法を意味するものではなく，経営管理に役立つさまざまな会計技法や概念を包摂したその総体を意味するものである。したがって，管理会計の内容にさらに立ち入ってそれを統一的に理解するためには，管理会計についてある一定の体系を前提としなければならない。

　管理会計の体系については，これまで多くの論者により展開が試みられてきたが，一般に知られているものはつぎの4つであるといえよう。

① 計算技法にもとづく体系
② 経営の職能領域にもとづく体系
③ 経営管理階層にもとづく体系
④ 経営管理機能にもとづく体系

　一般に知られている管理会計の体系は上記のとおりであるが，これらのうち④の「経営管理機能にもとづく体系」が妥当であると考える。管理会計は「経

営管理」に有用な会計情報の提供を目的としているのであるから,「経営管理」の内容,すなわち経営管理機能にもとづいて体系化することが必要であると考えるからである。

　管理会計の体系を経営管理機能の視点から考察した論者はこれまで多数みられたが,そこで展開されている一般的体系はつぎの2つである。すなわち,その1つは管理会計を計画会計と統制会計とに区分する見解であり,他の1つは管理会計を業績管理（評価）会計と意思決定会計とに区分する見解である。

(1) 計画会計と統制会計

　経営管理の内容,すなわち経営管理機能は,一般に,計画,組織化,動機づけ,統制などの諸要素から構成されていると考えられている。管理会計はそれらのうちの「計画」と「統制」に有用な情報を提供するところから,「計画会計」と「統制会計」とに区分される。

　計画会計とは,計画に有用な会計情報の提供を目的とする会計である。ここに計画とは,「前もって何を,いかに,いつ,そしてだれがすべきかを決定することである」(H. Koontz and C. O'Donnell, *Management : A Systems and Contingency Analysis of Managerial Function*, 6th ed., McGraw-Hill Kogakusha, Ltd., 1976, p.129. 高宮晋監修,大坪檀監訳『H. クンツ/C. オドンネル経営管理－2　経営計画』マグロウヒル好学社,1979年,12頁)。

　統制会計とは,統制に有用な会計情報の提供を目的とする会計である。ここに統制とは,「多数人の諸活動が一定の基準にしたがっているかどうかを検討して,基準との食い違いがある場合には,これを是正する職能である。…基準を示し,基準と実績とを比較・検討することによって部下を監督する職能である。そして…計画が,この場合の基準になるのが普通である」(高宮晋「経営管理の職能」高宮晋編『新版・体系経営学辞典』ダイヤモンド社,1970年,417頁)。

　管理会計を計画会計と統制会計とに区分するという体系的思考は,まずゲッツ(Billy E. Goetz)の著書『経営計画と経営統制－工業会計に対する経営管理的アプローチ』(B.E. Goetz, *Management Planning and Control : A Managerial Approach to Industrial Accounting*, McGraw-Hill, 1949)においてみられた。また,わが国では松本雅男教授や青木茂男教授などによってこの体系が主張された。

ところで，松本教授は，管理会計を計画会計と統制会計とに区分し体系化する根拠を両者（計画会計と統制会計）の性質の異質性に求めている。松本教授によれば，計画会計と統制会計はその性質においてつぎのような異なりがあるとし，その異質性をこの体系の根拠としている（松本雅男「総論」松本雅男編『管理会計総論』同文舘，1971年，13頁）。

① 計画会計においては期待値の比較計算が行われるのに対して，統制会計においては目標値と実績とを比較してその差異を計算し，これを分析する。
② 計画会計は臨時計算であるのに対し，統制会計は経常計算である。
③ 計画会計は，通常，会計制度に組み入れられないのに対して，統制会計は会計制度へ組み入れられる。

管理会計はそれを計画会計と統制会計とに区分し体系化すべきであるとする論者は，その体系を上述の根拠にもとづいて主張している。しかしその後，管理会計を計画会計と統制会計とに区分する見解と同様，経営管理機能にもとづく体系化ではあるが，計画会計と統制会計の体系よりも優れているとする別の見解が主張された。それは管理会計を業績管理（評価）会計と意思決定会計とに区分する見解である。

(2) 業績管理（評価）会計と意思決定会計

業績管理会計と意思決定会計という体系的思考の端緒を与えたのはベイヤー（Robert Beyer）であり，わが国では山邊六郎教授によってこの体系が主張された。

ベイヤーはわれわれのいう企業会計を収益性会計（profitability accounting）とよび，それを財産保全会計（custodial accounting），業績管理会計（performance accounting），意思決定会計（decision accounting）の3つに区分している。そこでの財産保全会計は財務会計に，業績管理会計と意思決定会計は管理会計に相当する（R. Beyer, *Profitability Accounting for Planning and Control*, The Ronald Press, 1963, p.17）。したがって管理会計は，業績管理会計と意思決定会計とに区分され体系化されていることになる。

山邊教授は，この管理会計の体系，すなわち業績管理会計と意思決定会計の

体系の方が，計画会計と統制会計の体系よりも優れているとし，その理由はつぎの点にあるとしている（山邊六郎『管理会計』千倉書房，1968年，80-81頁）。

① 「期間計画」と「統制」とは経営管理機能の不可分な二面であり，したがって両者は一体的な関係にある。
② 「期間計画」と「個別計画」はともに計画ではあるが，両者に関連する会計概念は互いに異なっている。むしろ「期間計画」と「統制」とに関連する会計概念が互いに同じである。
③ 「業績管理会計」と「意思決定会計」とは会計実体を異にしている。つまり，業績管理会計ではその会計実体は責任実体であるのに対し，意思決定会計上の会計実体はプロジェクト実体である。

　管理会計の体系は，あるがままの管理会計事象を矛盾なく体系的に説明できるものでなければならない。そしてまた，管理会計は経営管理に有用な会計情報の提供を目的としているのであるから，管理会計は経営管理の内容，すなわち経営管理機能にもとづいて体系化する必要がある。このような点を考えるならば，業績管理会計と意思決定会計という管理会計の体系には，長期利益計画と短期個別業務計画の位置づけが明らかではないという批判はあるが（溝口一雄「管理会計の体系」溝口一雄編『管理会計講義』青林書院新社，1972年，33-34頁），この体系がもっとも優れていると考える。そこで業績管理会計および意思決定会計がどのようなものであるかについて，節を改めて説明することにしよう。

3　業績管理（評価）会計

　業績管理会計（performance accounting）は，期間計画と統制のための会計であり，それは業績評価会計ともよばれる。それでは，そこでの「期間計画」とはいかなることをいうのであろうか。
　前にも述べたように計画（planning）とは，前もって何を，いかに，いつ，そしてだれがすべきかを決定することであるが，それは各種の観点から分類される。管理会計上，その重要な分類の1つは，計画を設定する対象の範囲の相違からする分類である。すなわち，計画はその設定対象の範囲の相違にもとづき，

個別計画と期間計画とに分類される。今われわれが問題としている期間計画（period planning）とは，特定期間における企業または企業の特定セグメント（たとえば事業部）の活動全体についての計画を樹立することである。この計画を樹立する過程の重要な目的は，企業の各部分において設定された個々の計画を相互に調和するように適合させ，かつ企業全体におよぼすそれらのすべての総合的効果を満足なものにすることにある。利益計画や予算編成（予算の編成）が，この期間計画に相当する。

　それでは「統制」とは，いかなることをいうのであろうか。前にも述べたように統制（control）とは，多数人の諸活動が一定の基準にしたがっているかどうかを検討して，基準との食い違いがある場合には，これを是正する職能である。基準を示し，基準と実績とを比較・検討することによって部下を監督する職能である。そして計画が，この場合の基準になるのが普通である。このような統制について，その手続過程を段階的に示せば，およそつぎのようになる。

① 達成目標となる基準を設定する。
② 作業活動を基準に向けて指導・規制する。
③ 実績を基準数値と比較して，その差異の原因を分析し，これに関するデータを経営管理者に報告する。
④ ③の報告にもとづき，必要な改善措置をとる。
⑤ つぎに設定される基準をより合理的なものにするために，③の差異分析に関するデータを，つぎの基準にフィードバックする。

　上述のような統制は，予算統制（予算による統制）や原価管理，特にその典型である標準原価計算による原価管理，すなわち標準原価管理にみることができる。

　これまで述べてきたところから明らかなように，期間計画は利益計画と予算編成に相当し，統制として予算統制と原価管理をみることができる。これらのうち「利益計画」→「予算編成」→「予算統制」という一連のプロセスは，利益管理（profit management）とよばれ，またそこでの「予算編成」→「予算統制」というプロセスは，予算管理とよばれる。したがって，業績管理会計は内容的には利益管理と原価管理に相当することになる。

4　意思決定会計

　前節で述べたように，計画はその設定対象の範囲の相違から，個別計画と期間計画とに分類される。意思決定会計（decision accounting）は個別計画のための会計であり，それは経営意思決定会計ともよばれる。それでは，そこでの個別計画とはいかなる計画をいうのであろうか。

　個別計画（project planning）とは，経営管理者がある特定の問題に直面した場合，将来とられるべき行動のコースに関しての意思決定を行うために，各々の相互代替的なコースを評価する過程である（AAA, Committee on Cost Accounting Concepts and Standards 1955, "Tentative Statement of Cost Concepts Underlying Reports for Management Purposes," *The Accounting Review*, April 1956, p.184）。つまり，個別計画とは，経営管理者が企業活動の個別問題について将来とるべき活動のコースを決めるために，相互代替的な諸案のなかから1つの案を選択することである。

　計画を個別計画と期間計画とに分類して最初に示したのは，アメリカ会計学会（AAA）の1955年度原価計算委員会による中間報告においてである。同報告書が公表されたのは1956年であるから，それからすでに60年以上の歳月が過ぎている。今日においても，計画の個別計画と期間計画の分類は，管理会計上重要な分類と考えられているが，個別計画を内容とする計画は，意思決定ないし経営意思決定とよばれる場合が少なくない。したがって，本章でも個別計画を内容とする計画を，経営意思決定ということにする。

　ところで経営意思決定は，それが経営構造そのものに関するものであるか否かにもとづき，戦略的意思決定と業務執行的意思決定とに分類される。後者の業務執行的意思決定（operating decision）は，一定の経営構造を前提とした業務活動の個別問題に関する経営意思決定をいい，たとえば，つぎのような経営意思決定がこれに相当する。

① 部品を自製するか購入するかの経営意思決定
② 新規注文の引受けの可否の経営意思決定
③ 既存製品品種のうち，一部品種の生産・販売を中止すべきか否かの経営意思

決定

　戦略的意思決定（strategic decision）は，経営の基本構造に関する経営意思決定をいい，たとえばつぎのような経営意思決定がその例である。

① 経営立地に関する経営意思決定，たとえば工場を国内に建設すべきか，あるいはアメリカに建設すべきかの経営意思決定
② 設備投資に関する経営意思決定，たとえば主要設備としてA機械を導入すべきか，あるいはB機械を導入すべきかの経営意思決定
③ 新規事業の進出に関する経営意思決定，たとえばA事業に進出すべきか，B事業に進出すべきかの経営意思決定

　上述のような経営意思決定のための会計が意思決定会計であり，そこでは差額原価収益分析が主な手法として用いられる。したがって，意思決定会計は，経営管理者に業務執行的意思決定および戦略的意思決定のための有用な会計情報の提供を目的とした会計であり，そこでは差額原価収益分析が主な手法として用いられる，ということができよう。

5　原価計算と財務会計・管理会計

　すでに第1章「原価計算の意義」の1節で明らかにしたように，わが国の「原価計算基準」でいう原価計算は，制度としての原価計算（原価計算制度）を意味している。いうまでもなく，現代の原価計算は，原価計算制度だけではなく，原価計算制度と特殊原価調査を包括したものである。
　また，本章の1節(2)で明らかにしたように，財務会計とは株主，債権者など企業外部の利害関係者に対して，企業の経営成績，財政状態およびキャッシュ・フローの状況に関する会計情報の報告を目的とする会計である。これに対して管理会計とは，企業内部の各階層の経営管理者に，経営管理に有用な会計情報の提供を目的とする会計である。
　さて，原価計算は上述の財務会計，管理会計と，どのように関係づけられるであろうか。第1章「原価計算の意義」の2節で明らかにしたように，現代の原価計算は主要な目的として4つの目的を有している。すなわち，①財務諸表

作成目的，②原価管理目的，③利益管理目的および④経営意思決定目的である。

①の財務諸表作成目的は，財務会計の要求に対応して果たそうとする原価計算の目的であり，②の原価管理目的，③の利益管理目的，④の経営意思決定目的は，経営管理の要求に対応して果たそうとする原価計算の目的，すなわち原価計算に課された経営管理目的である。したがって，原価計算は財務会計と管理会計の2つの領域に関係していることになる。

以上の原価計算と財務会計・管理会計との関係を図示すれば，**図表2－1**のようになる。

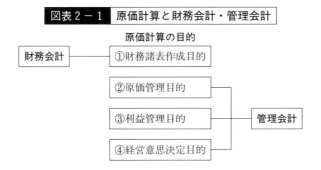

6　原価計算と管理会計

アメリカではじめてマッキンゼー（James O. McKinsey）により，『管理会計』（J.O McKinsey, *Management Accounting*, The University of Chicago Press, 1924）という著書が出版されてから100年になろうとしている。この間，管理会計は，原価計算を基礎として著しい発展を遂げてきた。

管理会計はこのように原価計算を基礎として発展してきたためか，あるいは原価計算も経営管理に役立つことをも，その主要な目的として発展してきたためか，管理会計は原価計算と同一視されることが少なくない。たとえば，ジャコブセン（Lyle E. Jacobsen）は，彼の論文の注において「普通の使い方からすれば，管理会計はたいがい原価計算を意味していると考えられる」（L.E. Jacobsen, "Management Accounting: Content and Approach," *The Accounting Review*, January 1960, p.64）とし，また本文において，「原価計算は，おそらく，管理会

計というのがより適切であろう」(*Ibid.*, p.65)としている。確かに，国内外の文献においても，管理会計の文献で取り上げられている技法が，原価計算の文献でも取り上げられている場合がほとんどである。

　しかしそうであっても，両者を同一視することはできない。すなわち，松本雅男教授のつぎのような見解にみられるように，「本来原価計算は，企業のつくり出す給付（製品・サービス）一単位にかかわらしめて企業における『価値の流れ』を把握する計算であり，今日一般に管理会計とは考えられていない公開財務諸表の作成にも原価計算の提供する原価情報が必要であるから，管理会計を原価計算と同一視するのは誤りであろう」(松本雅男，前掲稿，4頁)。

　前節で述べたように，原価計算の財務諸表作成目的は財務会計の要求に対応して果たそうとする原価計算の目的である。したがって，原価計算は財務会計と管理会計の2つの領域に関係していることになる。この点を考えるならば，原価計算を管理会計と同一視することはできないといえよう。

第 II 編

財務諸表の作成と原価・管理会計

第 3 章　原価の概念と分類
第 4 章　原価の費目別計算
第 5 章　原価の部門別計算
第 6 章　原価の製品別計算(1)－個別原価計算
第 7 章　原価の製品別計算(2)－総合原価計算

第3章　原価の概念と分類

Point
1. 原価計算制度における原価の一般概念について学習する。
2. 原価計算制度における実際の利用目的にしたがって用いられる各種の原価概念について学ぶ。
3. 原価計算制度における原価の分類について理解する。

1　原価計算制度における原価の一般概念

　原価という用語は，それを実際に利用する目的にしたがって，実際原価，標準原価，差額原価などの各種の原価概念として用いられている。このような実際の利用目的に応じて用いられる各種の原価概念を包括して定義し，実際に用いられる各種の原価概念に妥当する基礎的な原価概念を，「原価の一般概念」とよんでいる。そして，実際の利用目的に応じて用いられる具体的な各種の原価概念は，一般に「原価の諸概念」として論じられている。すなわち，「原価の一般概念」と「原価の諸概念」との関係は，前者が後者に対して上位概念であり，後者は前者に対して下位概念ということになる。

　ところで，原価の一般概念には，2つの解釈が存在する。1つは広義における原価の一般概念とよばれるもので，原価計算制度において用いられる各種の原価概念と特殊原価調査において用いられる各種の原価概念とを，すべて包括して定義したものである。そして，もう1つは，狭義における原価の一般概念とよばれるもので，特殊原価調査において用いられる各種の原価概念を除外し，原価計算制度において用いられる各種の原価概念を包括して定義したものである。

　さて，わが国の「原価計算基準」3に原価の本質として定義されているものは，狭義における原価の一般概念にほかならない。そこで本節では，原価計算

制度において用いられる各種の原価概念を包括して定義した「原価の一般概念」について説明する。

「原価計算基準」3は，原価の一般概念をつぎのように定義している。

「原価とは，経営における一定の給付にかかわらせて，は握された財貨又は用役（以下これを「財貨」という。）の消費を貨幣価値的に表わしたものである。」

「原価計算基準」では，原価計算制度上の原価の一般概念を上記のように定義したうえで，その基本的特徴としてつぎの4点をあげている。

① 原価は，経済価値の消費である。
② 原価は，経営において作り出された一定の給付に転嫁される価値であり，その給付にかかわらせて，把握したものである。
③ 原価は，経営目的に関連したものである。
④ 原価は，正常的なものである。

これら4つの基本的特徴について，もう少し説明を加えることにしよう。

基本的特徴の①には，つぎの2つのことが意味されている。第1は，原価は経済価値を有する有形・無形の財貨を消費したときに生ずることを意味している。たとえば，空気などのような経済価値を有しないものを消費しても原価は発生しない。第2は，経済価値を有する財貨を取得しただけでは原価は生じず，それを消費することによってはじめて原価が発生することを意味している。たとえば，工場用の土地を取得しても，それは消費されないので，原価とはならない。

基本的特徴の②における給付とは，企業活動の結果，新たに作り出された財貨や用役のことであり，それは経営の最終給付（製品，経営の目的とする用役）のみでなく，中間的給付（半製品，仕掛品など）をも意味する。このような給付を作り出すためには財貨の消費を必要とするが，そこで消費される財貨の経済価値は，新たに作り出される給付に移転するものと考え，その移転した経済価値が原価とみなされる。

基本的特徴の③は，一定の財貨や用役を生産し販売するという経営目的に関連する経済価値の消費のみが原価になることを意味している。したがって，こ

の経営目的に関連していない経済価値の消費は、原価とみなされない。「原価計算基準」では、財務活動（資本の調達、返還、利益処分などの活動）は、生産・販売以外の活動とみなしており、支払利息や社債利息などのような財務活動に関する費用は原価ではないということになる。

　基本的特徴の④は、正常な経営活動を前提とした経済価値の消費だけが原価とされるということを意味している。たとえば、火事や風水害などの異常な状態を原因とする経済価値の減少は、原価とはみなされない。ところで、正常な状態の具体的な範囲を、一般的なものとして定めることはきわめて難しい。そこで、「原価計算基準」は、正常な状態の反対概念である異常な状態を例示することによって、正常な状態の判断をさせるという方法をとっている。なお、異常な状態の例については、「原価計算基準」5㊁において示されているので、そちらを参照されたい。

　以上、原価計算制度における原価の一般概念についてみてきたが、上で示された原価の一般概念の4つの基本的特徴に該当しないものは、非原価項目（原価に算入しない項目）とされる。つまり、非原価項目は原価の一般概念と表裏の関係にあるといえる。「原価計算基準」5では、つぎのように非原価項目を4つに区分し、各区分における具体的項目を例示している。なお、ここでは「原価計算基準」で例示されている各区分の具体的項目については、その一部を示すにとどめている。

---

① 経営目的に関連しない価値の減少（支払利息などの財務費用など）
② 異常な状態を原因とする価値の減少（異常な仕損など）
③ 税法上特に認められている損金算入項目（租税特別措置法による償却額のうち通常の償却範囲額を超える額）
④ その他の利益剰余金に課する項目（配当金など）

2 原価計算制度における原価の諸概念

前節では，原価計算制度の多様な利用目的にしたがって用いられる各種の原価概念を包括して定義した「原価の一般概念」について述べたが，本節では実際の利用目的にしたがって用いられる各種の原価概念を「原価の諸概念」としてみていくことにする。

(1) 実際原価と標準原価

原価は，その消費量および価格の算定基準の相違にもとづいて，実際原価と標準原価とに区分される。

実際原価 (actual cost) とは，原価財の実際消費量に実際価格または予定価格などを乗ずることによって計算した原価であり，これを算式で示せばつぎのようになる。

> 正常な実際消費量×実際価格＝実際原価……①
> 　または
> 正常な実際消費量×予定価格＝実際原価……②

上記の式に示されている実際消費量は正常な消費量を意味し，異常な状態にもとづく異常な消費量は，ここでの実際消費量ではない。また，実際原価は，厳密には実際価格によって計算した原価であるが，「原価計算基準」では，実際消費量によって計算するかぎり，予定価格などを乗じて計算したものであっても，それは実際原価であるとされている。なお，上記②式における予定価格とは，将来の一定期間における実際価格を予想することによって定めた価格のことをいう。実際原価は，財務諸表作成目的にとってもっとも適切な原価であると一般的に考えられている。

標準原価 (standard cost) とは，原価財の標準消費量に予定価格または正常価格を乗ずることによって計算した原価であり，これを算式で示せばつぎのようになる。

> 標準消費量×予定価格＝標準原価……①
> 　　または
> 標準消費量×正常価格＝標準原価……②

　標準原価は当然そうあるべき規範的性格をもった原価である。上記の式における標準消費量とは，科学的・統計的調査にもとづいて能率の尺度となるように予定された原価財の消費量を意味している。また，上記②式における正常価格とは，経営における異常な状態を排除し，比較的長期にわたる過去の実際価格を平準化し，これに将来のすう勢を加味した価格である。標準原価は，原価管理目的にとって適切な原価であると一般的に考えられている。

(2) 製品原価と期間原価

　原価は，期間損益計算における収益との対応関係の相違にもとづいて，製品原価（product cost）と期間原価（period cost）とに区別される。

　「原価計算基準」4(二)では，「製品原価とは，一定単位の製品に集計された原価をいい，期間原価とは，一定期間における発生額を，当期の収益に直接対応させて，は握した原価をいう」と定義されている。つまり製品原価は，資産として製品に集計され，それが販売されたときに，その売上収益に対応する売上製品原価として，その期間の費用となる原価である。これに対して期間原価は，一定期間の発生額を製品に集計しないでその期間の収益に直接対応させ，その発生額全額がその期間の費用となる原価である。

　製品原価と期間原価の範囲は，全部原価計算と直接原価計算とでは異なっている。全部原価計算においては，すべての製造原価を製品原価とし，販売費および一般管理費を期間原価とする。これに対して，直接原価計算においては，変動製造原価（製造原価のうち変動費に相当する原価）のみを製品原価とし，固定製造原価（製造原価のうち固定費に相当する原価），販売費および一般管理費を期間原価とする。なお，全部原価計算と直接原価計算については，第10章の「直接原価計算」において説明されている。

(3) 全部原価と部分原価

　原価は，一定の給付に集計される原価の範囲の相違にもとづいて，全部原価

(full cost) と部分原価 (partial cost) に区分される。

「原価計算基準」4㈢では,「全部原価とは,一定の給付に対して生ずる全部の製造原価又はこれに販売費および一般管理費を加えて集計したものをいい,部分原価とは,そのうち一部分のみを集計したものをいう」と定義されている。

上記のような全部原価を給付単位に集計する計算方法を全部原価計算という。全部原価計算は,厳密には給付単位に全部原価を集計する計算方法をいうが,しかし,給付単位に全部の製造原価のみを集計する計算方法を全部原価計算とよぶのが一般的である。

他方,部分原価を給付単位に集計する計算方法を部分原価計算といい,その典型的な例が直接原価計算である。

3 原価要素

原価を構成している要素を原価要素 (cost element) という。原価は各種の観点から分類することができるが,その分類された各々が原価要素である。

原価はまず,企業の活動領域の区分(製造活動,販売活動,一般管理活動)の観点から,製造原価,販売費および一般管理費の要素に分類される。製造原価 (manufacturing cost) とは製品を製造するために要する原価をいい,販売費 (selling cost) とは製品を販売するために要する原価を,そして一般管理費 (general administrative expense) とは一般管理業務に要する原価をいう。原価はこのように製造原価要素,販売費要素および一般管理費要素に大別されるが,以下本節では,製造原価要素を想定し,その分類について説明する。

(1) 形態別分類

原価は,その発生形態の観点から材料費,労務費,経費に分類できる。これは原価のもっとも基本的な分類である。

材料費 (material cost) とは,物品を消費したときに生ずる原価をいう。素材費,買入部品費,工場消耗品費などがこれに属する。

労務費 (labor cost) とは,従業員が会社に提供する労働力を消費したときに生ずる原価をいう。賃金,給料,雑給などがこれに属する。

経費とは,材料費,労務費以外の原価をいう。これには,外注加工賃,減価

償却費，賃借料，保険料，電力料などが属する。

(2) 製品との関連における分類

原価は，その発生が一定単位の製品の生産に関して直接的に認識されるか否かの観点から，直接費と間接費に分類できる。

直接費（direct cost）とは，その発生が一定単位の製品を生産するためのものであると直接的に認識される原価のことをいい，間接費（indirect cost）とは，直接的に認識されない原価のこという。例をあげると，主要材料費，直接賃金，外注加工賃などは直接費に属し，補助材料費，間接工賃金，電力料などは間接費に属する。

直接費，間接費の分類に，先に述べた形態別分類を結合させると，材料費を直接材料費，間接材料費に，労務費を直接労務費，間接労務費に，経費を直接経費，間接経費にさらに分類できる。なお，直接材料費，直接労務費，直接経費をまとめて製造直接費といい，間接材料費，間接労務費，間接経費をまとめて製造間接費という。また，直接材料費以外の原価をまとめて加工費ともいう。

(3) 機能別分類

原価が経営上のいかなる機能（目的）のために発生したかによる分類を，機能別分類または目的分類という。

この機能別分類にもとづいて，たとえば材料費は，主要材料費，修繕材料費，試験研究材料費などに，労務費に属する賃金は作業種類別直接賃金（たとえば切断工直接賃金，プレス工直接賃金などのように分類），間接作業賃金，手待賃金などに，経費に属する電力料は動力用電力料，照明用電力料，冷暖房用電力料などに分類される。

(4) 操業度との関連における分類

原価は，操業度の変化に伴ってどのように変化するかの観点から，変動費，固定費，準変動費，準固定費に分類できる。ここで操業度とは，企業の生産・販売能力を一定としたときに，それがどれくらい利用されたかというその利用の程度をいい，生産量，直接作業時間，機械運転時間などの尺度によって測定される。

変動費(variable cost)とは，操業度の増減に対して総額において比例的に増減する原価をいい，直接材料費や出来高給による直接労務費などがこれに相当する。

固定費(fixed cost)とは，操業度の増減にかかわらず，その発生額が総額において一定の原価をいい，機械の減価償却費や固定資産税などがその例である。

準変動費(semi-variable cost)とは，操業度がゼロでも一定額が発生し，さらに操業度の変化に応じて総額において比例的に増減する原価をいい，基本料金のかかる水道料や電力料などがこれに相当する。

準固定費(semi-fixed cost)とは，操業度のある範囲内では固定的であるが，その範囲を超えると飛躍的に増加し，再び固定化する原価をいい，現場監督者の給料や検査工の賃金などがその例である。

この変動費，固定費，準変動費，準固定費を図示すれば，**図表3-1**のようになる。

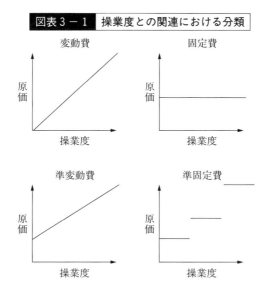

図表3-1 操業度との関連における分類

(5) 原価の管理可能性にもとづく分類

原価は，その発生が一定の管理者層によって管理可能か否かの観点から，管理可能費と管理不能費に分類できる。

原価のうち，その発生が一定の管理者層によって管理できる原価を管理可能費（controllable cost）といい，管理できない原価を管理不能費（uncontrollable cost）という。なお，管理可能費と管理不能費の分類に際しては，以下の2点に注意する必要がある。

① ある原価が管理可能であるか否かは，その原価の性質によるのではなく，その原価を特定の管理者層に結びつけることによって問題となる。

　多くの企業は階層的な組織構造をもっており，職階が高くなるほど権限や責任が大きくなるが，原価の管理可能性も職階の違いによって変わる。たとえば，機械の減価償却費は，課長以下の管理者層には，管理不能であるが，機械の購入・廃棄の権限をもつより上級の管理者層にとっては管理可能となる。

② ある原価が管理可能であるか否かは，そこで考えられている期間の長さに関係する。

　いかなる原価も長い期間についてみるならば，いつかはいずれかの管理者層によって管理可能になる。たとえば，建物の減価償却費は，短期的には増減させることはできず管理不能であるが，中長期的には増減させることができ管理可能となる。

4　製造原価と総原価

　製品を製造するために要する原価である製造原価は，直接材料費，直接労務費および直接経費からなる製造直接費と，間接材料費，間接労務費および間接経費からなる製造間接費とから構成されている。

　このような製造原価に，販売費および一般管理費を加えた原価は，総原価（total cost）とよばれる。そして，製品原価を製造原価で計算する原価計算を製造原価計算といい，製品原価を総原価で計算する原価計算を総原価計算という。今日においては，販売費および一般管理費は，通常，期間原価として処理されるので，総原価計算はごく一部の企業でしか行われていない。

　上述の原価の構成を示せば，次頁の**図表3－2**のようになる。

図表3-2 原価の構成

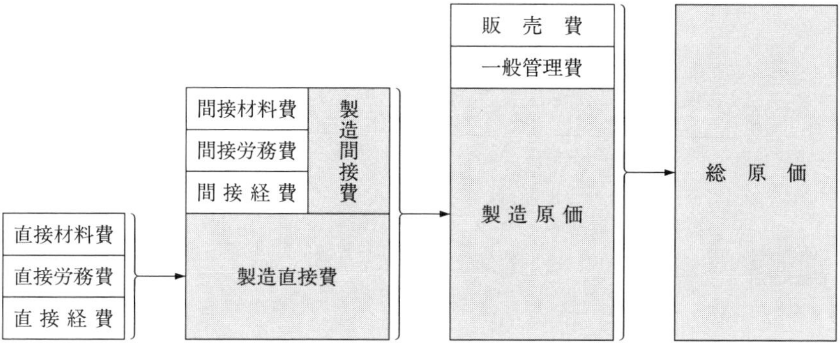

| 直接材料費 | → | 製造直接費 | 製造間接費 | 製造原価 | → | 総原価 |

- 直接材料費・直接労務費・直接経費 → 製造直接費
- 間接材料費・間接労務費・間接経費 → 製造間接費
- 製造直接費 + 製造間接費 = 製造原価
- 製造原価 + 販売費 + 一般管理費 = 総原価

第4章 原価の費目別計算

> Point
> 1. 材料費の分類および計算について理解する。
> 2. 労務費の分類および計算について理解する。
> 3. 経費の分類および計算について理解する。

1　材料費の計算

(1)　材料費の分類

　材料費は，物品の消費によって生ずる原価である。材料費は，いくつかの観点から分類することが可能であるが，通常は，形態別分類を基礎とし，これを製品との関連にもとづいて直接費と間接費に大別し，必要に応じて機能別分類を加味して分類する。これによると，材料費の分類は**図表4－1**のように示すことができる。

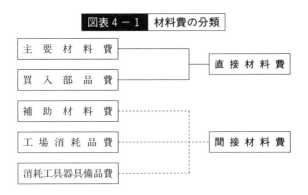

　主要材料費は，製品の生産のために直接消費され，製品の基本的実体となる

物品の消費価値であり，素材費あるいは原料費ともよばれる。機械工業における鋼材，セメント製造業における石灰石，および食品製造業における小麦粉などの消費額は主要材料費の例である。

買入部品費は，外部から購入した部品をそのまま製品に取りつける場合，その部品の消費価値をいう。たとえば，自動車製造業におけるタイヤの消費額などがこれに相当する。

補助材料費は，燃料，修繕材料，塗料などのように製品の生産に関して補助的に消費される物品の消費価値である。ただし燃料について，金額的な重要性が高い場合には，補助材料費に含めずに燃料費として独立させることがある。

工場消耗品費は，機械油，電球，作業用衣類など，多種多様な工場消耗品の消費額である。補助材料費と工場消耗品費は，生産に関して補助的に消費される物品の消費価値という点で共通性をもつが，前者に属する物品は後者に比べて重要性が高く原則として受払記録をつけて管理されるのに対し，工場消耗品は多くの場合に受払記録が必要とされないという点で異なっている。

消耗工具器具備品費は，耐用年数が1年未満あるいは取得価額が相当額未満で固定資産とみなされない工具（ドライバーやハンマーなど），器具（圧力計やマイクロメータなど），備品（机や椅子など）の消費額をいう。

また直接材料費は，材料費の中でその発生が一定単位の製品の生産に関して直接的に認識されるものであり，主要材料費と買入部品費がこれに相当する。また補助材料費，工場消耗品費，および消耗工具器具備品費のように，その発生が一定単位の製品の生産に関して直接的に認識されないものは間接材料費とよばれる。製品別計算において，直接材料費はその製品に賦課されるが，間接材料費は製品別の消費額が認識されないので，製造間接費として何らかの基準（配賦基準）により配賦されることになる。

ところで，工場消耗品費や消耗工具器具備品費のように受払記録を行わない物品に関する材料費は，当該原価計算期間の買入額で計算される。これに対して，主要材料費，買入部品費，および補助材料費など受払記録を行う物品に関する材料費は，実際消費量にその消費価格を乗じて計算されることになる。また材料の消費価格は材料購入原価を基礎として決定されることから，以下では材料購入原価の計算，材料消費量の把握方法，および材料消費価格の計算について，順に説明していく。

(2) 材料購入原価の計算

材料購入原価は，材料主費である材料購入代価に材料副費を加算して，つぎのように計算される。

$$材料購入原価＝材料購入代価＋材料副費$$

ここで，材料購入代価は仕入先に支払われる材料の購入代金であり，材料副費は仕入に伴って付随的に発生する費用である。この材料購入原価を購入数量で除すことにより，購入単価が計算される。

材料副費は，買入手数料，引取運賃，荷役費，保険料，関税などのように材料を引き取るまでに生じる外部材料副費と，購入事務費，検収費，整理費，選別費，手入費，保管費などのように企業内部で生じる内部材料副費に分けることができる。理論的には，これら材料副費はすべて購入原価に含めるべきであるが，実務上はこれを行うことが困難な場合も多く，内部材料副費の全部または一部を購入原価に含めないことが認められている。購入原価に含めなかった材料副費は，製造間接費（間接経費）として処理するか，材料出庫の際に材料費に配賦する。

ここで材料副費を購入原価に含める方法には，実際発生額を算入する方法と予定配賦を行う方法がある。予定配賦を行う場合には，一定期間の材料副費予定総額をその期間における材料の予定購入代価（あるいは予定購入数量）で除して決定される予定配賦率に，その材料の実際購入代価（あるいは実際購入数量）を乗じて配賦額が計算される。なお，予定配賦を行うことによって生じた差異（材料副費配賦差異）は，会計年度末に原則としてその年度の売上原価に賦課する。

例題4－1 つぎの(1)および(2)について，それぞれの材料の購入原価および購入単価を計算しなさい。なお内部材料副費については，購入代価を基準として各材料へ予定配賦する。内部材料副費の発生予定額はつぎのとおりであり，同期間の材料購入代価は総額で12,000,000円になると見積もられる。

購入事務費　500,000円

検 収 費　250,000円
保 管 費　150,000円

(1) 材料Aの購入数量は800個（@200円）であり，この購入にあたって買入手数料1,000円および引取運賃4,600円が発生した。
(2) 材料Aの購入数量は200個（@214円）であり，材料Bの購入数量は500個（@300円）であった。購入にあたり，つぎのように外部材料副費が生じている。
　　買入手数料　材料A　　390円
　　　　　　　　材料B　1,250円
　　引 取 運 賃　4,200円
　　引取運賃については，購入数量を基準として，それぞれの材料に配賦するものとする。

［解答］

内部材料副費の予定配賦率はつぎのように求められ，これに材料購入代価を乗じることによって，配賦額が計算される。

$$予定配賦率 = \frac{500,000円 + 250,000円 + 150,000円}{12,000,000円} = 0.075$$

(1) 材料Aの購入代価は160,000円（＝@200円×800個）となるので，これに買入手数料，引取運賃，および内部材料副費配賦額を加算して，購入原価がつぎのように求められる。また購入単価は，この購入原価を購入数量の800個で除して@222円となる。

$$材料Aの購入原価 = 160,000円 + 1,000円 + 4,600円 + 0.075 \times 160,000円$$
$$= 177,600円（@222円）$$

(2) 材料Aの購入代価は42,800円（＝@214円×200個）であり，材料Bの購入代価は150,000円（＝@300円×500個）である。また引取運賃は，購入数量を基準として各材料へ配賦されるので，それぞれの材料の購入原価および購入単価はつぎのように計算される。

$$材料Aの購入原価 = 42,800円 + 390円 + 4,200円 \times \frac{200個}{200個 + 500個} + 0.075 \times 42,800円$$
$$= 47,600円（@238円）$$

$$材料Bの購入原価 = 150,000円 + 1,250円 + 4,200円 \times \frac{500個}{200個 + 500個} + 0.075 \times 150,000円$$
$$= 165,500円（@331円）$$

(3) 材料消費量の把握方法

材料消費量を把握する方法には，①継続記録法，②棚卸計算法，および③逆計算法がある。

① 継続記録法

継続記録法（perpetual inventory method）は，材料の受入・払出の都度，その受入量および払出量を材料の種類ごとに材料元帳に記録して，材料の実際消費量を直接的に把握するとともに，つねに帳簿上の残高量を明らかにしていく方法である。この方法は他の方法に比べて手数と費用がかかるという欠点があるものの，帳簿上記録されている材料の残高量と実地棚卸量とを照合することによって棚卸減耗量を明らかにすることが可能であり，また製品別，部門別に材料の消費量を把握することもできる。材料消費量の把握は，原則としてこの継続記録法によって行うものとされる。

② 棚卸計算法

棚卸計算法（periodic inventory method）は，材料の払出の記録を行わず，受入量の記録と定期的な実施棚卸とを行うことによって，材料種類ごとの実際消費量を間接的に把握する方法である。この方法によると，材料消費量はつぎのように計算される。

> 材料消費量＝前期繰越量＋当期受入量－期末実地棚卸量

この方法は，継続記録法に比べて手数や費用がかからないが，棚卸減耗量が材料消費量に含まれてしまうという欠点を有する。すなわち，棚卸計算法による実際消費量は，本当に消費した材料の量ではない。たとえば，継続記録法によって，材料の前期繰越量が100個，当期受入量が1,000個，実際消費量が800個と記録されているとする。このとき，期末実地棚卸量が250個であったとすると，棚卸減耗量がつぎのように50個と計算される。

棚卸減耗量＝（100個＋1,000個－800個）－250個＝50個

一方，棚卸計算法による材料消費量は，継続記録法による実際消費量800個と

は異なり，つぎのように850個と計算されてしまう。

材料消費量＝100個＋1,000個－250個＝850個

つまり，この850個には棚卸減耗量50個が含まれることになる。加えて，この方法には材料消費量を製品別，部門別に把握することができないという欠点もある。これらより，この方法の適用は継続記録法の適用が困難な材料や重要性の観点から継続記録法を適用する必要のない材料にかぎられる。

③ 逆計算法

逆計算法（Rückrechnungsmethode）は，あらかじめ製品単位当りの材料標準（見積）消費量を定め，これに製品の実際生産量を乗じることにより，標準あるいは見積の材料消費量を算出する方法である。

> 材料消費量＝製品単位当り標準（見積）材料消費量×製品の実際生産量

逆計算法は，材料の実際消費量を把握する方法ではない。しかし，他の方法により把握された実際消費量とこの方法による消費量を照合することによって，材料の消費量管理に役立たせることができる。

⑷ 材料消費価格の計算

実際の材料消費量が把握されると，これに材料消費価格を乗じることにより材料費が計算できる。材料消費価格は，原則として，購入原価にもとづいて計算される購入単価（実際価格）によるが，必要に応じて予定価格を用いることもできる。

予定価格を用いることには，計算手続の単純化，計算の迅速化，および材料購入単価の変動が製品原価におよぼす影響の除去といったいくつかの利点が存在する。その一方で，この方法では予定価格と実際価格との違いを原因とする差異（材料消費価格差異）が生じることになるため，会計年度末にこの処理を行わなければならない。材料消費価格差異は，原則としてその年度の売上原価に賦課する。

実際価格を用いる場合，材料種類ごとに購入単価が1つしか存在しないのであれば，それをそのまま材料消費価格として用いればよい。しかし，材料価格

の変動や材料副費の存在により，同種材料であっても購入単価は複数存在するのが通常である。このような状況では，以下に示す①個別法，②先入先出法，③移動平均法，および④総平均法のいずれかを用いて，材料消費価格を決定する必要がある。

①　個別法

個別法（identified cost method）は，同種材料であっても購入単価が異なるごとに倉庫に区分して保管しておき，出庫した材料の購入単価を材料消費価格（払出単価）とする方法である。

この方法は，その性質上，非常に手数のかかる方法であり，数多くの材料を用いている場合，そのすべてに対して適用することは困難である。加えて，相互代替的に用いることが可能な材料に対して個別法を用いると，偶然にあるいは意図的に出庫した材料によって材料消費価格が異なってしまい，このことが製品原価や利益に影響をおよぼすことになる。

そのため，この方法を一般的に用いることは適当でなく，宝石の原石といった代替性のない高価な材料や特定の製品のためにあらかじめ引き当てられた材料といったものに使用が限定される。

②　先入先出法

先入先出法（first-in, first-out method：FIFO）は，先に受け入れた材料から順次消費されると考えて材料消費価格を計算する方法である。先に受け入れたものから消費されていくというのは，あくまでも計算上の仮定である。しかし，実際にこのような形で材料を消費する状況は多いと考えられ，この場合，実際の活動と計算とが整合的となる。

また先入先出法を用いた場合，期末の材料棚卸高は，後から受け入れたものによって計算されることになるので時価に近いものとなる。その一方で，物価上昇時には材料費が先に受け入れた低い単価によって計算されることになるため，価格変動利益が売上総利益に含まれる。

なお，先入先出法と逆の考え方，すなわち後に受け入れた材料から先に消費されるという仮定の下で消費価格を計算する方法（後入先出法）も存在する。しかし，この方法は，企業会計基準第9号「棚卸資産の評価に関する会計基準」の

2008年の改正により，2010年4月1日以後開始する事業年度から用いることができなくなった。そのため，後入先出法の詳細は，本章において省略されている。

例題4-2 つぎの受入・払出に関する資料にもとづいて，先入先出法により材料元帳への記入を行いなさい。

〈資料〉
5月1日　前月繰越　200個　@212円　42,400円
　　8日　仕　　入　800個　@222円　177,600円
　　10日　払　　出　600個
　　15日　仕　　入　200個　@238円　47,600円
　　23日　払　　出　500個
　　26日　10日払出分のうち，50個が倉庫に返還された。

[解答]

材　料　元　帳

(単位：個，円)

日付		摘要	受入			払出			残高		
			数量	単価	金額	数量	単価	金額	数量	単価	金額
5	1	前月繰越	200	212	42,400				200	212	42,400
	8	仕　入	800	222	177,600				⎧200	212	42,400
									⎩800	222	177,600
	10	払　出				⎧200	212	42,400			
						⎩400	222	88,800	400	222	88,800
	15	仕　入	200	238	47,600				⎧400	222	88,800
									⎩200	238	47,600
	23	払　出				⎧400	222	88,800			
						⎩100	238	23,800	100	238	23,800
	26	残材戻入				50	222	11,100	⎧50	222	11,100
									⎩100	238	23,800
	31	当月払出高				1,050		232,700			
	〃	次月繰越				⎧50	222	11,100			
						⎩100	238	23,800			
			1,200		267,600	1,200		267,600			
6	1	前月繰越	⎧50	222	11,100				⎧50	222	11,100
			⎩100	238	23,800				⎩100	238	23,800

[解説]
(1) 先入先出法は，先に受け入れた材料から順次消費されるという仮定の下で材料消費価格を計算するので，残高欄は材料の受入順に区別して記録しておく必要がある。
(2) 5月10日における600個の払い出しについては，先に受け入れた前月繰越分（@212円）の200個がまず用いられ，5月8日の仕入分（@222円）から残りの400個が払い出されることとなる。5月23日の500個の払い出しについても同様に考え，先に受け入れた5月8日の仕入分（@222円）から400個，後から受け入れた5月15日仕入分（@238円）から100個が払い出される。
(3) 5月26日のように，使用されなかった材料が倉庫に返還された場合は，日付欄・摘要欄・払出欄に赤字で記入される。また先入先出法の仮定の下では，返還された50個の材料は5月8日の仕入分となるので，単価には@222円が用いられる。さらにこの50個は，残高欄の最初に記入され，次回に払い出されることになる。
(4) この材料について，5月31日に示されている232,700円が5月の材料費となる。

③ 移動平均法

移動平均法（moving average method）は，材料を受け入れる都度，新たな加重平均単価を計算し，払出時の加重平均単価を材料消費価格として用いる方法である。この加重平均単価は，直前の残高金額と新たな仕入高（受入金額）の合計額を直前の残高量と新たな仕入量（受入量）の合計量で除することによって，つぎのように計算される。

$$加重平均単価 = \frac{直前の残高金額 + 新たな仕入高}{直前の残高量 + 新たな仕入量}$$

この方法を用いると，購入単価の変動が製品原価におよぼす影響を緩和することができる。その一方で，加重平均単価の計算において丸め誤差が生じることがある。

例題 4 - 3 例題4-2の資料にもとづいて，移動平均法により材料元帳への記入を行いなさい。

[解答]

材 料 元 帳

(単位：個，円)

日付		摘要	受入			払出			残高		
			数量	単価	金額	数量	単価	金額	数量	単価	金額
5	1	前月繰越	200	212	42,400				200	212	42,400
	8	仕　入	800	222	177,600				1,000	220	220,000
	10	払　出				600	220	132,000	400	220	88,000
	15	仕　入	200	238	47,600				600	226	135,600
	23	払　出				500	226	113,000	100	226	22,600
	26	残材戻入				50	220	11,000	150	224	33,600
	31	当月払出高				1,050		234,000			
	〃	次月繰越				150	224	33,600			
			1,200		267,600	1,200		267,600			
6	1	前月繰越	150	224	33,600				150	224	33,600

[解説]

(1) 5月8日および5月15日の加重平均単価は，それぞれつぎのように計算される。

$$5月8日の加重平均単価 = \frac{42,400円 + 177,600円}{200個 + 800個} = @220円$$

$$5月15日の加重平均単価 = \frac{88,000円 + 47,600円}{400個 + 200個} = @226円$$

(2) 5月10日や5月23日の払い出しの際には，そのときの加重平均単価が材料消費価格として用いられる。

(3) 5月26日の残材戻入の単価は，払い出した際に用いられた加重平均単価，すなわち@220円が用いられる。このとき残材戻入後の加重平均単価は，つぎのように計算される。

$$5月26日の加重平均単価 = \frac{22,600円 + 11,000円}{100個 + 50個} = @224円$$

(4) この方法によると，5月の材料費は234,000円である。

④ 総平均法

総平均法（periodic average method）も加重平均単価を計算し，これを材料消費価格として用いる方法であるが，原価計算期間の期末に単一の加重平均単価を求めるという点で移動平均法と異なる。総平均法による加重平均単価は，つ

ぎのように計算される。

$$加重平均単価 = \frac{前期繰越高 + 当期仕入高}{前期繰越量 + 当期仕入量}$$

この方法では，期末になって当期仕入高および当期仕入量が明らかになるまで材料消費価格を計算することができない。それ以外の特徴は，移動平均法と同様である。

例題 4 − 4　例題 4 − 2 の資料にもとづいて，総平均法により材料元帳への記入を行いなさい。

［解答］

材 料 元 帳

(単位：個，円)

日付		摘要	受入			払出			残高		
			数量	単価	金額	数量	単価	金額	数量	単価	金額
5	1	前月繰越	200	212	42,400				200	212	42,400
	8	仕 入	800	222	177,600				1,000		
	10	払 出				600			400		
	15	仕 入	200	238	47,600				600		
	23	払 出				500			100		
	26	残材戻入				50			150	223	33,450
	31	当月払出高				1,050	223	234,150			
	〃	次月繰越				150	223	33,450			
			1,200		267,600	1,200		267,600			
6	1	前月繰越	150	223	33,450				150	223	33,450

［解説］
(1) 前月繰越に関する記入や受入欄の記入は移動平均法と同様となるが，期中において加重平均単価は計算されないため，払出欄や残高欄には数量のみを記入していく。
(2) 月末において，つぎの式のように 5 月の加重平均単価を計算し，これをすべての払い出しに対する材料消費価格として用いる。

$$5月の加重平均単価 = \frac{42,400円 + 177,600円 + 47,600円}{200個 + 800個 + 200個} = \frac{267,600円}{1,200個} = @223円$$

(3) この方法によると，5月の材料費は234,150円となる。

例題4－2から例題4－4の結果を比較するとわかるように，同じ状況であったとしても，適用する方法によって材料費は異なることになる。

(5) 実際残高量の確認と棚卸減耗

継続記録法によって材料消費量を把握している場合，材料の期末の残高量は材料元帳において明らかにされている。しかし，さまざまな要因により，この帳簿に示されている量だけ材料が実在しているとはかぎらない。そのため，継続記録法を用いていたとしても，実地棚卸により実際の残高量を確認することが必要となる。

材料元帳に記録されている残高量と実地棚卸によって確認される実際の残高量との差が棚卸減耗量である。この棚卸減耗量に材料消費価格を乗じたものは，棚卸減耗費（inventory shortage）とよばれる。棚卸減耗が生じたときには，実際の残高量と一致するように帳簿上の残高量を修正するとともに，その原因を明らかにしていかなければならない。なお正常な棚卸減耗費は製造間接費（間接経費）として処理されるが，異常なものは非原価項目となる。

2　労務費の計算

(1) 労務費の分類

労務費は，労働用役の消費によって生ずる原価である。労務費はその支払形態にもとづいて，賃金，給料，雑給，従業員賞与手当，退職給付費用，福利費などに分類（形態別分類）される。

賃金は，在籍工員の提供する労働力に対して支給される給与である。賃金という用語は基本賃金のみをさす場合もあるが，労務費の計算においては，基本賃金に作業に直接結びついて支給される手当（残業手当，深夜作業手当，特殊作業手当など）である加給金を加算したもの，すなわち支払賃金としてとらえるのが一般的である。

給料は，職員および業務担当役員の提供する労働力に対して支給される給与であり，雑給は，臨時工やパートタイマーなどが提供する労働力に対して支給

される給与をいう。

　従業員賞与手当は，職員，工員などに対して支払われる賞与および諸手当のことである。ただし，ここに含まれる手当は，扶養家族手当，住宅手当，通勤手当など作業に直接結びつかずに支給されるものであることに注意が必要である。作業に直接結びついて支給される手当は，上述のように，賃金の一部(加給金)となる。

　最後に，退職給付費用および福利費であるが，前者は従業員に対する将来の退職給付（退職一時金や退職年金など）の当期負担額であり，後者は健康保険法，厚生年金保険法，あるいは雇用保険法などにもとづく社会保険料の企業負担額である。

　材料費の場合と同様に，労務費もその発生が一定単位の製品の生産に関して直接的に認識されるかどうかによって，直接労務費と間接労務費に分けることができる。直接労務費は製品に賦課されるが，間接労務費は製造間接費として配賦される。

　これまで示してきたなかで，直接労務費となりうるのは賃金である。これ以外の，給料，雑給，従業員賞与手当，退職給付費用，および福利費は間接労務費となる。

　しかし，賃金のすべてが直接労務費になるわけではない。賃金は，直接工賃金と間接工賃金に分けることができる。直接工賃金は，製品製造のための直接的な作業（直接作業）を本来の任務とする工員（直接工）に対して支払われた賃金である。これに対して，間接工賃金は，運搬，修繕，清掃のような製品製造のための補助的な作業（間接作業）を本来の任務とする工員（間接工）に対して支払われた賃金をいう。間接工賃金は，通常，一定単位の製品の生産に関して直接的に認識されないため間接労務費となる。

　さらに，直接工賃金であっても製品製造の補助的な作業を行った時間や手待時間に対して支払われる部分，すなわち間接作業賃金および手待賃金については，通常，その発生が一定単位の製品の生産に関して直接的に認識されることがないので，間接労務費とされる。したがって，直接工賃金のうち，直接作業を行った時間に対して支払われる部分（直接賃金）のみが直接労務費となる。以上の関係は，**図表４−２**のようにまとめることができる。なお，直接賃金，間接作業賃金，および手待賃金の詳細については，(3)消費賃金の計算で説明する。

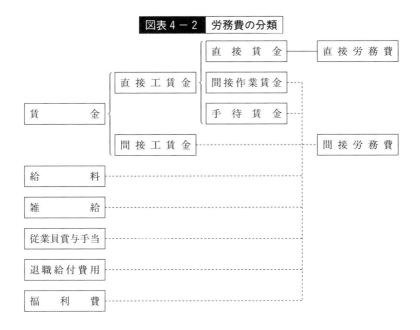

(2) 支払賃金の計算

　支払賃金は，労働用役の消費額である労務費（消費賃金）を計算するための基礎となる。支払賃金は，基本賃金と加給金の合計額として計算される。加給金は，残業手当，深夜作業手当，特殊作業手当といった作業に直接結びついて支給される手当である。

　基本賃金の支払方法には，時間給制，日給制，月給制，および出来高給制などがある。たとえば，時間給制であれば，実際就業時間に支払賃率を乗じて基本賃金が計算されるので，支払賃金はつぎのようになる。

時間給制の支払賃金＝実際就業時間×支払賃率＋加給金

　また，出来高給制の場合は，実際出来高に支払賃率を乗じて基本賃金が計算されることから，支払賃金はつぎの式のように計算される。

出来高給制の支払賃金＝実際出来高×支払賃率＋加給金

(3) 消費賃金の計算

消費賃金の計算は，直接工と間接工で異なる。すでに述べたように，直接工賃金のうち直接作業に対して支払われる部分は直接労務費となるが，それ以外の部分は間接労務費となる。そのため，直接工の場合は，作業時間票により作業時間記録を行い，それによって把握された時間に消費賃率を乗じた金額として消費賃金を計算する。

これに対して，間接労務費となる間接工賃金は，その原価計算期間の負担に属する要支払額が消費賃金となる。同じく間接労務費となる給料，雑給，従業員賞与手当などについても，この考えにしたがって消費賃金が計算されることとなる。

以下では，直接工の消費賃金の計算と間接工の消費賃金の計算について，順に説明する。

① 直接工の消費賃金の計算

直接工の消費賃金は，実際就業時間に消費賃率を乗じたものとして，つぎのように計算される。

$$直接工の消費賃金＝実際就業時間×消費賃率$$

まず消費賃率は，一定期間における直接工の賃金（基本賃金と加給金の合計額）を就業時間で除したものである。この計算を個別の工員ごとに行うか，一定の工員グループに対して行うかによって，消費賃率は個別賃率と平均賃率に分類される。

個別賃率は，それぞれの直接工に対して消費賃率を計算するものであり，つぎのように求められる。

$$個別賃率＝\frac{一定期間における特定の直接工の賃金（基本賃金＋加給金）}{同一期間におけるその直接工の総就業時間}$$

個別賃率を用いる場合には，作業時間票の作業時間にそれぞれの工員の賃率を乗じて消費賃金を計算しなければならないため，計算がとても煩雑になる。またこの賃率を用いると，同じ作業でもそれを誰が行ったかによって製品の原

価が異なることになってしまう。これらのことから，消費賃率は個別賃率でなく，つぎに示す平均賃率を用いるほうが望ましいとされる。

平均賃率は，一定の工員グループに対して平均的な消費賃率を計算するものである。このグループを工場全体とするか，職種別とするかによって，平均賃率はさらに総平均賃率と職種別平均賃率に細分化される。

総平均賃率は，工場全体の直接工の賃金総額を総就業時間で除したものとして，つぎのように計算できる。

$$総平均賃率 = \frac{一定期間における工場全体の直接工の賃金総額（基本賃金＋加給金）}{同一期間における工場全体の直接工の総就業時間}$$

工場全体で唯一の平均賃率を計算し，これを消費賃率として用いれば良いので，総平均賃率を用いると消費賃金の計算はとても簡単となる。ところが，総平均賃率はすべての直接工の賃率を平均化してしまうため，職種の特性によって賃金に違いがみられる場合であっても，その事実が原価計算に反映されないこととなる。

以上の点から，消費賃率には職種別平均賃率を用いることが望ましいといえる。職種別平均賃率は，職種別の賃金総額をその職種に属する直接工の総就業時間で除して，つぎのように計算される。

$$職種別平均賃率 = \frac{一定期間における同一職種の直接工の賃金総額（基本賃金＋加給金）}{同一期間におけるその職種に属する直接工の総就業時間}$$

またこれまで示してきた消費賃率は，その計算を実績値あるいは予定値のいずれで行うかによって，さらに実際賃率と予定賃率に分けることができる。実際賃率の計算は，直接工の賃金や就業時間の実績値が判明する原価計算期間終了後でなければ行うことができないので，原価計算を迅速に行うためには，予定賃率を用いることが望ましい。なお予定賃率を用いて消費賃金を計算した場合には，賃率差異が生じることになるが，これは原則としてその年度の売上原価に賦課する。

以上をまとめると，消費賃率は次頁の図表 4 － 3 のように分類される。

つぎに就業時間についてみていく。このことは直接工賃金を直接労務費と間接労務費へ分けることと深くかかわっている。

図表4－3　消費賃率の分類

まず就業時間は，従業員が企業に拘束される時間である勤務時間から定時休憩時間および職場離脱時間を除外したものである。ここで定時休憩時間とは，昼休みなどの休憩時間であり，職場離脱時間は，面会，私用外出，診療，労働組合の会合など工員自らの責任において職場を離脱した時間をいう。これらの時間は，賃金の支払対象とはならない。

就業時間は，さらに実働時間と手待時間（idle time）に分けられる。手待時間は，材料手配の遅れ，停電などのように工員の責任以外の要因によって作業を行えない時間である。この手待時間は，定時休憩時間および職場離脱時間と異なり，賃金の支払対象となる。

実際に作業を行っている実働時間は，直接作業時間および間接作業時間に分けられる。直接作業時間は，製品製造のための直接的な作業に従事した時間であり，これは加工作業に従事した加工時間と加工作業のための準備を行った段取時間（setup time）からなる。また直接工が運搬・修繕といった製品製造のための補助的な作業を行った場合，これに要した時間は間接作業時間とよばれる。

以上より，直接工の勤務時間の構成は**図表4－4**のように示すことができる。

なお，図表4－2で示されている直接賃金，間接作業賃金，および手待賃金は，それぞれ図表4－4における直接作業時間，間接作業時間，および手待時

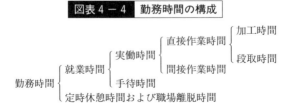

図表4－4　勤務時間の構成

間に対する賃金を意味しており，つぎのように計算される。

> 直接賃金＝直接作業時間×消費賃率
> 間接作業賃金＝間接作業時間×消費賃率
> 手待賃金＝手待時間×消費賃率

例題4－5 つぎの資料により，①予定総平均賃率を用いる場合と②予定職種別平均賃率を用いる場合について，直接工に関する当月の直接労務費および間接労務費を計算しなさい。

〈資料〉
(1) 直接工の基本賃金・加給金の年間予定額および年間予定就業時間

	第1製造部門	第2製造部門
基本賃金	25,500,000円	45,000,000円
加給金	4,500,000円	9,000,000円
就業時間	20,000時間	30,000時間

(2) 直接工の当月実際就業時間の内訳

	第1製造部門	第2製造部門
直接作業時間	1,500時間	2,300時間
間接作業時間	100時間	200時間
手待時間	30時間	50時間

［解答］
① 予定総平均賃率は，工場全体の予定賃金総額（基本賃金と加給金）を工場全体の予定就業時間で除して，つぎのように計算される。

$$予定総平均賃率 = \frac{25,500,000円 + 45,000,000円 + 4,500,000円 + 9,000,000円}{20,000時間 + 30,000時間}$$

$$= 1,680円/時間$$

これを用いると，直接賃金，間接作業賃金，手待賃金はそれぞれつぎのように計算できる。

直接賃金＝(1,500時間＋2,300時間)×1,680円/時間＝6,384,000円
間接作業賃金＝(100時間＋200時間)×1,680円/時間＝504,000円
手待賃金＝(30時間＋50時間)×1,680円/時間＝134,400円

したがって，直接労務費および間接労務費はつぎのようになる。

直接労務費＝6,384,000円

間接労務費＝504,000円＋134,400円＝638,400円

② 職種別平均賃率は、職種（この場合は部門）ごとに平均賃率を計算するので、それぞれの予定賃率はつぎのようになる。

$$\text{第1製造部門の予定賃率} = \frac{25,500,000円 + 4,500,000円}{20,000時間} = 1,500円/時間$$

$$\text{第2製造部門の予定賃率} = \frac{45,000,000円 + 9,000,000円}{30,000時間} = 1,800円/時間$$

これらを各部門の予定賃率として用いると、直接賃金、間接作業賃金、および手待賃金はつぎのように求められる。

	第1製造部門	第2製造部門
直接賃金	2,250,000円	4,140,000円
間接作業賃金	150,000円	360,000円
手待賃金	45,000円	90,000円

したがって、この場合の直接労務費および間接労務費はつぎのようになる。

直接労務費＝2,250,000円＋4,140,000円＝6,390,000円

間接労務費＝150,000円＋360,000円＋45,000円＋90,000円＝645,000円

② 間接工の消費賃金の計算

間接工については、通常、作業時間記録は行われず、その原価計算期間の負担に属する要支払額を消費賃金（間接工賃金）とする。この考え方は、給料や雑給などについても同様であり、いずれも製造間接費として処理されることになる。

賃金の計算期間と原価計算期間が一致する場合には、その期の支払賃金がそのまま消費賃金となる。しかし2つの期間が一致していない場合には、原価計算期間に対応する額を算定し、それを消費賃金とする必要がある。これはつぎのように計算される。

消費賃金＝当月の支払賃金－前月の未払賃金＋当月の未払賃金

> **例題4-6** つぎの資料にもとづいて，5月の間接工の消費賃金を計算しなさい。
> 〈資料〉
> (1) 賃金の計算期間は4月21日から5月20日までであり，当月の間接工に対する支払総額は720,000円である。
> (2) 上記支払総額のうち220,000円は，4月21日から4月30日の作業に対する額である。
> (3) 5月21日から5月31日の作業に対する額は，250,000円であった。

[解答]

　5月の支払額720,000円には，4月の作業に対する賃金220,000円（前月の未払賃金）が含まれているので，消費賃金の計算ではこれを支払額から控除しなければならない。また5月21日から5月31日の作業に対する賃金250,000円（当月の未払賃金）は，5月の支払額に含まれていないので，消費賃金を求める際にはこれを支払額に加算する必要がある。したがって，5月の消費賃金はつぎのように計算される。

　消費賃金＝720,000円－220,000円＋250,000円＝750,000円

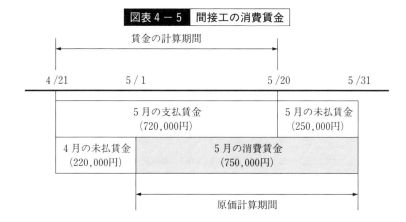

図表4-5　間接工の消費賃金

3　経費の計算

(1) 経費の分類

　経費は，材料費，労務費以外の原価である。そのため経費の内容は多様となるが，形態別分類にもとづくと，外注加工賃，特許権使用料，仕損費，減価償却費，賃借料，保険料，修繕料，電力料，ガス代，水道料，租税公課，厚生費，旅費交通費，通信費，保管料，棚卸減耗費，雑費などがその例としてあげられる。

　材料費や労務費と同様に，経費もまた製品との関連にもとづいて直接経費と間接経費に分類することができる。直接経費はその発生が一定単位の製品の生産に関して直接的に認識されるものであり，間接経費は直接的に認識されないものである。ただし，その性質上，直接経費となるものは非常に少なく，多くの経費は間接経費である。上に示した例を直接経費と間接経費に分けると，**図表4-6**のようになる。

　直接経費となりうるのは，外注加工賃，特許権使用料，仕損費である。ただし，これらはつねに直接経費となるのではなく，間接経費として処理される場合もある。たとえば，個別原価計算において，仕損費を当該製造指図書に賦課

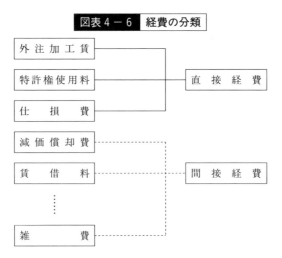

図表4-6　経費の分類

した場合，この仕損費は直接経費となるが，発生部門に賦課した場合には間接経費となる。

またこれ以外の減価償却費，賃借料，保険料，修繕料，電力料，ガス代，水道料，租税公課，厚生費，旅費交通費，通信費，保管料，棚卸減耗費，雑費などは，通常，その発生が製品と直接的に結びつけられない。そのため，これらは間接経費となる。

なお間接経費は，形態別に分類するのが原則であるが，必要に応じて修繕費，運搬費といった複合費を設定することもできる。複合費とは，特定の目的あるいは機能のために発生した複数の費目を，まとめて1つの費目とするものである。たとえば，修繕材料の消費額，修繕工の賃金，および外部者に支払った修繕料を合算して修繕費とする場合などがこれに相当する。

(2) **経費の計算**

経費は，その消費額の把握方法の相違にもとづいて，支払経費，月割経費，測定経費，発生経費に分けられる。

① **支払経費**

支払経費は，原価計算期間の支払額を支払伝票や請求書などにもとづいて把握し，それをその期間の消費額とする経費である。ただし，未払額や前払額がある場合には，これを調整して，原価計算期間に対応した額を計算する必要がある。このような経費には，外注加工賃，旅費交通費，通信費，雑費などがある。

② **月割経費**

月割経費は，数ヵ月ないし1年といった単位で支払われたり計上されたりする額を，月割りすることによって，原価計算期間の消費額を決定する経費である。たとえば，減価償却費は計算によってまず年額が把握されるが，これを12ヵ月で除すことにより，1ヵ月当りの金額が算定されることになる。その他，租税公課，数ヵ月まとめて支払う場合の賃借料や保険料なども月割経費の例である。

③ 測定経費

測定経費は，メーターなどの測定器などによって消費量を把握し，これにもとづいて原価計算期間の消費額を計算する経費である。電力料，ガス代，水道料などは，その典型的な例である。

④ 発生経費

発生経費は，原価計算期間における実際発生額をその期間の消費額とする経費である。このような形で消費額を把握する経費の例として，棚卸減耗費や仕損費があげられる。ただし，棚卸減耗費や仕損費について，会計期間の発生額を事前に見積もり，その月割額を原価計算期間の負担額とするような場合，これらは月割経費となる。

例題4－7 つぎの資料に示されているそれぞれの経費について，当月の消費額を計算しなさい。

〈資料〉
外注加工賃：前月未払額100,000円　当月支払額550,000円
　　　　　　当月未払額120,000円
減価償却費：年額1,200,000円
賃　借　料：半年分720,000円
電　力　料：当月支払額120,000円　当月測定額110,000円
棚卸減耗費：帳簿残高9,000個　実際残高8,800個　消費価格@200円
　　　　　　ただし，棚卸減耗は正常なものとする。

[解答]

当月の消費額は，つぎのように計算される。

外注加工賃＝550,000円－100,000円＋120,000円＝570,000円

$$減価償却費 = \frac{1,200,000円}{12ヵ月} = 100,000円$$

$$賃借料 = \frac{720,000円}{6ヵ月} = 120,000円$$

電力料＝110,000円

棚卸減耗費＝(9,000個－8,800個)×@200円＝40,000円

第5章　原価の部門別計算

> Point
> 1．原価計算の手続過程の第2段階である部門別計算について学ぶ。
> 2．部門別計算の意義と目的について理解する。
> 3．原価要素を各部門に集計する方法（部門費の第1次集計）について理解する。
> 4．補助部門費を製造部門に配賦する方法（部門費の第2次集計）について理解する。

1　部門別計算の意義と目的

　原価計算の手続過程において，費目別計算に続く第2次の計算段階が部門別計算である。部門別計算では，費目別計算によって費目ごとに分類・集計された原価要素が，部門ごとに分類・集計される。

　製品別計算が個別原価計算であるか総合原価計算であるかにかかわらず，部門別計算は実施される。しかし，必ずしもすべての企業で実施する必要はない。工場の規模が小さく，製造工程における作業が単純な場合，部門別計算は省略され，原価計算の手続過程は，費目別計算の段階から直ちに製品別計算の段階に移る。他方，工場の規模が大きく，製造工程における作業が複雑な場合，部門（工程）ごとに異なる形で発生する原価を実情に即して正確に把握し，より精緻な製品原価の計算と管理を行うために，部門別計算が必要となる。このように，部門別計算は，①製品原価の正確な計算および②原価管理をより有効にすることを目的とする。

　製品原価は，財務諸表の作成，原価管理，利益管理に必要不可欠な基礎資料である。この製品原価情報が不正確な場合，経営管理者をはじめとする企業の利害関係者を誤った意思決定に導きかねない。部門別計算は，工場全体で単一

の配賦基準を用いるのではなく，製造間接費を部門別（工程別）に把握し直し，部門（工程）ごとに異なる製造間接費の発生態様に応じた適切な部門別（工程別）の配賦基準を用いて可能なかぎり合理的に配賦することで，より正確な製品原価の計算に資する。

また，工場が大規模かつ複雑であると，1人の管理者だけでは工場全体を管理できない。そこで，工場全体を職能別に分割して部門（工程）を設定するとともに，職能に関する権限と責任を付与した管理責任者を配置し，その責任区分の範囲内で管理させることが必要となる。部門別計算では，経営組織上の管理者の責任区分と表裏一体の関係にある原価部門を設定し，その原価部門別に原価を分類・集計することにより，原価がその発生場所ごとに把握される。こうすることで，管理者の責任区分別に原価が集計され，各部門（工程）において，精緻な原価管理が展開されるようになる。

2　原価部門の設定

部門別計算に際しては，まず原価部門を設定する。原価部門（cost department）とは，原価要素を，原価の発生場所である部門（工程）ごとに分類・集計するための計算組織上の区分をいう。原価部門は，部門別計算の目的を達成するよう，生産技術上の区分や管理者の職制上の権限・責任の区分などを勘案して設定される。そのような原価部門は，製品の製造作業を直接行う部門であるか否かにもとづき，次頁の**図表5－1**のように，製造部門と補助部門とに大別される。

製造部門（producing department）とは，原材料を加工して製品の製造作業を直接行う部門をいう。その具体的な名称は企業により異なるが，製品の種類別，製品生成の段階，製造活動の種類などによって，各種の部門（工程）に分けられる。たとえば，材料切断部，鋳造部，鍛造部，機械加工部，旋盤部，研磨部，メッキ部，塗装部，組立部，仕上部などがあげられる。また，製造部門には，企業が主にその製造を目的とする主産物（主製品）の製造作業を行う部門（これを主経営という）だけでなく，主産物から派生して副次的に産出される副産物（副製品）の加工や包装品の製造などを行う部門（これを副経営という）が含まれる。さらに，製造部門は，必要ある場合には，機械設備の種類，作業区分などによって，各種の小工程または作業単位に細分化される。

補助部門（service department）とは，製造部門や他の補助部門を補助するための生産物やサービス（これを用役という）を提供する部門をいう。補助部門は，管理職能を果たす部門か否かにもとづいて，補助経営部門と工場管理部門とに分類される。補助経営部門とは，管理職能を果たさず，自部門の生産物やサービスを製造部門に直接提供することにより，製品の製造作業または他の補助部門の業務活動を支援する補助部門をいう。たとえば，動力部，用水部，修繕部，運搬部，工具製作部，検査部などがあげられる。なお，補助経営部門が相当の規模になった場合には，計算上，製造部門とみなして部門別計算が行われる。他方，工場管理部門とは，工場において管理職能を果たす補助部門をいう。たとえば，購買部，材料部，労務部，福利部，生産管理部，企画部，試験研究部，工場事務部などが，その具体例である。

図表5－1　原価部門の分類

原価部門
製造部門 鋳造部・鍛造部・機械加工部・組立部など
補助部門
補助経営部門 動力部・修繕部・運搬部・工具製作部・検査部など
工場管理部門 材料部・労務部・企画部・試験研究部・工場事務部など

3　部門に集計される原価要素の範囲

　原価部門に集計される原価要素の範囲は，必ずしもすべての原価要素であるとはかぎらない。その範囲は，次頁の**図表5－2**に示すように，原価計算の形態と部門別計算の目的との組合せによって異なってくる。

　個別原価計算において，部門別計算の目的が製品原価の正確な計算にある場合，製造間接費のみが部門別に集計される。ただし，製品の製造作業において

図表5-2　部門に集計される原価要素の範囲

原価計算の形態＼部門別計算の目的	製品原価の正確な計算	原価管理をより有効にすること
個別原価計算	製造間接費	管理可能費
総合原価計算	加工費 (加工型製品の場合)	
	全原価要素 (加工型製品以外の製品の場合)	

　工具と機械による作業が密接に行われており，直接労務費と製造間接費の分離が困難である場合には，加工費が部門別に集計される。

　総合原価計算において，工程別計算(工程とは製造部門を意味し，総合原価計算における部門別計算をいう)の目的が正確な製品原価の計算にある場合，加工型製品では加工費のみが工程別に集計され，それ以外の製品ではすべての原価要素が工程別に集計される。なお，加工型製品とは，原材料を最初の工程の始点ですべて投入し，それ以降の工程では単にそれを加工していく作業のみを行って完成される製品をいう。

　また，個別原価計算と総合原価計算のいずれでも，部門(工程)別計算の目的が原価管理をより有効にすることにある場合には，管理可能費が部門(工程)別に集計される。

4　部門別計算の手続

　部門別計算は，次頁の図表5-3に示すように，①原価要素の部門個別費と部門共通費への分類，②部門個別費と部門共通費の各部門への集計(部門費の第1次集計)，③補助部門費の製造部門への配賦(部門費の第2次集計)という一連の手続によって行われる。

(1) 原価要素の部門個別費と部門共通費への分類

　原価部門に集計される原価要素は，特定の部門で発生したことが明らかな原価か否かにもとづいて，部門個別費と部門共通費とに分類される。

　部門個別費(departmental cost)とは，特定の部門で発生したことが明らかで

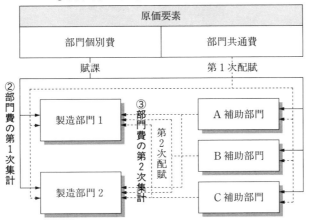

図表5－3　部門別計算の手続

あり，当該部門で発生した原価として直接的に認識され跡づけられる原価をいう。たとえば，各部門で発生した補助材料費，各部門専属の職長の給料や工具の賃金，各部門専用の機械の減価償却費・火災保険料などであり，部門に提供された生産物やサービスを記録した伝票類によって部門別に分類される。なお，すべての原価要素が部門別に集計される場合には，直接材料費と直接労務費はつねに部門個別費として分類される。

他方，部門共通費（common cost）とは，複数の部門に共通して発生するため，特定の部門で発生した原価として直接的に認識され跡づけられない原価をいう。たとえば，複数の部門に共通して発生した補助材料費，工場長などの給料や諸手当，複数の部門が共用している工場建物の減価償却費・火災保険料・固定資産税・賃借料などである。部門共通費は，どの部門で発生したかが不明であるため，各費目を何らかの基準によって部門別に配賦する必要がある。

(2) 部門個別費と部門共通費の各部門への集計（部門費の第1次集計）

原価要素の部門個別費と部門共通費への分類後，それらを部門ごとに集計して部門費が計算される。なお，補助部門に集計された部門費を補助部門費という。その計算手続は部門費の第1次集計とよばれ，①部門個別費の発生部門への賦課および②部門共通費の関係諸部門への配賦（部門費の第1次配賦）からな

る。部門費の第1次集計では，**図表5－4**のような部門費集計表が作成される。

図表5－4 部門費集計表

部門費集計表

費 目	総 額	製 造 部 門		補 助 部 門		
		製造部門1	製造部門2	A補助部門	B補助部門	C補助部門
部門個別費 〇〇〇費 ⋮	××× ⋮	××× ⋮	××× ⋮	××× ⋮	××× ⋮	××× ⋮
部門個別費計	×××	×××	×××	×××	×××	×××
部門共通費 〇〇〇費 ⋮	××× ⋮	××× ⋮	××× ⋮	××× ⋮	××× ⋮	××× ⋮
部門共通費計	×××	×××	×××	×××	×××	×××
部門費合計	×××	×××	×××	×××	×××	×××

ここで重要なのは，部門共通費の各部門への配賦である。配賦に際しては，各部門共通費の発生態様との関連性，関係諸部門間における共通性，資料入手の容易性などを考慮し，適切な配賦基準が選定される必要がある。**図表5－5**は，部門共通費の一般的な配賦基準である。なお，工場全般について発生し適当な配賦基準が見いだせない部門共通費は一般費とし，補助部門費として処理

図表5－5 部門共通費の一般的な配賦基準

部門共通費	配賦基準
建物減価償却費	各部門の建物占有面積など
不動産賃借料	
建物保険料	
建物固定資産税	
建物修繕費	
機械保険料	各部門の機械帳簿価額など
電力料	各部門の動力消費量または機械運転時間など
間接材料費	各部門の直接材料費など
間接労務費	各部門の従業員数または賃金額など
従業員募集費	各部門の従業員数または直接作業時間など
福利施設負担額	各部門の従業員数など
厚生費	

することができる。一般費は，各部門の就業時間数などによって配賦される。

例題 5－1 当社工場では，製造間接費についてのみ部門別計算を実施している。つぎの資料にもとづき，部門費集計表を作成しなさい。

〈資料〉
(1) 部門個別費実際発生額

	製造部門		補助部門		
	第1製造部	第2製造部	動力部	修繕部	工場事務部
間接材料費	300,000円	280,000円	432,000円	124,000円	92,000円
間接労務費	280,000円	420,000円	204,000円	220,000円	320,000円

(2) 部門共通費実際発生額
　　建物減価償却費　600,000円　　機械保険料　160,000円
　　間接労務費　2,100,000円　　厚生費　420,000円

(3) 部門共通費の配賦基準

配賦基準	第1製造部	第2製造部	動力部	修繕部	工場事務部
建物占有面積	600m²	540m²	180m²	120m²	60m²
機械帳簿価額	3,600万円	3,200万円	600万円	400万円	200万円
従業員数	160人	120人	40人	80人	20人

[解答]

部門費集計表

(単位：円)

費目	総額	製造部門		補助部門		
		第1製造部	第2製造部	動力部	修繕部	工場事務部
部門個別費						
間接材料費	1,228,000	300,000	280,000	432,000	124,000	92,000
間接労務費	1,444,000	280,000	420,000	204,000	220,000	320,000
部門個別費計	2,672,000	580,000	700,000	636,000	344,000	412,000
部門共通費						
建物減価償却費	600,000	240,000	216,000	72,000	48,000	24,000
機械保険料	160,000	72,000	64,000	12,000	8,000	4,000
間接労務費	2,100,000	800,000	600,000	200,000	400,000	100,000
厚生費	420,000	160,000	120,000	40,000	80,000	20,000
部門共通費計	3,280,000	1,272,000	1,000,000	324,000	536,000	148,000
部門費合計	5,952,000	1,852,000	1,700,000	960,000	880,000	560,000

[解説]
① 部門個別費の各部門への賦課

部門個別費である間接材料費と間接労務費の実際発生額は，資料(1)のとおり，すでに部門別に把握されている。したがって，それらの費目と金額を，「部門個別費」として，部門費集計表の費目欄と各部門の欄にそれぞれ記入する。また，部門ごとに各部門個別費を合計した金額を，「部門個別費計」として，各部門の欄にそれぞれ記入する。

② 部門共通費の各部門への配賦

部門共通費である建物減価償却費，機械保険料，間接労務費，および厚生費の実際発生額は，資料(2)のとおり，費目別に総額で把握されている。そこで，これらを適切な配賦基準を用いて部門別に配賦する。まず，資料(3)より，各部門共通費の配賦基準を，建物減価償却費は建物占有面積，機械保険料は機械帳簿価額，間接労務費と厚生費は従業員数とする。つぎに，配賦基準により，部門ごとの配賦額を計算する。たとえば，各部門共通費の第1製造部への配賦額は，つぎのように計算する。

建物減価償却費の第1製造部への配賦額：

$$600,000円 \times \frac{600m^2}{600m^2 + 540m^2 + 180m^2 + 120m^2 + 60m^2} = 240,000円$$

機械保険料の第1製造部への配賦額：

$$160,000円 \times \frac{3,600万円}{3,600万円 + 3,200万円 + 600万円 + 400万円 + 200万円} = 72,000円$$

間接労務費の第1製造部への配賦額：

$$2,100,000円 \times \frac{160人}{160人 + 120人 + 40人 + 80人 + 20人} = 800,000円$$

厚生費の第1製造部への配賦額：

$$420,000円 \times \frac{160人}{160人 + 120人 + 40人 + 80人 + 20人} = 160,000円$$

他の部門への配賦額も同様に計算し，それらの費目と金額を「部門共通費」として，部門費集計表の費目欄と各部門の欄にそれぞれ記入する。また，部門ごとに各部門共通費の配賦額を合計した金額を，「部門共通費計」として，各部門の欄にそれぞれ記入する。最後に，各部門の欄に記入された部門個別費計と部門共通費計の金額を合計して各部門の部門費を計算し，その金額を「部門費合計」として，各部門の欄にそれぞれ記入する。

(3) 補助部門費の製造部門への配賦（部門費の第2次集計）

　各部門の部門費を計算したならば，補助部門費を製造部門に配賦して製造部門だけに部門費を集計する。この計算手続は部門費の第2次集計とよばれ，各補助部門費の各製造部門への配賦（部門費の第2次配賦）のみからなる。

　補助部門費の配賦に際しては，製造部門と他の補助部門への用役提供割合（製造部門や他の補助部門へ提供された生産物やサービスの授受状況）を表わす適切な配賦基準を選定する必要がある。**図表5－6**は，補助部門費の一般的な配賦基準である。

図表5－6　補助部門費の一般的な配賦基準

補助部門費	配賦基準
動力部費	各部門の動力消費量など
用水部費	各部門の用水消費量など
修繕部費	各部門の修繕作業時間または修繕件数など
運搬部費	各部門の運搬物品の重量，運搬距離または運搬回数など
購買部費	各部門の材料購入額または注文件数など
材料部費	各部門の材料出庫額または出庫件数など
労務部費	各部門の従業員数または賃金額など
企画部費	
試験研究部費	
工場事務部費	

　ところで，ある補助部門が製造部門だけでなく他の補助部門へも生産物やサービスを提供している場合，補助部門間相互の用役の授受関係をどの程度厳密にとらえ処理するかが問題となる。そこで，補助部門費の配賦計算方法には，①直接配賦法，②階梯式配賦法，および③相互配賦法などがある。そして，それぞれ以下に示すような部門費振替表が作成される。

①　直接配賦法

　直接配賦法（direct distribution method）とは，補助部門間相互の用役の授受関係を計算上まったく無視し，すべての補助部門費を直接，製造部門に対してのみ配賦する方法をいう。直接配賦法は，補助部門費が比較的少ない場合に簡

図表5−7　直接配賦法による部門費振替表

部門費振替表

費　目	合　計	製　造　部　門		補　助　部　門		
		製造部門1	製造部門2	A補助部門	B補助部門	C補助部門
部　門　費　計	×××	×××	×××	×××	×××	×××
A補助部門費	×××	×××	×××			
B補助部門費	×××	×××	×××			
C補助部門費	×××	×××	×××			
製造部門費合計	×××	×××	×××			

便法として用いられる。直接配賦法による部門費振替表は，**図表5−7**のようになる。

② 階梯式配賦法

階梯式配賦法（step-ladder distribution method）とは，補助部門間相互の用役の授受関係を計算上も一部認め，順位づけされた補助部門の上位から下位へと順次，補助部門費を配賦していき，最終的には，最下位の補助部門に集計された補助部門費の合計額を，製造部門へ配賦する方法をいう。階梯式配賦法は，補助部門費配賦の厳密さからいえば，直接配賦法と相互配賦法の中間に位置する。階梯式配賦法による部門費振替表は，**図表5−8**のようになる。

図表5−8　階梯式配賦法による部門費振替表

部門費振替表

費　目	合　計	製　造　部　門		補　助　部　門		
		製造部門1	製造部門2	第3順位の補助部門	第2順位の補助部門	第1順位の補助部門
部　門　費　計	×××	×××	×××	×××	×××	×××
第1順位の補助部門費	×××	×××	×××	×××	×××	
第2順位の補助部門費	×××	×××	×××	×××		
第3順位の補助部門費	×××	×××	×××	×××		
製造部門費合計	×××	×××	×××			

階梯式配賦法では，上位の補助部門費が下位の補助部門へと順に配賦されていくようにするため，つぎの基準にしたがって補助部門の順位づけを行う。

(a) 他の補助部門への用役の提供部門数が多い補助部門を先順位とする。
(b) 提供部門数が同数の場合，つぎのいずれかによって順位を決定する。
・部門費の多い補助部門を先順位とする。
・他の補助部門への用役提供額が多い補助部門を先順位とする。

③ 相互配賦法

相互配賦法（reciprocal distribution method）とは，補助部門間相互の用役の授受関係を計算上もすべて認め，補助部門費を製造部門と補助部門とに配賦していく方法をいう。相互配賦法は，補助部門費の配賦計算をより厳密に行うために用いられる。相互配賦法には，(a)直接配賦法を加味した相互配賦法，(b)連続配賦法，および(c)連立方程式法などがある。

(a) 直接配賦法を加味した相互配賦法

直接配賦法を加味した相互配賦法とは，相互配賦法と直接配賦法とを組み合せた方法である。これは，相互配賦法における簡便法として用いられ，通常，部門費の第2次集計において，まず相互配賦法により各製造部門と各補助部門への配賦を行い，つぎに直接配賦法により各製造部門に対してのみ配賦を行う。直接配賦法を加味した相互配賦法による部門費振替表を示すと，**図表5－9**のようになる。

図表5－9　直接配賦法を加味した相互配賦法による部門費振替表

部門費振替表

費目	合計	製造部門		補助部門		
		製造部門1	製造部門2	A補助部門	B補助部門	C補助部門
部門費計	×××	×××	×××	×××	×××	×××
第1次配賦						
A補助部門費	×××	×××	×××	－	×××	×××
B補助部門費	×××	×××	×××	×××	－	×××
C補助部門費	×××	×××	×××	×××	×××	－
第2次配賦				×××	×××	×××
A補助部門費	×××	×××	×××			
B補助部門費	×××	×××	×××			
C補助部門費	×××	×××	×××			
製造部門費合計	×××	×××	×××			

(b) 連続配賦法

連続配賦法（continued distribution method）とは，各補助部門費の製造部門への配賦額がかぎりなくゼロになるまで，配賦計算を反復して行う方法である。これは，もっとも精緻な配賦計算方法であり，部門別計算の目的を達成するうえで優れているが，補助部門の数が多くなるほど計算のための手数と時間がかかる。連続配賦法による部門費振替表を示すと，**図表5-10**のようになる。

図表5-10 連続配賦法による部門費振替表

部門費振替表

費　目	合　計	製　造　部　門		補　助　部　門		
		製造部門1	製造部門2	A補助部門	B補助部門	C補助部門
部　門　費　計	×××	×××	×××	×××	×××	×××
第　1　次　配　賦						
C補助部門費	×××	×××	×××	×××	×××	×××
B補助部門費	×××	×××	×××	×××	×××	×××
A補助部門費	×××	×××	×××	×××	×××	×××
第　2　次　配　賦						
C補助部門費	×××	×××	×××	×××	×××	×××
B補助部門費	×××	×××	×××	×××	×××	×××
A補助部門費	×××	×××	×××	×××	×××	×××
第　3　次　配　賦						
⋮		⋮	⋮	⋮	⋮	⋮
製造部門費合計	×××	×××	×××			

(c) 連立方程式法

連立方程式法（simultaneous equation method）とは，補助部門間相互で配賦が完了した後の最終的な補助部門費を，連立方程式を解くことによって数学的に算出し，配賦計算を行う方法である。連立方程式法は，第1次集計による各補助部門費に第2次集計によって他の補助部門から配賦されるであろう配賦額を加えた金額を連立方程式により求め，その金額を各部門への用役提供割合に応じて配賦する。連立方程式法による部門費振替表を示すと，次頁の**図表5-11**のようになる。

図表5－11 連立方程式法による部門費振替表

部門費振替表

費　　目	合　計	製　造　部　門		補　助　部　門		
		製造部門1	製造部門2	A補助部門	B補助部門	C補助部門
部　門　費　計	×××	×××	×××	×××	×××	×××
A補助部門費	×××	×××	×××	△×××	×××	×××
B補助部門費	×××	×××	×××	×××	△×××	×××
C補助部門費	×××	×××	×××	×××	×××	△×××
製造部門費合計	×××	×××	×××	0	0	0

例題5－2　例題5－1の資料(1)～(3)とつぎの追加資料にもとづき，①直接配賦法，②階梯式配賦法，③直接配賦法を加味した相互配賦法，④連立方程式法により，部門費振替表を作成しなさい。

〈追加資料〉

(4) 補助部門費の配賦基準

配賦基準	第1製造部	第2製造部	動　力　部	修　繕　部	工場事務部
動力供給量	3,400kW-h	3,000kW-h	－	1,600kW-h	－
修繕作業時間	1,400時間	1,800時間	800時間	－	－
従業員数	160人	120人	40人	80人	20人

[解答]

① 直接配賦法

部門費振替表

(単位：円)

費　　目	合　計	製　造　部　門		補　助　部　門		
		第1製造部	第2製造部	動力部	修繕部	工場事務部
部　門　費　計	5,952,000	1,852,000	1,700,000	960,000	880,000	560,000
動　力　部　費	960,000	510,000	450,000			
修　繕　部　費	880,000	385,000	495,000			
工場事務部費	560,000	320,000	240,000			
製造部門費合計	5,952,000	3,067,000	2,885,000			

② 階梯式配賦法

部門費振替表

(単位：円)

費　目	合　計	製造部門		補助部門		
		第1製造部	第2製造部	修繕部	動力部	工場事務部
部　門　費　計	5,952,000	1,852,000	1,700,000	880,000	960,000	560,000
工場事務部費	560,000	224,000	168,000	112,000	56,000	
動 力 部 費	1,016,000	431,800	381,000	203,200	1,016,000	
修 繕 部 費	1,195,200	522,900	672,300	1,195,200		
製造部門費合計	5,952,000	3,030,700	2,921,300			

③ 直接配賦法を加味した相互配賦法

部門費振替表

(単位：円)

費　目	合　計	製造部門		補助部門		
		第1製造部	第2製造部	動力部	修繕部	工場事務部
部　門　費　計	5,952,000	1,852,000	1,700,000	960,000	880,000	560,000
第 1 次 配 賦						
動 力 部 費	960,000	408,000	360,000	—	192,000	—
修 繕 部 費	880,000	308,000	396,000	176,000	—	—
工場事務部費	560,000	224,000	168,000	56,000	112,000	—
第 2 次 配 賦				232,000	304,000	—
動 力 部 費	232,000	123,250	108,750			
修 繕 部 費	304,000	133,000	171,000			
製造部門費合計	5,952,000	3,048,250	2,903,750			

④ 連立方程式法

部門費振替表

(単位：円)

費　目	合　計	製造部門		補助部門		
		第1製造部	第2製造部	動力部	修繕部	工場事務部
部　門　費　計	5,952,000	1,852,000	1,700,000	960,000	880,000	560,000
動 力 部 費	1,265,000	537,625	474,375	△1,265,000	253,000	—
修 繕 部 費	1,245,000	435,750	560,250	249,000	△1,245,000	—
工場事務部費	560,000	224,000	168,000	56,000	112,000	△560,000
製造部門費合計	5,952,000	3,049,375	2,902,625	0	0	0

[解説]

　部門費振替表の作成にあたって，まず，例題5－1の部門費集計表の最終行から，

各部門の部門費合計額を「部門費計」として，部門費振替表の最初の行に記入する。ただし，階梯式配賦法では，後述のように，その前に補助部門の順位づけが必要である。

① 直接配賦法

直接配賦法では，補助部門間相互における用役の授受関係を無視して，補助部門費を直接，製造部門に配賦する。まず，追加資料(4)より，各補助部門費の配賦基準を，動力部費は動力供給量，修繕部費は修繕作業時間，工場事務部費は従業員数とする。つぎに，配賦基準により，製造部門ごとの配賦額を計算する。このとき補助部門費は，各製造部門のみに配賦されることに注意する。たとえば，各補助部門費の第1製造部への配賦額は，つぎのように計算する。

動力部費の第1製造部への配賦額：

$$960,000円 \times \frac{3,400kW\text{-}h}{3,400kW\text{-}h + 3,000kW\text{-}h} = 510,000円$$

修繕部費の第1製造部への配賦額：

$$880,000円 \times \frac{1,400時間}{1,400時間 + 1,800時間} = 385,000円$$

工場事務部費の第1製造部への配賦額：

$$560,000円 \times \frac{160人}{160人 + 120人} = 320,000円$$

第2製造部への配賦額も同様に計算し，部門費振替表の費目欄に「動力部費」「修繕部費」「工場事務部費」として，第1製造部と第2製造部の各欄にそれぞれ記入する。最後に，各製造部門欄における「部門費計」の金額と各補助部門費の配賦額をすべて合計し，その合計額を「製造部門費合計」として各製造部門の欄に記入する。

② 階梯式配賦法

階梯式配賦法では，最初に，補助部門欄に各補助部門名をどの順番で記入するか（補助部門の順位づけ）が問題となる。資料(4)より，まず，各補助部門が他の補助部門に提供している用役の提供部門数は動力部が1つ，修繕部が1つ，工場事務部が2つ（他の補助部門への用役提供部門数であるため自部門は除く）であり，工場事務部が第1順位となる。つぎに，動力部と修繕部について，部門費をみると，動力部費は960,000円，修繕部費は880,000円であり，動力部のほうが多い。また，資料(4)より，動力部と修繕部について，つぎのように相互の用役提供額を計算しても，動力部は修繕部よりも先順位となることがわかる。したがって，動力部が第2順位，修繕部が第3順位となる。

動力部から修繕部：

$$960,000円 \times \frac{1,600\text{kW-h}}{3,400\text{kW-h}+3,000\text{kW-h}+1,600\text{kW-h}} = 192,000円$$

修繕部から動力部：

$$880,000円 \times \frac{800時間}{1,400時間+1,800時間+800時間} = 176,000円$$

補助部門の順位づけの後，補助部門名を部門費振替表の補助部門欄に記入する。この時，右端に第1順位の工場事務部，その左に第2順位の動力部，そのまた左に第3順位の修繕部を記入する。

補助部門名の記入後，第1次集計で計算した部門費を「部門費計」として各部門の欄に記入したならば，第1順位である右端の工場事務部から順に，自部門を除く他の各部門へと補助部門費を配賦する。たとえば，動力部および修繕部への配賦額は，つぎのように計算する。

工場事務部費の動力部への配賦額：

$$560,000円 \times \frac{40人}{160人+120人+40人+80人} = 56,000円$$

工場事務部費の修繕部への配賦額：

$$560,000円 \times \frac{80人}{160人+120人+40人+80人} = 112,000円$$

各製造部門への配賦額も同様に計算し，部門費振替表の費目欄に「工場事務部費」として，各部門の欄に記入する。配賦時の注意点は，上位（右側）の補助部門から下位（左側）の補助部門に配賦された配賦額が下位の補助部門費と合計され，さらに下位（左側）の補助部門に配賦されるということである。けっして下位（左側）の補助部門から上位（右側）の補助部門へは配賦を行わない。

続いて，動力部費を他の各部門へ配賦する。たとえば，修繕部への配賦額は，つぎのように計算する。その際，動力部費960,000円に上で計算した工場事務部からの配賦額56,000円を合計した金額1,016,000円を配賦する。

動力部費の修繕部への配賦額：

$$(960,000円+56,000円) \times \frac{1,600\text{kW-h}}{3,400\text{kW-h}+3,000\text{kW-h}+1,600\text{kW-h}} = 203,200円$$

各製造部門への配賦額も同様に計算し，部門費振替表の費目欄に「動力部費」として，各部門の欄に記入する。

さらに，修繕部費を各製造部門へ配賦する。たとえば，第1製造部への配賦額は，つぎのように計算する。その際，修繕部費880,000円に上で計算した工場事務部からの配賦額112,000円と動力部からの配賦額203,200円とを合計した金額1,195,200円を配賦する。

修繕部費の第 1 製造部への配賦額：

$$(880,000円+112,000円+203,200円)\times\frac{1,400時間}{1,400時間+1,800時間}=522,900円$$

　第 2 製造部への配賦額も同様に計算し，部門費振替表の費目欄に「修繕部費」として，第 1 製造部と第 2 製造部の各欄にそれぞれ記入する。

　最後に，各製造部門欄に記入されている第 1 次集計による部門費と第 2 次集計による各補助部門費の配賦額とをすべて合計し，「製造部門費合計」として各製造部門の欄に記入する。

③　直接配賦法を加味した相互配賦法

　直接配賦法を加味した相互配賦法では，まず相互配賦法により，補助部門間相互の用役の授受関係を反映させながら，各補助部門の部門費を配賦する。たとえば，各補助部門費の第 1 製造部への配賦額は，つぎのように計算する。

動力部費の第 1 製造部への配賦額：

$$960,000円\times\frac{3,400kW\text{-}h}{3,400kW\text{-}h+3,000kW\text{-}h+1,600kW\text{-}h}=408,000円$$

修繕部費の第 1 製造部への配賦額：

$$880,000円\times\frac{1,400時間}{1,400時間+1,800時間+800時間}=308,000円$$

工場事務部費の第 1 製造部への配賦額：

$$560,000円\times\frac{160人}{160人+120人+40人+80人}=224,000円$$

　第 1 製造部以外の各部門への配賦額も同様に計算し，部門費振替表の費目欄に「第 1 次配賦」という見出しの下に内訳科目を示して，各部門の欄にそれぞれ記入する。

　続いて，直接配賦法により，補助部門間相互の用役の授受関係を無視して，各補助部門の部門費を各製造部門に配賦する。たとえば，各補助部門における第 1 次配賦合計額の第 1 製造部への配賦額は，つぎのように計算する。

動力部における第 1 次配賦合計額の第 1 製造部への配賦額：

$$232,000円\times\frac{3,400kW\text{-}h}{3,400kW\text{-}h+3,000kW\text{-}h}=123,250円$$

修繕部における第 1 次配賦合計額の第 1 製造部への配賦額：

$$304,000円\times\frac{1,400時間}{1,400時間+1,800時間}=133,000円$$

　第 2 製造部への配賦額も同様に計算し，部門費振替表の費目欄に「第 2 次配賦」という見出しの下に内訳科目を示して，各製造部門の欄にそれぞれ記入する。

　最後に，各製造部門欄に記入されている第 1 次集計による部門費と，第 2 次集計に

よる各補助部門費の第1次配賦額および第2次配賦額とをすべて合計し,「製造部門費合計」として各製造部門の欄に記入する。

④ 連立方程式法

連立方程式法では,まず,補助部門間相互で配賦が完了した後の最終的な補助部門費を算出するための連立方程式を立て,それを解く。ここで,動力部に最終的に集計される部門費を x,修繕部に最終的に集計される部門費を y,工場事務部に最終的に集計される部門費を z とすると,動力部に最終的に集計される部門費 (x) は,第1次集計により計算された動力部費と,第2次集計により補助部門間相互の用役提供割合に応じて配賦される修繕部および工場事務部からの配賦額を合計した金額として計算できる。これを例題5-1の[解答]の部門費集計表および例題5-2の資料(4)にもとづいて算式にすると,つぎの式となる。

$$x = 960{,}000円 + \frac{800時間}{1{,}400時間 + 1{,}800時間 + 800時間}y + \frac{40人}{160人 + 120人 + 40人 + 80人}z$$

修繕部に最終的に集計される部門費 (y) についても同様に考えて算式にすると,つぎの式となる。

$$y = 880{,}000円 + \frac{1{,}600\text{kW-h}}{3{,}400\text{kW-h} + 3{,}000\text{kW-h} + 1{,}600\text{kW-h}}x + \frac{80人}{160人 + 120人 + 40人 + 80人}z$$

なお,工場事務部に最終的に集計される部門費 (z) は,資料(4)からわかるように,他の補助部門からの用役提供がないため,つぎのように第1次集計による工場事務部費560,000円となる。

$z = 560{,}000円$

これらの算式から連立方程式を立てると,つぎのように表わすことができる。

$$\begin{cases} x = 960{,}000円 + \frac{1}{5}y + \frac{1}{10}z \\ y = 880{,}000円 + \frac{1}{5}x + \frac{1}{5}z \\ z = 560{,}000円 \end{cases}$$

ここで, x:最終的に集計される動力部費
y:最終的に集計される修繕部費
z:最終的に集計される工場事務部費

この連立方程式を解くと, $x = 1{,}265{,}000円$, $y = 1{,}245{,}000円$ が得られる。これを部門費振替表に記入する。たとえば,動力部費の場合,費目欄に「動力部費」とし,連立方程式を解いて得た金額1,265,000円を動力部の欄に,動力部から各関係諸部門に最終的に配賦されていった合計額を意味するものとしてマイナス(△)の金額で記入する。連立方程式を解いて得た他の補助部門費も同様に記入する。

つぎに，各補助部門欄にマイナスの金額として記入した額を，各補助部門から各関係諸部門への用役の提供割合に応じて配賦する。たとえば，各補助部門費の第1製造部への配賦額は，つぎのように計算する。

動力部費の第1製造部への配賦額：

$$1,265,000円 \times \frac{3,400\text{kW-h}}{3,400\text{kW-h}+3,000\text{kW-h}+1,600\text{kW-h}} = 537,625円$$

修繕部費の第1製造部への配賦額：

$$1,245,000円 \times \frac{1,400時間}{1,400時間+1,800時間+800時間} = 435,750円$$

工場事務部費の第1製造部への配賦額：

$$560,000円 \times \frac{160人}{160人+120人+40人+80人} = 224,000円$$

各部門への配賦額を計算したならば，費目とともに各部門の欄にそれぞれ記入する。その結果，各補助部門欄に記入された配賦額と「部門費計」の金額とを合計すると，連立方程式から得た補助部門費（マイナスの金額）と同額となる。したがって，各補助部門欄の合計額はゼロになる。これは，補助部門費のすべてが各製造部門へ配賦されたことを意味している。

(4) 単一基準配賦法と複数基準配賦法

上で説明した補助部門費の配賦計算方法はいずれも，補助部門費の変動費と固定費とを区別せず，補助部門ごとに単一の配賦基準を用いて配賦する方法である。このような配賦計算方法を単一基準配賦法という。他方，補助部門費を変動費と固定費に分け，それぞれに適切な配賦基準を用いて配賦する方法を複数基準配賦法という。

複数基準配賦法では，変動費は当該補助部門が各関係諸部門に用役を実際に提供した量の割合に応じて比例的に発生する性質のものであるため，各関係諸部門による当該補助部門の用役の実際消費量の割合にもとづいて配賦される。他方，固定費は関係諸部門へ用役を提供できる能力を維持するための維持費として毎期一定額発生する性質のものであるため，各関係諸部門による当該補助部門の用役の消費能力にもとづいて配賦される。次頁の**図表5-12**は，複数基準配賦法で用いられる一般的な配賦基準である。

図表5-12 複数基準配賦法における一般的な配賦基準

補助部門費	配賦基準	
	変動費	固定費
動力部費	各部門の動力実際消費量など	各部門の動力消費能力または機械馬力数など
修繕部費	各部門の修繕作業時間または修繕件数など	各部門の建物占有面積（建物修繕費の場合）や完全操業時の機械作業時間（機械修繕費の場合）など
材料部費	各部門の材料出庫額または出庫件数など	各部門の材料出庫可能額など
労務部費	各部門の実際就業時間など	各部門の配置従業員数など
企画部費		
試験研究部費		
工場事務部費		

第6章　原価の製品別計算(1)
－個別原価計算－

> **Point**
> 1．個別原価計算の意義およびその手続について理解する。
> 2．製造間接費の配賦計算について学ぶ。
> 3．作業屑と仕損費の計算および処理について理解する。

1　個別原価計算の意義

(1)　個別原価計算の特徴

　製品別計算とは，原価要素を一定の製品単位に集計し，製品1単位当りの製造原価を算定する手続をいい，原価計算における第3次の計算段階である。

　このような製品別計算は，生産形態の種類別に対応して，個別原価計算と総合原価計算の2つに大別される。本章では，このうち，個別原価計算について説明する。

　個別原価計算（job order costing）は，1単位の製品あるいは一定数量単位の製品（たとえばバッチ，ロット）に対し，製造指図書を発行し，製造指図書別に製造原価を集計する原価計算の方法である。

　この計算方法では，製造指図書がきわめて重要な役割を担っている。製造指図書は製造の命令書であるが，個別原価計算の場合には，特定の製品を一定の数量だけ生産することを命令した特定製品製造指図書が発行される。また特定製品製造指図書は，原価の集計単位としての機能も果たしている。

　同一規格の製品を反復連続的に大量生産する生産形態，すなわち市場見込生産形態に対して適用される総合原価計算と個別原価計算の特徴を比較すると，次頁の**図表6－1**のようになる。

　個別原価計算においては，原則として発行された製造指図書における生産量

図表6−1 個別原価計算と総合原価計算の特徴

	個別原価計算	総合原価計算
生産形態	個別受注生産	市場見込生産
製造指図書	特定製品製造指図書	継続製造指図書
原価の集計単位	製造指図書ごとに指示されている生産量	1原価計算期間における生産量
期末仕掛品の評価	特に重要でない	重要である

全体の製造が完了するまで，仕掛品とされる。したがって，未完成の製造指図書に集計されている原価が仕掛品原価となる。しかし，得意先の要望などの理由から，製品を完成のつど，得意先へ引き渡す場合がある（分割納入制の採用）。この場合には，例外的に生産量の一部の製造が完了した時点で，完成品原価の認識を行う必要がある。

(2) 個別原価計算の適用

個別原価計算は，一般に個別受注生産を行う企業に対して適用される。個別受注生産は，顧客からの注文にもとづいて種類を異にする製品を個別に生産する生産形態である。一般に，個別原価計算を適用する業種としては，造船業，機械製作業，航空機産業などがあげられる。

これに対して，次章で説明する総合原価計算は，一般に市場見込生産を行う企業に対して適用される。市場見込生産は，市場において販売可能であるとする数量を見積もり，その数量にもとづいて製品を反復連続的に大量生産する生産形態である。一般に，総合原価計算を適用する業種としては，家電，自動車，化学薬品，電力，ガスなどがあげられる。しかし，企業環境の変化，とりわけ，企業のグローバル化や製品のライフサイクルの短縮化に伴って，このような業種に含まれる企業であっても，生産する製品に応じて個別原価計算を適用している企業もある。

これまで，原価計算に関する著書において，家電メーカーなどでは総合原価計算を採用しているとの説明が少なくなかった。しかしそこでは，製品のライフサイクルの短縮化に伴い，製造指図書に記載されている生産量を生産すれば，つぎのモデルへと移行してしまう製品も少なくないという。さらに，企業のグ

ローバル化などに伴い，ある業界に属している企業であっても既存の業種の製品だけを製造しているわけではない。

　このようなことから，業種ごとに適用する原価計算について，ある程度の傾向はあるものの，具体的な適用については，生産する製品の内容をよく見極める必要がある。

(3)　個別原価計算の種類

　個別原価計算は，部門別計算を行うか否かによって，単純個別原価計算と部門別個別原価計算とに区別される。

①　単純個別原価計算

　単純個別原価計算は，部門別計算を行わない個別原価計算の方法である。すなわちこの計算方法においては，製造間接費の配賦を，工場全体をとおして一括的に行う。

②　部門別個別原価計算

　部門別個別原価計算は，部門別計算を行う個別原価計算の方法である。すなわちこの計算方法においては，製造間接費の配賦を部門別に行う。なお，部門別個別原価計算は，製造間接費のみを部門別に計算するのが一般的であるが，原価管理の必要から，製造間接費だけでなく直接労務費をも加えて加工費の全体を部門別に計算することがある。

2　個別原価計算の手続

　個別原価計算では，製造原価は製品との関連で，製造指図書ごとに区別して把握される製造直接費と，区別して把握されない製造間接費とに分けられる。製造直接費は原価計算表に設けられた製造直接費欄に記入して，各製造指図書に賦課する。一方，製造間接費は原価計算表に設けられた製造間接費欄に記入して，各製造指図書に配賦する。そして，製造直接費と製造間接費を合計して，各製造指図書別の製造原価を計算する。

(1) 製造直接費の賦課

① 直接材料費は，当該製造指図書に関する実際消費量に，その消費価格を乗じて計算し，この金額を製造指図書別の原価計算表に記入する。なお消費価格は，原則として実際価格をもって計算するが，必要ある場合には，予定価格をもって計算することができる。

　　　　直接材料費＝実際消費量×（実際または予定）消費価格

② 直接労務費は，当該製造指図書に関する実際作業時間に，その消費賃率を乗じて計算し，この金額を製造指図書別の原価計算表に記入する。なお消費賃率は，原則として実際賃率をもって計算するが，必要ある場合には，予定賃率をもって計算することができる。

　　　　直接労務費＝実際作業時間×（実際または予定）消費賃率

③ 直接経費は，原則として当該製造指図書に関する実際発生額をもって計算し，この金額を製造指図書別の原価計算表に記入する。ただし，必要ある場合には，予定価格または予定額をもって計算することができる。

　　　　直接経費＝実際発生額または予定価格（予定額）

(2) 製造間接費の配賦

製造間接費は，次節で説明する配賦率によって，各製造指図書別の製造間接費配賦額を算定し，この金額を製造指図書別の原価計算表に記入する。

なお，個別原価計算における製造間接費の配賦は，原則として部門間接費として把握し，これを各製造指図書に配賦する。そしてその場合には，実際配賦率ではなく，予定配賦率を用いた配賦を行うのが通常である。

上で説明した個別原価計算の手続を図示すれば，次頁の**図表6－2**のようになる。

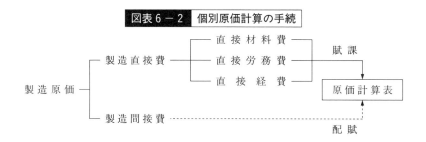

図表6-2　個別原価計算の手続

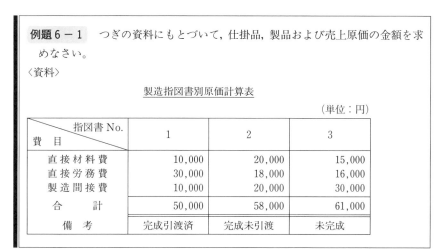

例題6-1　つぎの資料にもとづいて，仕掛品，製品および売上原価の金額を求めなさい。

〈資料〉

製造指図書別原価計算表

(単位：円)

指図書No. 費 目	1	2	3
直接材料費	10,000	20,000	15,000
直接労務費	30,000	18,000	16,000
製造間接費	10,000	20,000	30,000
合　　計	50,000	58,000	61,000
備　　考	完成引渡済	完成未引渡	未完成

［解答］

仕掛品：61,000円，製品：58,000円，売上原価：50,000円

［解説］

　個別原価計算では，製造指図書ごとに原価の集計を行う。製造指図書No.1は，備考欄に完成引渡済と記載されているので売上原価に計上される。製造指図書No.2は，備考欄に完成未引渡と記載されているため製品に計上される。製造指図書No.3は，備考欄に未完成と記載されているため仕掛品に計上される。

3　製造間接費の配賦計算

(1) 製造間接費配賦の意義

　製造間接費とは，数種類の製品（製造指図書）に共通して発生する原価であ

る。したがって，製品原価を正確に計算するためには，適切な基準を設けて，製造間接費を各製品に配分することが必要となる。この配分手続を製造間接費の配賦という。

製造間接費を各製品に配賦する際の基準（配賦基準）は，価額基準，時間基準および数量基準の3つに大別することができる。

① **価額基準**——価額基準は製品の製造に要した金額を配賦基準とするものであり，直接材料費基準，直接労務費基準および素価（直接材料費と直接労務費の合計額）基準などがある。
② **時間基準**——時間基準は製品の製造に要した時間を配賦基準とするものであり，直接作業時間基準や機械作業時間基準などがある。
③ **数量基準**——数量基準は製造した製品の数量あるいは製品の製造に要した物品の数量を配賦基準とするものであり，生産量基準や重量基準などがある。

上記の配賦基準のうち，どの基準を選択するかは，つぎのような観点を考慮して決定する必要がある。

(a) 製造間接費の発生と相関関係のある配賦基準であること。
(b) 配賦基準の数値を容易に求めることができること。

一般的には，直接作業時間基準がもっとも適切な配賦基準として利用されてきた。というのも，従来は直接作業が主流であるような製造現場が多かったからである。しかしながら最近では，製造作業が自動化（機械化）されるにしたがい，機械作業時間基準が適切な配賦基準として利用されるようになってきている。

製造間接費の配賦は，上で説明した配賦基準にもとづいて，つぎのように行われる。

$$製造間接費配賦率 = \frac{一定期間における製造間接費の発生額}{同期間における配賦基準数値の総数}$$

$$製造間接費配賦額 = 製造間接費配賦率 \times 各製造指図書の配賦基準数値$$

例題 6－2 つぎの資料にもとづいて，下記の各ケースについて，製造間接費を各製造指図書に配賦しなさい。

〈資料〉
(1) 製造指図書別の原価データ

	指図書 No.11	指図書 No.12	指図書 No.13	合　計
直接材料費	300,000円	240,000円	180,000円	720,000円
直接労務費	360,000	300,000	240,000	900,000
直接経費	90,000	30,000	60,000	180,000
合　計	750,000円	570,000円	480,000円	1,800,000円

(2) 製造指図書別の生産データ

	指図書 No.11	指図書 No.12	指図書 No.13	合　計
直接作業時間	140時間	120時間	100時間	360時間
機械作業時間	116時間	100時間	84時間	300時間

(3) 製造間接費発生額　1,620,000円

（ケース1）　素価基準による場合
（ケース2）　直接作業時間基準による場合
（ケース3）　機械作業時間基準による場合

[解答]

（ケース1）　**素価基準による場合**

$$製造間接費配賦率 = \frac{1,620,000円}{1,620,000円} = @1円$$

※素価＝直接材料費＋直接労務費＝720,000円＋900,000円＝1,620,000円

製造指図書 No.11　@1円×(300,000円＋360,000円)＝　660,000円
製造指図書 No.12　@1円×(240,000円＋300,000円)＝　540,000円
製造指図書 No.13　@1円×(180,000円＋240,000円)＝　420,000円
　　合　計　　　　　　　　　　　　　　　　　　　1,620,000円

（ケース2）　**直接作業時間基準による場合**

$$製造間接費配賦率 = \frac{1,620,000円}{360時間} = @4,500円$$

製造指図書 No.11　@4,500円×140時間＝　630,000円
製造指図書 No.12　@4,500円×120時間＝　540,000円
製造指図書 No.13　@4,500円×100時間＝　450,000円
　　合　計　　　　　　　　　　　　　　1,620,000円

(ケース3)　機械作業時間基準による場合

製造間接費配賦率 $= \dfrac{1,620,000円}{300時間} = @5,400円$

製造指図書 No.11	@5,400円×116時間＝	626,400円
製造指図書 No.12	@5,400円×100時間＝	540,000円
製造指図書 No.13	@5,400円× 84時間＝	453,600円
合　　計		1,620,000円

(2) 製造間接費の予定配賦

前で述べた製造間接費配賦率の計算式において，一定期間における製造間接費の発生額およびその期間における配賦基準数値の総数を実際値にもとづいて計算した場合，これを実際配賦率とよび，これによる配賦方法を実際配賦という。しかしながら，実際配賦率を用いて行う実際配賦には，つぎのような欠点がある。

> ① 製造間接費には固定費部分が含まれているため，操業度が大きく変動する場合に実際配賦率が大きく異なる結果，製品の単位原価が著しく変動する。たとえば，生産量が増加すれば，製品の単位原価は低くなり，逆に生産量が減少すれば，製品の単位原価は高くなる。
> ② 製造間接費の発生額と配賦基準数値の総数は，ともに実際値にもとづいて計算されるため，原価計算期間の終了後でなければ把握できない。したがって，製造間接費の配賦計算が遅れる。

そこで，以上のような実際配賦の欠点を克服するために，製造間接費の配賦は，予定配賦によるのが通常である。予定配賦では，製造間接費配賦率の計算式において，一定期間における製造間接費の発生額およびその期間における配賦基準数値の総数を予定値にもとづいて計算し，予定配賦率を算定する。つぎに，この予定配賦率に各製造指図書の実際配賦基準数値を乗じて予定配賦額を計算する。予定配賦による場合の計算式を示せば，つぎのようになる。

$$予定配賦率 = \dfrac{一定期間における製造間接費予算額}{同期間における予定配賦基準数値の総数}$$

$$予定配賦額 = 予定配賦率 \times 各製造指図書の実際配賦基準数値$$

なお「原価計算基準」33㈡では，製造間接費の配賦は，原則として予定配賦によることを要求している。

4　作業屑の評価と処理

作業屑（scrap）とは，製造中に生じた材料の残り屑であって，スクラップなどとして売却価値または利用価値を有するものをいう。たとえば，木屑や削り屑などがこれに相当する。

(1) 作業屑の評価

作業屑が発生する場合，その評価額を計算することが必要である。作業屑の評価額は，作業屑がどのように処分されるかにより，その算定方法が異なる。

①　そのまま外部に売却する場合
　　見積売却価額－(見積販売費＋見積一般管理費)
　　　または
　　見積売却価額－(見積販売費＋見積一般管理費＋見積利益)
②　加工の上で外部に売却する場合
　　見積売却価額－(見積加工費＋見積販売費＋見積一般管理費)
　　　または
　　見積売却価額－(見積加工費＋見積販売費＋見積一般管理費＋見積利益)
③　そのまま自家消費する場合
　　自家消費によって節約されるべき物品の見積購入価額
④　加工の上で自家消費する場合
　　自家消費によって節約されるべき物品の見積購入価額－見積加工費

(2) 作業屑の処理

上記のようにして計算した作業屑は，つぎの方法のいずれかによって処理する。

①　作業屑の評価額を，それが発生した製造指図書の直接材料費または製造原価

から控除する。
② 作業屑の評価額を，それが発生した部門の部門費から控除する。
③ 軽微な作業屑は，それを売却して得た収入を原価計算外の収益，すなわち雑収入とする。

なお「原価計算基準」36では，上述の処理方法のうち，原則として②の処理方法を採用することを要求している。しかし，厳密な計算をするためには，①の処理方法を採用することが望ましい。

例題6－3 製品Xを製造している製造部門Aで作業屑30kgが把握された。その見積売却価額は1kg当り140円である。また，この作業屑は加工して外部に売却するが，その際に1kg当り20円の加工費の発生が予想される。そこで，下記の各ケースについて，必要となる仕訳を示しなさい。
（ケース1）　作業屑の評価額を，それが発生した製造指図書の直接材料費から控除する場合
（ケース2）　作業屑の評価額を，それが発生した製造指図書の製造原価から控除する場合
（ケース3）　作業屑の評価額を，それが発生した部門の部門費から控除する場合

[解答]
　作業屑の評価額は，（@140円－@20円）×30kg＝3,600円となる。
（ケース1）
　　（借）作　業　屑　3,600　　（貸）直　接　材　料　費　3,600
（ケース2）
　　（借）作　業　屑　3,600　　（貸）仕　掛　品　3,600
（ケース3）
　　（借）作　業　屑　3,600　　（貸）A　部　門　費　3,600

5　仕損費の計算と処理

　仕損とは，標準規格に合致しない不合格品の発生のことをさし，この不合格品を仕損品（defective unit, spoiled unit）という。仕損には，製品を製造する際

に，その発生が避けられないと考えられる正常仕損と，異常な原因によって生じる異常仕損とがある。また，この仕損に関連して発生する費用を仕損費という。

(1) 仕損費の計算

仕損費は，仕損の発生状況や製造指図書の発行状況などにより，その計算方法が異なる。

---

① 仕損が補修により回復可能な場合
　(a) 補修指図書を発行する場合
　　　補修指図書に集計された製造原価を仕損費とする。
　(b) 補修指図書を発行しない場合
　　　補修に要する製造原価を見積もって，これを仕損費とする。
② 仕損が補修により回復不能で，代品を製作する場合
　(a) 代品製作のために新しい製造指図書を発行する場合
　　１）旧製造指図書の全部が仕損となったとき
　　　　旧製造指図書に集計された製造原価を仕損費とする。
　　２）旧製造指図書の一部が仕損となったとき
　　　　新製造指図書に集計された製造原価を仕損費とする。
　(b) 代品製作のために新しい製造指図書を発行しない場合
　　　代品製作に要する製造原価を見積もって，これを仕損費とする。
　なお，代品を製作する場合において，仕損品に売却価値や利用価値がある場合には，その見積額を控除した額を仕損費とする。
③ 仕損が軽微な場合
　　仕損費を計上しないで，仕損品の売却価値または利用価値の見積額を，当該製造指図書に集計された製造原価から控除する。

---

(2) 仕損費の処理

上述のようにして計算した仕損費は，それが正常仕損費か異常仕損費かにより処理方法が異なる。製品を製造する際に，その発生が避けられないと考えられる正常仕損費は，当該製品に負担させるため，つぎの方法のいずれかによって処理する。

① **直接経費処理**——仕損費の実際発生額または見積額を，当該製造指図書に直接経費として賦課する。この場合，仕損費を原価計算表の直接経費欄に記入するか，あるいは特別費欄に記入する。
② **間接経費処理**——仕損費を製造間接費とし，これを仕損が発生した製造部門に賦課する。この場合，製造間接費の予定配賦率の計算において，当該製造部門の製造間接費予算額のなかに，仕損費の予定額を算入する。

他方，異常仕損費は異常な状態を原因とする価値の減少であることから，非原価項目として処理する。

例題6－4 当社では，個別原価計算を行っている。そこで，つぎに示す資料にもとづいて，製造指図書別原価計算表を作成しなさい。

〈資料〉
(1) 直接材料費に関する資料

製造指図書No.	材料消費量	予定消費価格
101	100kg	200円
102	20kg	150円
103	80kg	100円
101-2	20kg	200円
102-2	60kg	150円
103-2	20kg	100円

なお，製造指図書No.101について作業屑10kgが把握され，その評価額は1kg当り30円である。

(2) 直接労務費に関する資料

製造指図書No.	第1製造部 直接作業時間	第2製造部 直接作業時間	予定賃率
101	40時間	20時間	900円
102	—	10時間	900円
103	60時間	30時間	900円
101-2	20時間	—	900円
102-2	—	10時間	900円
103-2	—	10時間	900円

(3) 製造間接費に関する資料

製造間接費の製造指図書別配賦額の計算は，製造部門別直接作業時間を配賦基準とし，つぎの予定配賦率を用いて行う。

第1製造部……@1,500円　　　第2製造部……@1,250円

(4) 製造指図書に関する資料

各指図書の作業は，すべて当月中に開始したものであり，当月中に完成した。製造指図書のうち No.101-2，No.102-2，No.103-2 はいずれも仕損の発生に伴うものである。No.101-2 は仕損の補修のための指図書，No.102-2 は指示された作業の全部が仕損となったため代品の製作にあてられた指図書，No.103-2 は指示された作業の一部に仕損が発生したために，代品の製作にあてられた指図書である。なお，仕損の発生はすべて正常なものであり，仕損費は当該製造指図書に直接経費として賦課する。

[解答]

製造指図書別原価計算表

(単位：円)

指図書No. 費目	101	102	103	101-2	102-2	103-2	合計
直接材料費	19,700	3,000	8,000	4,000	9,000	2,000	45,700
直接労務費	54,000	9,000	81,000	18,000	9,000	9,000	180,000
製造間接費							
第1製造部	60,000	－	90,000	30,000	－	－	180,000
第2製造部	25,000	12,500	37,500	－	12,500	12,500	100,000
小　計	158,700	24,500	216,500	52,000	30,500	23,500	505,700
仕　損　費	52,000	－24,500	23,500	－52,000	24,500	－23,500	－
製造原価	210,700	0	240,000	0	55,000	0	505,700
備　考	完成	仕損費として No.102-2へ	完成	仕損費として No.101へ	完成	仕損費として No.103へ	

[解説]

① 作業屑の処理

作業屑が製造指図書 No.101 について把握されているため，作業屑の評価額を製造指図書 No.101 の直接材料費から控除する。

(100kg×200円)－(10kg×30円)＝19,700円

なお，作業屑の評価額を製造指図書 No.101 の製造原価から控除することもできる。

② 仕損費の計算と処理

(a) 製造指図書 No.101【補修】

製造指図書 No.101-2 に集計された製造原価：仕損費として製造指図書 No.101 へ賦課する。

(b) 製造指図書 No.102【代品製作（全部仕損）】

製造指図書 No.102 に集計された製造原価：仕損費として製造指図書 No.102-2 へ賦課する。

(c) 製造指図書 No.103【代品製作（一部仕損）】

製造指図書 No.103-2 に集計された製造原価：仕損費として製造指図書 No.103 へ賦課する。

第7章　原価の製品別計算(2)
―総合原価計算―

> **Point**
> 1．総合原価計算の意義およびその計算方法について理解する。
> 2．期末仕掛品の評価について学ぶ。
> 3．仕損と減損の処理および計算について学習する。
> 4．工程別総合原価計算について学ぶ。
> 5．組別総合原価計算，等級別総合原価計算および連産品の原価計算について理解する。

1　総合原価計算の意義

　総合原価計算（process costing）は，第6章で説明した個別原価計算と並ぶ製品別計算の1つであり，標準規格製品を大量生産する生産形態，すなわち市場見込生産形態に対して適用される原価計算の方法である。総合原価計算を適用する市場見込生産形態の業種としては，自動車製造業，化学工業，電力業，製鉄業など，さまざまな業種をあげることができる。

　総合原価計算では，継続製造指図書とよばれる製造指図書が発行される。継続製造指図書は，同一種類の製品を一定数量だけ一定期間継続して製造することを指示・命令するものである。これは，個別原価計算を採用する場合に用いられる特定製品製造指図書とは，その役割が異なる。すなわち，特定製品製造指図書が製造原価を集計するための手段として用いられるのに対して，継続製造指図書は作業を予定どおりに進めるための手段として用いられる。したがって，総合原価計算においては継続製造指図書の指図書番号別に製造原価を集計するのではなく，製造原価は原価計算期間別に集計される。

　総合原価計算では，一定の原価計算期間の生産に関連して発生した総製造原価を当該期間における製品の総生産数量で除することにより，その製品の単位

当り平均製造原価を計算する。すなわち総合原価計算では、原価の集計単位は1原価計算期間において生産された生産数量、つまり期間生産数量であり、期間別の製品原価の集計が行われるのである。たとえば、1原価計算期間に生産された数量が3,000個、その際にかかった製造原価が450,000円であるとすると、1個当りの平均製造原価は、つぎのように計算される。

$$\frac{450,000円}{3,000個} = 150円/個$$

総合原価計算は、生産形態の種類別に応じて、単純総合原価計算、組別総合原価計算、等級別総合原価計算および連産品の原価計算に分けることができる。単純総合原価計算は単一種類の製品を生産する形態、組別総合原価計算は異種の製品（組製品）を生産する形態、等級別総合原価計算は同種の製品（等級製品）を生産する形態、連産品の原価計算は異種の製品（連産品）を生産する形態に適用される原価計算の方法である。

また総合原価計算は、工程別計算の有無によって単一工程総合原価計算と工程別総合原価計算に、さらに工程別総合原価計算は、計算する工程原価の範囲によって全原価要素工程別総合原価計算と加工費工程別総合原価計算に分類することができる。

以下では、まず上記の総合原価計算のうち、単純総合原価計算についての説明を行う。単純総合原価計算は総合原価計算の全般に共通する基本的な性質をもつため、単純総合原価計算の手続の説明を通じて、他のあらゆる総合原価計算に共通する問題を解説していく。

2　単純総合原価計算

単純総合原価計算は、単一種類の製品を反復・連続的に生産する場合に適用される総合原価計算である。単純総合原価計算には、単一種類の製品を単一工程で製造する生産方式に適用される単一工程単純総合原価計算と、複数工程で製造する生産方式に適用される工程別単純総合原価計算がある。単純総合原価計算を適用する業種は少ないが、その例として製粉業、セメント製造業などがあげられる。

単純総合原価計算では，1原価計算期間に発生した総製造原価を把握し，これをその期間に生産した完成品数量で除することにより，製品単位当り原価を算定する。したがって，期首・期末において，いまだ工程途中にある未完成品である仕掛品が存在しない場合の単位原価は，つぎのように計算すればよい。

$$単位原価 = \frac{総製造原価}{完成品数量}$$

しかし，現実の企業では仕掛品が存在するのが普通である。そこで，総合原価計算においては仕掛品原価の計算が重要な意義をもつ。

(1) 期末仕掛品原価の計算

個別原価計算では未完成の製造指図書に集計されている製造原価が期末仕掛品原価となり，したがって期末仕掛品の評価に関する難しい問題は生じない。しかし，総合原価計算では期末仕掛品原価の算定が必要となり，また期末仕掛品原価の算定が完了するまでは完成品原価も判明しない。すなわち総合原価計算では，まず期末仕掛品原価を算定し，つぎにこの金額を期首仕掛品原価と当期製造費用の合計額から差し引いて完成品原価を計算する。

この関係を仕掛品勘定（製造勘定）を用いて示すと，**図表7－1**のようになる。

図表7－1から明らかなように，借方の金額（インプット要素）と貸方の金額（アウトプット要素）とは一致するため，つぎのように計算することができる。

期首仕掛品原価＋当期製造費用－期末仕掛品原価＝完成品原価

期末仕掛品原価の算定では，一般に原料費（または直接材料費）と加工費を分けて計算する。というのも，原料費と加工費とでは，原価の発生の仕方を異に

することが多いからである。すなわち，原料を工程の始点ですべて投入し，あとは加工するのみであるような場合には，期末仕掛品が製造工程のどの段階にあろうとも，原料費に関するかぎり，期末仕掛品と完成品とでは，原価の負担程度に差はない。しかし，加工費に関しては，それが加工の進行とともに発生するため，期末仕掛品と完成品とでは原価の負担程度が異なる。そこで，完成品とは原価の負担程度が異なる期末仕掛品を，その負担程度に応じて完成品に換算する必要がある。この完成品に換算するための比率を，進捗度または加工進捗度という。要するに進捗度とは，原価投入の観点からみた完成程度である。たとえば，当期投入量300個，期末仕掛品数量80個(進捗度50％)，完成品数量220個とすると，期末仕掛品の完成品換算量は80個×50％＝40個，したがって完成品換算総量は，期末仕掛品の完成品換算量(以下，期末仕掛品換算量とよぶ)40個に完成品数量220個を加算して260個と計算することができる。

ところで，期首仕掛品が存在しない場合には，期末仕掛品原価は当期製造費用によって算定される。しかし総合原価計算においては，一般に期首仕掛品が存在する。この場合，期首仕掛品原価と当期製造費用のうち，いずれが期末仕掛品原価を算定するための基礎となるかが問題となる。

期首仕掛品原価と当期製造費用を，どのように完成品と期末仕掛品とに配分させるかに関する仮定として，平均法と先入先出法の2つの方法がある。

① 平均法

平均法(average method)は，前期の作業の結果発生した原価である期首仕掛品原価と，当期に投入された原価である当期製造費用とが平均化されて混ざり合っているという仮定のもとに計算上取り扱う方法である。すなわち，平均法のもとでは，期首仕掛品原価と当期製造費用との合計額から，平均単位原価を算定し，これによって期末仕掛品原価を計算する。平均法での期末仕掛品原価は，つぎの式によって計算される。

$$期末仕掛品原価 = \frac{期首仕掛品原価 + 当期製造費用}{完成品数量 + 期末仕掛品換算量} \times 期末仕掛品換算量$$

平均法は，後で述べる先入先出法と比較すると，その計算手続が簡単である反面，完成品原価も期末仕掛品原価もともに，前期の作業の結果発生した原価

である期首仕掛品原価の影響を受けることになる。

② 先入先出法

先入先出法（first-in, first-out method）は，期首仕掛品を先に加工し，それが完成した後に，当期投入分に着手し完成させていくという仮定のもとに計算上取り扱う方法である。したがって，現実的な物の流れに即した計算方法であるということができる。すなわち，先入先出法のもとでは，先に生産過程に投入された期首仕掛品原価はすべて完成品原価となり，期末仕掛品原価はすべて当期に投入された原価である当期製造費用をもって計算する。先入先出法での期末仕掛品原価は，つぎの式によって計算される。

$$期末仕掛品原価 = \frac{当期製造費用}{完成品数量 - 期首仕掛品換算量 + 期末仕掛品換算量} \times 期末仕掛品換算量$$

前述したように，完成品原価は，上で計算した期末仕掛品原価を期首仕掛品原価と当期製造費用の合計額から差し引いて算定される。このような完成品原価の計算方法を，特に修正先入先出法という。なお先入先出法には，この修正先入先出法のほかに，純粋先入先出法とよばれる方法もある。純粋先入先出法とは，完成品原価を期首仕掛品が完成した部分の原価と，当期に着手して完成した部分の原価とに分けて算定する方法である。しかしながら，純粋先入先出法は一般的な方法とはいいがたく，本章では，修正先入先出法のみを先入先出法として説明することにする。

なお，平均法と先入先出法のほかに，後入先出法とよばれる方法がある。後入先出法は，先入先出法とは逆に，期首仕掛品の加工を後回しにし，当期投入分の加工を優先するという仮定のもとに計算上取り扱う方法である。しかしこの方法は，2008年（平成20年）9月の企業会計基準第9号「棚卸資産の評価に関する会計基準」の改正により，2010年（平成22年）4月1日以後開始する事業年度から採用することができなくなった。

例題7－1 つぎの資料にもとづいて，(1)平均法，(2)先入先出法によって，月末仕掛品原価および完成品原価を計算しなさい。

〈資料〉
1．生産データ

月初仕掛品　　300kg（1/5）
当月投入量　　4,680
　　計　　　　4,980kg
月末仕掛品　　 180　（2/3）
完　成　品　　4,800kg
（注）（　）内は加工進捗度を示す。

2．原価データ

月初仕掛品原価
　原　料　費　　　76,980円
　加　工　費　　　20,520
　　合　計　　　　97,500円
当月製造費用
　原　料　費　　1,123,200円
　加　工　費　　1,263,600
　　合　計　　　2,386,800円

3．その他の計算条件

原料はすべて工程始点で投入される。

［解答］

(1)　平均法

①　月末仕掛品原価の計算

原料費　$\dfrac{76,980円 + 1,123,200円}{4,800kg + 180kg} \times 180kg = 43,380円$

加工費　$\dfrac{20,520円 + 1,263,600円}{4,800kg + 180kg \times 2/3} \times 180kg \times 2/3 = \underline{31,320円}$

　　　　　　　　　　　　　合　計　　74,700円

②　完成品原価の計算

97,500円 + 2,386,800円 − 74,700円 = 2,409,600円　（@502円）

(2)　先入先出法

①　月末仕掛品原価の計算

原料費　$\dfrac{1,123,200円}{4,800kg - 300kg + 180kg} \times 180kg = 43,200円$

加工費　$\dfrac{1,263,600円}{4,800kg-300kg\times 1/5+180kg\times 2/3}\times 180kg\times 2/3 = \underline{31,200円}$

　　　　　　　　　　　　　　　　　　　合　計　　74,400円

② 完成品原価の計算

97,500円＋2,386,800円－74,400円＝2,409,900円（@502.06円）

[解説]

(1) 平均法を採用した場合の原価計算表を示せば，つぎのようなる。

原　価　計　算　表

摘　要	原　料　費		加　工　費		合　計
	数　量	金　額	数　量	金　額	
	kg	円	kg	円	円
月初仕掛品	300	76,980	60	20,520	97,500
当月投入	4,680	1,123,200	4,860	1,263,600	2,386,800
計	4,980	1,200,180	4,920	1,284,120	2,484,300
月末仕掛品	180	43,380	120	31,320	74,700
完成品	4,800	1,156,800	4,800	1,252,800	2,409,600

単位原価　　　　　　　　　　　　　　　　　　　　　　　　　　@502円

(2) 先入先出法を採用した場合の原価計算表を示せば，つぎのようになる。

原　価　計　算　表

摘　要	原　料　費		加　工　費		合　計
	数　量	金　額	数　量	金　額	
	kg	円	kg	円	円
月初仕掛品	300	76,980	60	20,520	97,500
当月投入	4,680	1,123,200	4,860	1,263,600	2,386,800
計	4,980	1,200,180	4,920	1,284,120	2,484,300
月末仕掛品	180	43,200	120	31,200	74,400
完成品	4,800	1,156,980	4,800	1,252,920	2,409,900

単位原価　　　　　　　　　　　　　　　　　　　　　　　　　　@502.06円

(2) 仕損と減損の処理および計算

① 仕損と減損の意義

　仕損とは，標準規格に合致しない不合格品の発生のことをさし，この不合格品を仕損品という。仕損品に評価額がある場合には，仕損の発生費用から仕損品の評価額を差し引いた残りの額が，仕損費となる。

　減損とは，投入した原材料のうち，製品の加工中に蒸発，粉散，ガス化，煙

化などによって減少した部分のことをさし，減損に要した費用を減損費という。また減損は，一般に無価値である。

② 仕損と減損の処理

仕損や減損は，その発生額が正常か異常かによって，原価計算上の処理が異なる。製品を製造する際に，その発生が避けられないと考えられる仕損や減損は，正常仕損ないし正常減損とよばれる。この正常仕損や正常減損の発生に伴う正常仕損費や正常減損費は，良品を製造するために必要な原価であるから，良品に負担させなければならない。他方，通常の程度を超えて発生する仕損や減損は，異常仕損ないし異常減損とよばれる。この異常仕損や異常減損の発生に伴う異常仕損費や異常減損費は，良品を製造するために必要な原価とは考えられないから，良品の原価とは区別し，非原価項目として処理しなければならない。

仕損と減損とは，概念上，実体が存在するかどうかの違いがあり，その内容は相当に異なる。しかしながら，その処理方法はほとんど同様であるので，以下では，仕損費を中心に説明する。

③ 正常仕損費の処理と計算

前述したように，正常仕損費は良品を製造するために必要な原価であるから，良品に負担させなければならない。しかしながら，良品のどの部分に負担させるべきかについては，つぎに示す2つの方法がある。

(a) 完成品のみに負担させる方法
(b) 完成品と期末仕掛品の両者に負担させる方法

「原価計算基準」27によれば，正常仕損費は原則として完成品と期末仕掛品の両者に負担させるべきである，と規定されている。また最近では，上記の処理方法のうち，いずれを採用するかは，期末仕掛品の進捗度と正常仕損の進捗度との関係により，下記のように決定するという考え方が支配的となっている。

(a) 期末仕掛品進捗度＜正常仕損進捗度

正常仕損費を完成品のみに負担させる
(b) 期末仕掛品進捗度≧正常仕損進捗度
正常仕損費を完成品と期末仕掛品の両者に負担させる

しかし本章では，正常仕損費を完成品のみに負担させるか，あるいは完成品と期末仕掛品の両者に負担させるか，いずれの処理方法を採用するかは，当該企業の会計処理方針によるものとしている。

また，正常仕損費の計算方法を大別すると，つぎに示す2つの方法に分けることができる。

(a) 正常仕損費を分離把握してから良品に負担させる方法
(b) 正常仕損費を分離把握しないで良品に負担させる方法

(a)の方法は，正常仕損費を分離して把握したうえで，これに評価額がある場合にはそれを控除し，その残額を完成品に賦課するか，あるいは完成品と期末仕掛品に追加配賦する方法である。これに対して(b)の方法は，正常仕損費を分離して把握しないで，その金額を完成品に賦課するか，あるいは完成品と期末仕掛品に追加配賦する方法である。

本章では，このうち(b)の方法を採用し，正常仕損費を分離把握しないで完成品のみに負担させるか，あるいは完成品と期末仕掛品の両者に負担させるものとする。

例題7−2 つぎの資料にもとづいて，下記の各ケースについて，月末仕掛品原価および完成品原価を計算しなさい。なお，月末仕掛品原価の金額に，円位未満の端数が生ずる場合には，小数点以下第1位を四捨五入しなさい。

〈資料〉
1．生産データ

月初仕掛品	400kg	(1/2)
当月投入量	7,600	
計	8,000kg	
正常仕損	80	(2/5)
月末仕掛品	720	(1/3)

完　成　品　　7,200kg
　　（注）（　）内は加工進捗度を示す。
２．原価データ
　　月初仕掛品原価
　　　原　料　費　　　44,000円
　　　加　工　費　　　19,000
　　　　合　計　　　　63,000円
　　当月製造費用
　　　原　料　費　　　760,000円
　　　加　工　費　　　654,480
　　　　合　計　　　1,414,480円
３．その他の計算条件
　(1)　原料はすべて工程始点で投入される。
　(2)　月末仕掛品の評価は先入先出法で行う。
（ケース１）　正常仕損費を完成品のみに負担させる。
（ケース２）　正常仕損費を完成品と月末仕掛品の両者に負担させる。

［解答］
（ケース１）
　①　月末仕掛品原価の計算

　　原料費　$\dfrac{760,000円}{7,200kg-400kg+720kg+80kg} \times 720kg = 72,000円$

　　加工費　$\dfrac{654,480円}{7,200kg-400kg \times 1/2+720kg \times 1/3+80kg \times 2/5} \times 720kg \times 1/3 = \underline{21,600円}$

　　　　　　　　　　　　　　　　　　　　　　　　　合　計　　93,600円

　②　完成品原価の計算
　　　63,000円＋1,414,480円－93,600円＝1,383,880円（＠192.21円）

（ケース２）
　①　月末仕掛品原価の計算

　　原料費　$\dfrac{760,000円}{7,200kg-400kg+720kg} \times 720kg ≒ 72,766円$

　　加工費　$\dfrac{654,480円}{7,200kg-400kg \times 1/2+720kg \times 1/3} \times 720kg \times 1/3 ≒ \underline{21,695円}$

　　　　　　　　　　　　　　　　　　　　　　　　　合　計　　94,461円

② 完成品原価の計算
63,000円＋1,414,480円－94,461円＝1,383,019円（@192.09円）

[解説]
(1) **正常仕損費を完成品のみに負担させる場合**
　正常仕損費を負担しない月末仕掛品原価を計算し，これを月初仕掛品原価と当月製造費用の合計額から差し引けば，正常仕損費を負担する完成品原価が計算される。

(2) **正常仕損費を完成品と月末仕掛品の両者に負担させる場合**
　正常仕損分は最初から工程に投入されなかったものとして無視する。したがって本問では，計算上，つぎのような生産データを仮定する。

月初仕掛品	400kg	完成品	7,200kg
当月投入量	7,520	月末仕掛品	720
	7,920kg		7,920kg

　この結果，当月製造費用の単位原価が，正常仕損の分だけ水増しされるので，正常仕損費は，自動的に完成品と月末仕掛品の両者に負担されることになる。

④ 異常仕損費の処理

　異常仕損費は，良品を製造するために必要な原価とは考えられないから，良品の原価とは区別し，非原価項目（営業外費用または特別損失）として処理しなければならない。
　また，1つの工程に異常仕損と正常仕損とが生じている場合に，異常仕損が正常仕損費を負担すべきか否かについては，つぎの2つの見解がある。

- (a) 異常仕損は正常仕損費を負担すべきであるとする見解
- (b) 異常仕損は正常仕損費を負担すべきではないとする見解

　(b)の見解によれば，正常仕損費は良品を製造するために必要な原価であるから，良品にのみ負担させる。したがって正常仕損費は，異常仕損には負担させるべきではないと考えるのである。

3 工程別総合原価計算

(1) 工程別総合原価計算の意義

　製造工程が2以上の連続する工程に分けられ，工程ごとにその工程製品の総合原価を計算する方法を，工程別総合原価計算という。ここでいう工程とは，部門別計算における製造部門を意味している。したがって工程別計算の目的は，部門別計算の目的と同様，①製品原価を正確に計算することと，②原価管理をより有効にすることにある。なお部門別個別原価計算においては，一般に，製造間接費のみを部門に集計するのに対し，工程別総合原価計算においては，全原価要素あるいは加工費を工程に集計することになる。

　以下では，まず全原価要素を工程別に集計する全原価要素工程別総合原価計算について，ついで加工費のみを工程別に集計する加工費工程別総合原価計算について説明することにする。なお全原価要素とは，一般に，材料費，労務費および経費を意味する。ただし，総合原価計算においては，原料費（または直接材料費）と加工費に分けて計算することから，原料費に加工費を加えた原価を，全原価要素として取り扱うことにする。

　「原価計算基準」では，全原価要素工程別総合原価計算を工程別総合原価計算とよび，これを加工費工程別総合原価計算と区別している。しかし本章では，工程別総合原価計算を広義に解釈し，工程別総合原価計算は全原価要素工程別総合原価計算と加工費工程別総合原価計算の両者を含んだ概念として説明することにする。

(2) 工程別計算の方法

　全原価要素工程別総合原価計算では，まず1期間の製造原価要素を工程別に把握し，つぎに各工程に集計された期首仕掛品原価と当期製造費用の合計額を，完成品原価と期末仕掛品原価とに分割する。この場合，各工程における製品原価の計算をどのように行うかによって，累加法と非累加法とがある。

① 累加法

　累加法（cumulative method）とは，各工程における完成品を次工程に振り替える際に，それに要した原価でもって次工程へ振り替えて製品原価を計算する方法をいい，累積法ともよばれる。「原価計算基準」25では，工程別総合原価計算（全原価要素工程別総合原価計算）における製品原価の計算方法として，累加法を規定している。しかし累加法は，後で述べる非累加法に比して，計算の手数がかからないという長所を有する反面，各工程の完成品原価は，前工程から振り替えられた原価（前工程費）の影響を受けるため，前工程の原価能率が自工程の原価に混入する。したがって，原価管理のためには不適切であるという短所を有する。

　累加法における計算の流れ（製造工程が2つの場合）を図示すると，**図表7－2**のようになる。

　なお前工程費とは，前工程から振り替えられた原価をいうが，これは工程の

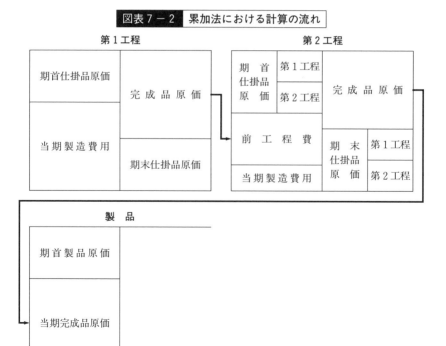

図表7－2　累加法における計算の流れ

始点で投入される原料費と同じ性質を有する。したがって，期末仕掛品の評価にあたり，前工程費は進捗度100％で計算されることになる。

例題7－3 つぎの資料にもとづいて，全原価要素工程別総合原価計算を行い，工程別原価計算表を作成しなさい。

〈資料〉

1．生産データ

	第1工程	第2工程
月初仕掛品	500kg(0.5)	1,000kg(0.4)
当月投入量	4,000	3,500
計	4,500kg	4,500kg
月末仕掛品	1,000 (0.5)	500 (0.2)
完成品	3,500kg	4,000kg

（注）（　）内は加工進捗度を示す。

2．原価データ

	第1工程	第2工程
月初仕掛品原価		
原料費(前工程費)	96,000円	53,850円
加工費	107,500	36,000
当月製造費用		
原料費	480,000	－
加工費	562,500	702,820
合計	1,246,000円	792,670円

3．その他の計算条件
 (1) 原料はすべて第1工程始点で投入される。
 (2) 月末仕掛品の評価は平均法で行う。
 (3) 工程別計算は累加法による。

[解答]
(1) 第1工程の計算

第1工程原価計算表

摘要	原料費 数量	原料費 金額	加工費 数量	加工費 金額	合計
	kg	円	kg	円	円
月初仕掛品	500	96,000	250	107,500	203,500
当月投入	4,000	480,000	3,750	562,500	1,042,500
計	4,500	576,000	4,000	670,000	1,246,000
月末仕掛品	1,000	128,000	500	83,750	211,750
完成品	3,500	448,000	3,500	586,250	1,034,250

単位原価　　　　　　　　　　　　　　　　　　　　　　　　　　　@295.5円

(2) 第2工程の計算

第2工程原価計算表

摘要	前工程費 数量	前工程費 金額	加工費 数量	加工費 金額	合計
	kg	円	kg	円	円
月初仕掛品	1,000	53,850	400	36,000	89,850
当月投入	3,500	1,034,250	3,700	702,820	1,737,070
計	4,500	1,088,100	4,100	738,820	1,826,920
月末仕掛品	500	120,900	100	18,020	138,920
完成品	4,000	967,200	4,000	720,800	1,688,000

単位原価　　　　　　　　　　　　　　　　　　　　　　　　　　　@422円

[解説]
(1) 第1工程－月末仕掛品原価の計算

原料費　$\dfrac{96,000円 + 480,000円}{3,500kg + 1,000kg} \times 1,000kg = 128,000円$

加工費　$\dfrac{107,500円 + 562,500円}{3,500kg + 1,000kg \times 0.5} \times 1,000kg \times 0.5 = 83,750円$

(2) 第2工程－月末仕掛品原価の計算

前工程費　$\dfrac{53,850円 + 1,034,250円}{4,000kg + 500kg} \times 500kg = 120,900円$

加工費　$\dfrac{36,000円 + 702,820円}{4,000kg + 500kg \times 0.2} \times 500kg \times 0.2 = 18,020円$

前工程費は第2工程の始点投入原料費と同じであるから、進捗度100％と考える。

(3) 2つの工程で製品を生産している場合、第1工程の加工は完了したが、そのすべてを第2工程に投入することなく一部だけを振り替える場合がある。この場合、第

２工程に振り替えられずに販売ないし貯蔵されるものを半製品という。なお本問では，第１工程の完了品3,500kgはすべて第２工程に振り替えられている。

② **非累加法**

非累加法（non-cumulative method）とは，各工程の原価を次工程に振り替えないで，各工程の原価のうち，最終製品の原価となる部分を直接に計算し，それらを合計することによって完成品原価を計算する方法をいい，非累積法ともよばれる。したがって非累加法では，各工程の完成品原価は，前工程からの原価の影響を受けないので，原価管理のためには適切な方法であるといわれている。しかしながら，最終製品に含まれる各工程原価を計算するため，自工程のほかに，次工程以降の工程に残っている期首仕掛品および期末仕掛品に含まれる自工程費も計算しなければならない。したがって，計算の手数がかかるという短所を有する。

図表７－３　非累加法における計算の流れ

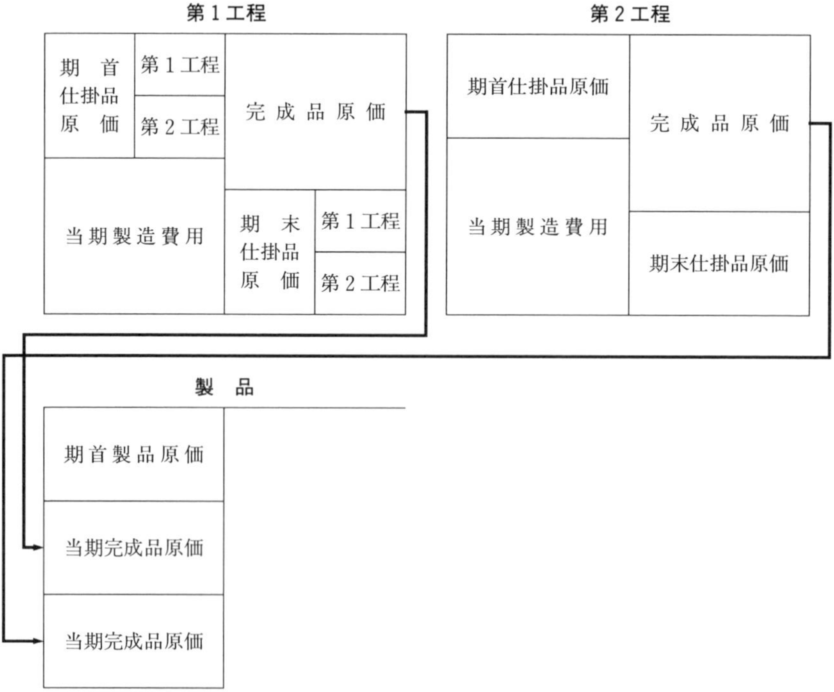

非累加法における計算の流れ（製造工程が2つの場合）を図示すると，前頁の**図表7－3**のようになる。

(3) 加工費工程別総合原価計算

前で述べた工程別総合原価計算は，全原価要素を工程別に集計する総合原価計算の方法である。これに対して加工費工程別総合原価計算とは，加工費のみを工程別に計算し，原料費は工程別に計算しないで，加工費の計算結果に加算することにより，完成品原価を計算する方法であり，加工費法ともいう。

加工費工程別総合原価計算は，紡績業や製紙業などのように，原料がすべて最初の工程の始点で投入され，その後の工程ではこれを加工するにすぎないような業種にのみ適用される。すなわちこの計算方法は，加工費についての原価管理を重視し，加工費についてのみ工程別計算を行い，原料費については工程別計算を省略し，簡便的に処理しようという考え方に立つ方法である。この場合，原料費の計算については，工程がいくつあろうとも，あたかも1つの工程しか存在しないようにみなして計算する。

例題7－4 つぎの資料にもとづいて，加工費工程別総合原価計算を行い，月末仕掛品原価および完成品原価を計算しなさい。

〈資料〉

1．生産データ

	第1工程	第2工程
月初仕掛品	450kg(0.9)	200kg(0.5)
当月投入量	2,550	2,600
計	3,000kg	2,800kg
月末仕掛品	400 (0.3)	300 (0.4)
完成品	2,600kg	2,500kg

（注）（　）内は加工進捗度を示す。

2．原価データ

	第1工程	第2工程
月初仕掛品原価		
原料費	99,000円	－ 円
前工程費	－	46,400

| 加 工 費 | 90,000 | 30,000 |
当月製造費用
原 料 費	605,000	—
加 工 費	579,120	729,800
合 計	1,373,120円	806,200円

3．その他の計算条件
(1) 原料はすべて第1工程始点で投入される。
(2) 月末仕掛品の評価は平均法で行う。
(3) 工程別計算は累加法による。

[解答]
(1) 第1工程の計算
　① 月末仕掛品原価の計算

$$\frac{90,000円+579,120円}{2,600\text{kg}+400\text{kg}\times 0.3}\times 400\text{kg}\times 0.3 = 29,520円$$

　② 完成品原価の計算
　　90,000円＋579,120円－29,520円＝639,600円（@246円）

(2) 第2工程の計算
　① 月末仕掛品原価の計算

　　前工程費　$\frac{46,400円+639,600円}{2,500\text{kg}+300\text{kg}}\times 300\text{kg}$　＝　73,500円

　　加 工 費　$\frac{30,000円+729,800円}{2,500\text{kg}+300\text{kg}\times 0.4}\times 300\text{kg}\times 0.4$＝34,800円

　　　　　　　　　　　　　　　　　　　合　計　108,300円

　② 完成品原価の計算
　　76,400円＋1,369,400円－108,300円＝1,337,500円（@535円）

(3) 原料費の計算
　① 月末仕掛品原価の計算

$$\frac{99,000円+605,000円}{2,500\text{kg}+(400\text{kg}+300\text{kg})}\times (400\text{kg}+300\text{kg}) = 154,000円$$

　② 完成品原価の計算
　　99,000円＋605,000円－154,000円＝550,000円（@220円）

[解説]
(1) 加工費工程別総合原価計算の場合，加工費についてのみ工程別計算を行い，原料費の計算については，工程がいくつあろうとも，あたかも1つの工程しか存在しな

いようにみなして計算する。したがって本問では，2つの工程を1工程とみなし，つぎのような生産データを想定する。

月初仕掛品		完 成 品	2,500kg
第1工程	450kg	月末仕掛品	
第2工程	200	第1工程	400
当月投入量	2,550	第2工程	300
	3,200kg		3,200kg

(2) 前で述べたように，加工費工程別総合原価計算は，加工費についての原価管理を重視し，加工費についてのみ工程別計算を行い，原料費については工程別計算を省略し，簡便的に処理しようという考え方に立つ方法である。他方，原料費についての原価管理を重視し，原料費を加工費とは分離把握して，工程別に計算しようという考え方に立つ加工費工程別総合原価計算もある（岡本清『原価計算〔六訂版〕』国元書房，2000年，340-342頁）。

4　組別総合原価計算

(1) 組別総合原価計算の意義

　異種の標準規格製品（組製品）を連続生産する場合に適用される総合原価計算を，組別総合原価計算という。組別総合原価計算を適用する業種は多く，自動車製造業，食品加工業，化学薬品製造業など，今日の製造業ではもっとも多く実施されている総合原価計算であるということができる。

　組別総合原価計算は，工程別計算の有無によって単一工程組別総合原価計算と工程別組別総合原価計算に，さらに工程別組別総合原価計算は，計算する工程原価の範囲によって全原価要素工程別組別総合原価計算と加工費工程別組別総合原価計算に分類することができる。

(2) 組別総合原価計算の方法

　組別総合原価計算においては，まず1期間の製造原価要素を組直接費（または原料費）と組間接費（または加工費）とに分け，個別原価計算に準じて，①組直接費（または原料費）は各組の製品に賦課し，②組間接費（または加工費）は適当

な配賦基準により各組の製品に配賦する。

　つぎに，各組の製品ごとに期首仕掛品原価と当期製造費用（組直接費＋組間接費）の合計額を，完成品原価と期末仕掛品原価とに分割し，組別の製品単位原価を計算する。このように，組別総合原価計算は，製造原価要素を分類し，これを各組の製品に集計するまでは個別原価計算の手続であるが，各組の製品ごとに期首仕掛品原価と当期製造費用の合計額を，完成品原価と期末仕掛品原価とに分割する段階では，総合原価計算の手続となる。このことから，組別総合原価計算は，個別原価計算の手続と総合原価計算の手続とを組み合わせた原価計算であるということができる。

　以上の計算手続を図示すると，**図表7－4**のようになる。

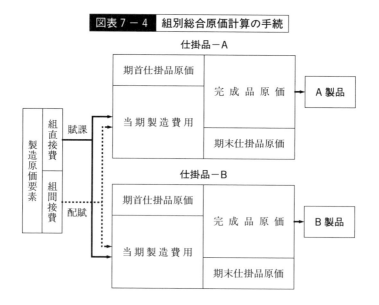

　組間接費とは，数種類の製品に共通して発生する原価である。したがって，各組の製品原価を正確に計算するためには，適当な配賦基準を設けて，組間接費を各組の製品に配賦することが必要となる。なお，その配賦に際しては，実際配賦ではなく予定配賦によるべきである。その計算方法については，個別原価計算における製造間接費の予定配賦に準ずる。

例題7－5 つぎの資料にもとづいて，A製品とB製品の組別総合原価計算を行い，組別原価計算表を作成しなさい。

〈資料〉
1．生産データ

	A 製 品	B 製 品
月初仕掛品	400kg (1/4)	300kg (1/3)
当月投入量	2,800	4,500
計	3,200kg	4,800kg
月末仕掛品	600 (2/5)	500 (1/2)
完成品	2,600kg	4,300kg
直接作業時間	685時間	623時間

（注）（　）内は加工進捗度を示す。

2．原価データ

	A 製 品	B 製 品
月初仕掛品原価		
原料費	62,500円	115,800円
加工費	21,400	20,250
当月製造費用		
原料費	462,000	1,911,600
加工費	?	?
合計	? 円	? 円

3．その他の計算条件
 (1) 原料はすべて工程始点で投入される。
 (2) 加工費は直接作業時間を配賦基準とする予定配賦率によって，各製品に配賦する。なお，予定配賦率は直接作業1時間当り1,000円とする。
 (3) 月末仕掛品の評価は先入先出法で行う。

[解答]
(1) A製品の計算

A製品原価計算表

摘要	原料費 数量	原料費 金額	加工費 数量	加工費 金額	合計
	kg	円	kg	円	円
月初仕掛品	400	62,500	100	21,400	83,900
当月投入	2,800	462,000	2,740	685,000	1,147,000
計	3,200	524,500	2,840	706,400	1,230,900
月末仕掛品	600	99,000	240	60,000	159,000
完成品	2,600	425,500	2,600	646,400	1,071,900

単位原価　　　　　　　　　　　　　　　　　　　　　　　　@412.27円

(2) B製品の計算

B製品原価計算表

摘要	原料費 数量	原料費 金額	加工費 数量	加工費 金額	合計
	kg	円	kg	円	円
月初仕掛品	300	115,800	100	20,250	136,050
当月投入	4,500	1,911,600	4,450	623,000	2,534,600
計	4,800	2,027,400	4,550	643,250	2,670,650
月末仕掛品	500	212,400	250	35,000	247,400
完成品	4,300	1,815,000	4,300	608,250	2,423,250

単位原価　　　　　　　　　　　　　　　　　　　　　　　　@563.55円

[解説]
(1) A製品の計算
　① 当月加工費の計算
　　　@1,000円×685時間＝685,000円
　② 月末仕掛品原価の計算

　　原料費　$\dfrac{462,000円}{2,600kg-400kg+600kg} \times 600kg = 99,000円$

　　加工費　$\dfrac{685,000円}{2,600kg-400kg \times 1/4+600kg \times 2/5} \times 600kg \times 2/5 = 60,000円$

(2) B製品の計算
　① 当月加工費の計算
　　　@1,000円×623時間＝623,000円

② 月末仕掛品原価の計算

原料費 $\dfrac{1,911,600円}{4,300kg-300kg+500kg} \times 500kg = 212,400円$

加工費 $\dfrac{623,000円}{4,300kg-300kg \times 1/3+500kg \times 1/2} \times 500kg \times 1/2 = 35,000円$

5 等級別総合原価計算

(1) 等級別総合原価計算の意義

　同一工程において同種製品（等級製品）を連続生産するが，その製品の形状，大きさ，品位などによって等級に区別する場合に適用される総合原価計算を，等級別総合原価計算という。等級別総合原価計算を適用する業種としては，製鉄業，製靴業，紡績業，製粉業などがあげられる。たとえば，製鉄工場で生産される厚さの異なる鋼板，製靴工場で生産されるサイズの異なる靴などが，等級製品の例である。なお等級製品は，後述する連産品とは異なり，それぞれの製品を別個に生産することが可能となる。

　等級別総合原価計算においては，各等級製品について等価係数を定め，この等価係数に生産数量を乗じた積数の比（等価比率）で，すべての等級製品を生産するために発生した原価の総額（総合原価）を各等級製品に按分する。たとえば，製品Ａの生産数量が120個，製品Ｂが100個，等価係数は製品Ａが１，製品Ｂが0.8，また総合原価が25,000円であるとする。この場合，総合原価の按分は，つぎのように行う。

製品名	生産数量	等価係数	積数	等価比率	按分原価
Ａ	120個	1	120	0.6	15,000円
Ｂ	100	0.8	80	0.4	10,000
合計	220個		200		25,000円

　上記のように，総合原価の25,000円は等価係数にもとづいて算定された等価比率（製品Ａが0.6，製品Ｂが0.4）によって，製品Ａと製品Ｂに，それぞれ15,000円と10,000円が按分計算される。

(2) 等価係数の算定

　等価係数とは，等級製品の総合原価を，各等級製品に按分する場合の等価比率を算定するための係数をいう。等価係数は，つぎのいずれかの方法により算定される。

---
① **製品と関連させた等価係数**──各等級製品の重量，長さ，面積，純分度，熱量，硬度など，原価の発生と関連ある製品の諸性質などにもとづき，それぞれの等価係数を算定する。
② **原価要素に関連させた等価係数**──各等級製品の標準材料消費量,標準作業時間など，各原価要素または原価要素群の発生と関連ある物量的数値などにもとづき，それぞれの等価係数を算定する。

---

　①の製品と関連させた等価係数は産出高（アウトプット）の属性によって等価係数を算定する方法であり，②の原価要素に関連させた等価係数は投入高（インプット）の物量的数値によって等価係数を算定する方法である。

(3) 等級別総合原価計算の方法

　「原価計算基準」22では，等級別総合原価計算の方法につき，つぎの2つの方法を規定している。

① 「原価計算基準」22㈠に規定する方法

　この方法は，1期間の完成品の総合原価を一括的に各等級製品に按分してその製品原価を計算し，これを製品単位に均分して単位原価を計算する方法である。

　しかし，「原価計算基準」の規定では，期末仕掛品については触れられていないため，期末仕掛品の処理に関しては，つぎの2つの見解に分かれる。

(a) 完成品にだけ等価係数を適用する方法
(b) 完成品だけでなく，期末仕掛品にも等価係数を適用する方法

　いま，完成品にだけ等価係数を適用する方法を図示すると，次頁の**図表7－**

図表7−5 等級別総合原価計算の方法【「原価計算基準」22㈠】

5のようになる。

　図表7−5から明らかなように，この方法は，まずすべての等級製品を1つの製品のようにみなして完成品の総合原価を計算し，つぎにこの総合原価を等価係数によって一括的に各等級製品に按分計算する，すなわち産出（アウトプット）の時点で等価係数を適用する方法である。したがってこの方法は，単純総合原価計算に類似した方法である，ということができる。

② 「原価計算基準」22㈡に規定する方法

　この方法は，各原価要素または原価要素群を各等級製品に按分して，各等級製品の1期間の製造費用を計算し，この製造費用と各等級製品の期首仕掛品原価とを，当期における各等級製品の完成品原価とその期末仕掛品原価とに分割することにより，当期における各等級製品の総合原価を計算し，これを製品単位に均分して単位原価を計算する方法である。この計算方法を図示すると，次頁の**図表7−6**のようになる。

　図表7−6から明らかなように，この方法は，まず当期製造費用を等価係数によって各等級製品に按分計算し，つぎに等級製品ごとに期末仕掛品原価および完成品原価を計算する，すなわち投入（インプット）の時点で等価係数を適用する方法である。したがってこの方法は，組別総合原価計算に類似した方法である，ということができる。

図表7－6　等級別総合原価計算の方法【「原価計算基準」22㈡】

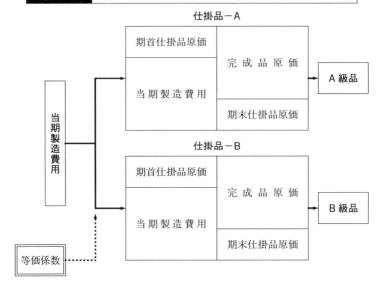

例題7－6　つぎの資料にもとづいて，下記の各ケースについて，X級品とY級品の等級別総合原価計算を行い，月末仕掛品原価および完成品原価を計算しなさい。なお，月末仕掛品原価および完成品原価の金額に，円位未満の端数が生ずる場合には，小数点以下第1位を四捨五入しなさい。

〈資料〉

1．生産データ

	X 級 品	Y 級 品
月初仕掛品	200kg (1/4)	300kg (2/3)
当月投入量	3,800	3,600
計	4,000kg	3,900kg
月末仕掛品	400 (3/5)	300 (3/5)
完 成 品	3,600kg	3,600kg

（注）（　）内は加工進捗度を示す。

2．原価データ

	X 級 品	Y 級 品
月初仕掛品原価		
原 料 費	55,000円	33,000円
加 工 費	10,000	24,000
合 計	65,000円	57,000円
当月製造費用		
原 料 費	2,004,000円	
加 工 費	1,187,600	
合 計	3,191,600円	

3．その他の計算条件
(1) 原料はすべて工程始点で投入される。
(2) 月末仕掛品の評価は平均法で行う。
(3) 等価係数は，つぎのように設定する。

	X 級 品	Y 級 品
原 料 費	1	0.8
加 工 費	1	0.6

（ケース１）「原価計算基準」22㈠に規定する方法で，等級別計算を行う。
（ケース２）「原価計算基準」22㈡に規定する方法で，等級別計算を行う。

[解答]

（ケース１）

① 月末仕掛品原価の計算

原料費　$\dfrac{88,000円+2,004,000円}{7,200\text{kg}+700\text{kg}}\times 700\text{kg}$　≒185,367円

加工費　$\dfrac{34,000円+1,187,600円}{7,200\text{kg}+700\text{kg}\times 3/5}\times 700\text{kg}\times 3/5$≒67,332円

② 完成品原価の計算

原料費　88,000円+2,004,000円−185,367円=1,906,633円
加工費　34,000円+1,187,600円− 67,332円=1,154,268円

③ 完成品原価の等級別按分計算

(a) 原料費

$\dfrac{1,906,633円}{3,600\text{kg}+3,600\text{kg}\times 0.8}\times 3,600\text{kg}$　≒1,059,241円（X級品）

$$\frac{1,906,633円}{3,600\text{kg}+3,600\text{kg}\times 0.8}\times 3,600\text{kg}\times 0.8 ≒ 847,392円（Y級品）$$

(b) 加工費

$$\frac{1,154,268円}{3,600\text{kg}+3,600\text{kg}\times 0.6}\times 3,600\text{kg} ≒ 721,418円（X級品）$$

$$\frac{1,154,268円}{3,600\text{kg}+3,600\text{kg}\times 0.6}\times 3,600\text{kg}\times 0.6 ≒ 432,850円（Y級品）$$

(c) 合 計

X級品　1,059,241円＋721,418円＝1,780,659円（@494.63円）
Y級品　847,392円＋432,850円＝1,280,242円（@355.62円）

（ケース2）

① 当月製造費用の等級別按分計算

(a) 原料費

$$\frac{2,004,000円}{3,800\text{kg}+3,600\text{kg}\times 0.8}\times 3,800\text{kg} = 1,140,000円（X級品）$$

$$\frac{2,004,000円}{3,800\text{kg}+3,600\text{kg}\times 0.8}\times 3,600\text{kg}\times 0.8 = 864,000円（Y級品）$$

(b) 加工費

$$\frac{1,187,600円}{3,790\text{kg}+3,580\text{kg}\times 0.6}\times 3,790\text{kg} = 758,000円（X級品）$$

$$\frac{1,187,600円}{3,790\text{kg}+3,580\text{kg}\times 0.6}\times 3,580\text{kg}\times 0.6 = 429,600円（Y級品）$$

② X級品の計算

(a) 月末仕掛品原価の計算

原料費　$\dfrac{55,000円＋1,140,000円}{3,600\text{kg}+400\text{kg}}\times 400\text{kg} = 119,500円$

加工費　$\dfrac{10,000円＋758,000円}{3,600\text{kg}+400\text{kg}\times 3/5}\times 400\text{kg}\times 3/5 = \underline{48,000円}$

　　　　　　　　　　　　　　　　　　　合　計　$\underline{167,500円}$

(b) 完成品原価の計算

65,000円＋1,898,000円－167,500円＝1,795,500円（@498.75円）

③ Y級品の計算

(a) 月末仕掛品原価の計算

原料費　$\dfrac{33,000円＋864,000円}{3,600\text{kg}+300\text{kg}}\times 300\text{kg} = 69,000円$

加工費 $\dfrac{24,000円+429,600円}{3,600kg+300kg\times 3/5}\times 300kg\times 3/5=\underline{21,600円}$

合　計　　<u>90,600円</u>

(b) 完成品原価の計算

57,000円＋1,293,600円－90,600円＝1,260,000円　（@350円）

[解説]

(1) 「原価計算基準」22(一)に規定する方法とは，単純総合原価計算に類似した方法である。この方法では，まず等級製品 X，Y を1つの製品のようにみなして完成品の総合原価を計算し，つぎにこの完成品の総合原価を等級製品 X，Y に按分計算する。これに対して「原価計算基準」22(二)に規定する方法とは，組別総合原価計算に類似した方法である。この方法では，まず当月製造費用を等級製品 X，Y に按分計算し，つぎに等級製品 X，Y ごとに月末仕掛品原価および完成品原価を計算する。すなわち2つの方法の違いは，等価係数を適用する時点が，製品が完成したときか，あるいは原価要素を投入するときかにある。なお本問では，原料費と加工費の別に等価係数が定められているので，いずれの方法においても，原料費と加工費の別に等級別計算を行う必要がある。

(2) 「原価計算基準」22(一)に規定する方法は，月末仕掛品の処理に関して，完成品にだけ等価係数を適用するか，あるいは完成品だけでなく，月末仕掛品にも等価係数を適用するかにより，2つの方法に分かれる。本問では，このうち前者の方法による。すなわち，完成品にだけ等価係数を適用して完成品原価は等級製品ごとに計算するが，月末仕掛品原価は一括して計算するにとどめる。

6　連産品の原価計算

(1) 連産品の意義

連産品（joint product）とは，同一工程において同一原料から必然的に生産される異種の製品であって，相互に重要な経済的価値を有するものをいう。連産品の例としては，石油精製業におけるガソリン，灯油，軽油，重油など，また石炭製造業におけるコークス，タール，アンモニア，石炭ガスなどがある。たとえば，石油の精製に際して，ガソリンだけを生産するというわけにはいかず，必ず灯油，軽油，重油なども生産されてしまう点に，連産品の特徴がある。

(2) 連産品原価の計算方法

① 連結原価と分離点後の個別加工費

連産品の場合，2種以上の製品が同一工程において同一原料から必然的に生産されるため，製品ごとに原価がどれだけかかったかを区別することは，本来不可能である。そこで，各連産品に分離されるまでに共通に発生した原価を連結原価として把握し，これを各連産品に配賦しなければならない。

また連産品の分離後，追加加工を行うことによって販売可能となる製品については，その追加加工のために要する費用を分離点後の個別加工費として把握し，これを連結原価とは明確に区別し，各連産品へ賦課しなければならない。

連産品原価の計算手続を図示すると，**図表7-7**のようになる。

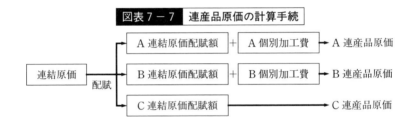

② 連結原価の配賦方法

連結原価を各連産品へ配賦するには，原則として等価係数が用いられる。等価係数には，一般に，つぎの2つがある。

(a) 物量的基準にもとづく等価係数
(b) 正常市価基準にもとづく等価係数

等級別総合原価計算では，(a)の物量的基準にもとづく等価係数が用いられる。というのも，等級製品は，製品相互間の製造原価発生額の差異を，何らかの物量的基準の差異と合理的に関係づけることが可能な製品であり，したがって等価係数を製造原価発生と関係のある何らかの基準として設定することが可能となるからである。

これに対して連産品の場合には，製品ごとに原価がどれだけかかったかを把

握すること自体が不可能であるため，等級別総合原価計算で用いられるような等価係数を利用することはできない。そこで連産品の原価計算では，(b)の正常市価基準にもとづく等価係数が利用される。ここで正常市価基準は，売価の高い連産品にはそれだけ多く連結原価を負担させるという考え方（このような考え方を負担能力主義という）にもとづく方法である。正常市価とは，偶然的な要素を取り除いた長期平均思考にもとづく市価をいうが，一般には，連産品の見積売却価額が用いられる。なお，連産品の分離後，追加加工のために個別加工費が発生する場合には，連産品の見積売却価額から個別加工費の見積額を控除した額をもって，その正常市価とみなす。

(3) 副産物の評価および処理

副産物(by-product)とは，主産物の生産過程から必然的に生産される，主産物に比較して経済的価値が相対的に低い製品をいう。生糸業でのさなぎ，製粉業でのふすま（小麦の皮のくず）などがその例である。

副産物は，同一工程において同一原料から，主産物と同時に必然的に生産されるものである点において，連産品と同じ特徴を有する。しかしながら，連産品が相互に重要な経済的価値を有するものであるのに対して，副産物は経済的価値が相対的に低いものをいう。

連産品を生産する過程で副産物が発生する場合には，その価額を算定して，連産品である主産物の連結原価から控除する。なお副産物の価額は，第6章で述べた作業屑の価額の計算方法に準じて，算定される。

例題 7－7 つぎの資料にもとづいて，連産品 A，B，C の売上原価を計算しなさい。

〈資料〉

製品名	生産数量	単位当り見積売却価格	分離点後の見積個別費
A	5,000kg	60円	96,000円
B	2,000kg	30円	24,000円
C	4,000kg	50円	40,000円

ただし，(1) 分離点後の個別費を含む製造原価の合計（実際額）は，450,000円であった。

(2) B製品およびC製品の個別費の実際額は，見積額と同額であったが，A製品の個別費の実際額は見積額よりも10,000円少なかった。
(3) 生産高はすべて販売済みである。

[解答]

製品名	見積売却価額	分離点後の見積個別費	分離点における正常市価
A	300,000円	96,000円	204,000円
B	60,000	24,000	36,000
C	200,000	40,000	160,000
合　計	560,000円	160,000円	400,000円

連結原価配賦額	分離点後の実際個別費	売　上　原　価
153,000円	86,000円	239,000円
27,000	24,000	51,000
120,000	40,000	160,000
300,000円	150,000円	450,000円

[解説]
(1) 本問では，連産品の分離後，追加加工のために個別費が発生するため，連産品A，B，Cの見積売却価額から個別費の見積額を控除した額をもって，その正常市価とみなし，これにもとづいて等価係数を算定する。
(2) 連結原価配賦額の計算

　　連産品A，B，Cの連結原価は，分離点後の個別費を含む製造原価の合計（実際額）450,000円から分離点後の個別費（実際額）150,000円（＝160,000円－10,000円）を差し引いて300,000円となる。これを正常市価により各連産品へ配賦すると，つぎのようになる。

$$A：300,000円 \times \frac{204,000円}{400,000円} = 153,000円$$

$$B：300,000円 \times \frac{36,000円}{400,000円} = 27,000円$$

$$C：300,000円 \times \frac{160,000円}{400,000円} = 120,000円$$

(3) 正常市価基準にもとづいて連結原価を各連産品へ配賦する場合，分離点後の個別費がゼロであると仮定すると，すべての連産品の売上利益率が同一となる，といった問題が生じる。しかし本問では，分離点後の個別費が発生するため，その額だけ売上利益率が異なるのである。各連産品の売上利益率を示せば，つぎのようになる。

$$A : \frac{300,000円 - 239,000円}{300,000円} \times 100 ≒ 20.33\%$$

$$B : \frac{60,000円 - 51,000円}{60,000円} \times 100 = 15\%$$

$$C : \frac{200,000円 - 160,000円}{200,000円} \times 100 = 20\%$$

第III編

経営管理と原価・管理会計

第 8 章　標準原価計算
第 9 章　損益分岐点分析
第10章　直接原価計算
第11章　予算管理
第12章　特殊原価調査と差額原価収益分析
第13章　設備投資の経済性計算

第8章　標準原価計算

> Point
> 1．標準原価計算の意義と目的について理解する。
> 2．標準原価の種類，ならびに原価標準の設定方法について学ぶ。
> 3．標準原価差異の計算と分析方法について学ぶ。
> 4．標準原価計算における勘定記入の方法について学ぶ。

1　原価管理の意義

　原価管理の概念には，広義と狭義の2つの解釈が存在する。広義の原価管理はコスト・マネジメント（cost management）とよばれ，原価統制（cost control：コスト・コントロール）と原価低減（cost reduction）とからなる。一方，狭義の原価管理は，原価低減を含まず，原価管理を原価統制と同義とみなす。原価管理の意味を理解するため，原価統制と原価低減について簡単に説明しておこう。
　まず，原価統制とは，原価を発生させる経営諸条件（生産設備，製造方法，使用材料など）を所与のものとし，そのもとで科学的・統計的調査にもとづいて設定された原価の標準の達成に向けて，執行活動を指導，規制し原価の引き下げを図ることをいう。「原価計算基準」1㈢では，「原価管理とは，原価の標準を設定してこれを指示し，原価の実際の発生額を計算記録し，これを標準と比較して，その差異の原因を分析し，これに関する資料を経営管理者に報告し，原価能率を増進する措置を講ずることをいう」と定義している。このように「原価計算基準」は，原価管理を原価統制とほぼ同義とみなしており，原価管理を狭義の意味に用いていると理解することができる。
　つぎに，原価低減とは，利益管理の一環として，製品の品質を確保しながら，原価を発生させる経営諸条件（生産設備，製造方法，使用材料など）そのものを変更ないし改善することによって，原価の標準それ自体の低減を図り，そのこと

を通じて原価を引き下げる,いわゆる経営構造および業務の改善を含む原価計画(cost planning)のことを意味する。

広義の原価管理では,原価管理を原価統制だけでなく,この原価低減を含むものとして捉えているのである。今日のような経営環境の下では,原価統制だけではなく,原価低減の必要性も高まっており,広義の意味での原価管理がきわめて重要になっている。ただし,本章では狭義の原価管理を説明の対象とし,狭義の原価管理を行うための手段である標準原価計算について説明することにする。

2　標準原価計算の意義と目的

(1)　標準原価計算の意義

標準原価計算(standard costing)は,20世紀初頭にアメリカにおいて誕生した。すなわち,標準原価計算は,実際原価計算に内在する欠陥,特に実際原価計算が原価管理に役立つ原価情報を提供することができないという欠陥を克服するために,テイラー(Frederick W. Taylor)によって提唱された科学的管理法の考え方を原価計算に導入することによって誕生したのである。

標準原価計算は,各種の目的に役立つが,上でも述べたように,それは特に原価管理のための原価計算として発達したものである。この標準原価計算の手続を示せば,つぎのようになる。

① 原価標準の設定と指示
② 標準原価の計算
③ 実際原価の計算
④ 標準原価と実際原価との比較による標準原価差異の計算
⑤ 標準原価差異の分析
⑥ 経営管理者への差異分析の報告
⑦ 標準原価差異の会計処理

上記の手続の内容の詳細については,次節以降で説明することにする。なお,上記の手続のなかで,原価標準と標準原価という用語が出てきているが,この

2つの用語は，明確に区別する必要がある。原価標準 (cost standard) とは，生産に先立って設定される製品単位当りの製造原価である。他方，標準原価 (standard cost) とは，実際の生産量に原価標準を乗じることによって計算される原価である。たとえば，原価標準を＠100円とし，実際生産量が10個であったとすれば，標準原価は1,000円（＝＠100円×10個）ということになる。つまり，原価標準は事前原価であるが，実際生産量が確定してから判明する標準原価は，事後原価ということになる。

上記の手続において，原価標準を設定し指示するプロセスは，事前原価管理とよばれる。他方，標準原価と実際原価を比較し，その差額である標準原価差異を計算・分析し，さらに標準原価差異の発生原因をつきとめ，適正な修正行動をとるプロセスは事後原価管理とよばれる。標準原価計算による原価管理を効果的に遂行していくためには，事後原価管理だけでなく，事前原価管理も重要である。原価標準の設定に際して，原価の発生に責任を負う現場の管理者が納得するような原価標準を設定しなければ，管理者がやる気を失い，原価管理が効果的に遂行されないおそれがあるからである。

なお，標準原価計算には，財務会計機構と有機的に結びつき常時継続的に行われる標準原価計算制度と，財務会計機構のらち外において統計的補助記録のなかで行われる標準原価分析がある。上記の標準原価計算の手続は，制度として実施される前者の標準原価計算制度を前提にして示している。また，本章での標準原価計算についての説明も，標準原価計算制度を前提にしている。

(2) 標準原価計算の目的

すでに述べたように，標準原価計算は，原価管理のための原価計算として発達したものであるが，この原価管理目的以外にも，各種の目的に用いられている。標準原価計算の目的としては，つぎの4つをあげることができる。

① 原価管理目的

原価管理目的は，標準原価計算の主目的である。ここに原価管理とは，原価の実際発生額が，科学的・統計的調査にもとづいて設定された原価標準により計算された標準原価を上回らないように，経営活動を指導・規制し，それにより，原価能率を増進する改善措置を講ずることをいう。

② 財務諸表作成目的

標準原価は，非能率や無駄を含まず，偶然性を排除した正常な原価であることから，財務諸表作成に役立つ真実の原価と考えることができる。そこで，標準原価計算は仕掛品や製品などの棚卸資産価額および売上原価を算定するための基礎を提供することができる。

③ 予算編成目的

標準原価は，科学的・統計的調査にもとづいて設定された原価標準により計算されることから，標準原価計算を予算，特に製造費用予算の編成に利用することにより，予算の科学性を増すことができる。ただし，その際には，標準の厳格度（tightness：タイトネス）を修正することが必要な場合がある。

④ 記帳の簡略化・迅速化目的

標準原価計算を制度として実施することで，標準原価を財務会計の主要帳簿に組み入れることにより，実際原価計算制度と比較して，その記帳手続を簡略化し，迅速化することができる。

3　標準原価の種類

標準原価計算において計算される標準原価は，改訂の頻度や標準の厳格度にもとづいて，以下のように分類される。

(1) 標準の改訂の頻度にもとづく分類

標準原価は，改訂の頻度（適用される期間の長短）にもとづいて，基準標準原価と当座標準原価とに分類される。

① **基準標準原価**

基準標準原価（basic standard cost）は，経営の基本構造が変わらないかぎり改訂されない長期間にわたって用いられる標準原価であり，能率の尺度にはなりえないが，長期的な原価のすう勢（変動傾向）を認識する尺度として用いられる。

② **当座標準原価**

当座標準原価（current standard cost）は，経営の基本構造が変わった場合は

もちろんのこと，生産条件が変わった場合にも，必要に応じてしばしば改訂される標準原価である。この標準原価は，適用期間において達成されるべき目標となるものであり，原価管理に有用であるだけでなく，財務諸表作成にも用いられる。今日，標準原価といえば，通常，当座標準原価のことを意味する。

(2) 標準の厳格度にもとづく分類

標準原価は，標準の厳格度にもとづいて，理想標準原価，現実的標準原価および正常標準原価に分類される。

① 理想標準原価

理想標準原価（ideal standard cost）とは，技術的に達成可能な最大操業度のもとにおいて，最高能率を表わす最低の原価をいう。この標準原価は現実には達成不可能なもっとも厳しいものであり，動機づけの点から原価管理には適さず，また原価差異が多く発生するので，財務諸表作成にも不向きである。

② 現実的標準原価

現実的標準原価（expected actual standard cost）とは，良好な能率のもとにおいて，その達成が期待されうる標準原価をいう。この標準原価は，通常生ずると認められる程度の，減損，仕損および遊休時間などの余裕率を含むものであり，かつ比較的短期における予定操業度および予定価格を前提として決定され，これらの諸条件の変化に伴い，しばしば改訂される。達成しようとすれば達成できる標準原価であり，原価管理にもっとも適するだけでなく，財務諸表作成にも用いられる。今日，標準原価といえば，通常，現実的標準原価を意味する。

③ 正常標準原価

正常標準原価（normal standard cost）とは，経営における異常な状態を排除し，経営活動に関する比較的長期にわたる過去の実際数値を統計的に平準化し，これに将来のすう勢を加味して決定された原価をいう。この標準原価は，平均の算定基礎となった期間中は通常改訂されないことから，経済状態が安定している場合には財務諸表作成にもっとも適するだけでなく，原価管理にも有用で

ある。

4 原価標準の設定

原価標準は，直接材料費標準，直接労務費標準および製造間接費標準に分けて設定される。なお，原価標準の設定において，直接材料費標準と直接労務費標準は，製品単位当りの物量標準に価格標準を乗じて算定されるが，製造間接費標準は一定期間の予算額として算定される。直接材料費標準，直接労務費標準および製造間接費標準の設定について，以下でそれぞれ説明していく。

(1) 直接材料費標準の設定

直接材料費標準は，直接材料の種類ごとに，製品単位当りの標準材料消費量と標準価格とを定め，両者を乗じて設定される。算式で示せば，つぎのとおりである。

直接材料費標準＝製品単位当り標準材料消費量×標準価格

製品単位当りの標準材料消費量は，製品の生産に必要な各種素材，部品などの種類，品質，加工の方法および順序などを定め，科学的・統計的調査によって決定される。

また，標準価格は，将来の会計期間中に予想される価格を基礎にして，材料の種類別，品質別，規格別に予定価格または正常価格として決定される。

(2) 直接労務費標準の設定

直接労務費標準は，直接作業の区分ごとに，製品単位当りの標準作業時間と標準賃率とを定め，両者を乗じて設定される。算式で示せば，つぎのとおりである。

直接労務費標準＝製品単位当り標準作業時間×標準賃率

製品単位当りの標準作業時間は，製品の生産に必要な作業の種類，使用機械・工具，作業の方法および順序，作業者の等級などを定めたうえで，動作研究や時間研究などの科学的・統計的調査によって設定される。

また，標準賃率は，作業区分別あるいは部門別に算定された予定賃率または正常賃率をもとに設定される。

(3) 製造間接費標準の設定

製造間接費は製品との関連が間接的であり，またさまざまな原価要素から構成されているため，直接材料費標準や直接労務費標準の設定の場合とは異なり，製品単位当りの標準を設定することが困難である。そこで，製造間接費の標準は，部門別の製造間接費予算として設定される。部門別の製造間接費予算は原価管理に用いられるが，製品原価算定のためには，部門別の製品単位当りの製造間接費標準も設定される。以下では，2つの標準の設定について説明する。

① 部門別製造間接費標準の設定

部門別製造間接費標準とは，一定期間において各部門で発生すると予想される製造間接費の予定額をいい，これを部門別の製造間接費予算として算定する。この予算には，固定予算と変動予算があるが，ここでは，原価管理に効果的な変動予算について説明する。

変動予算（variable budget）とは，一定期間に予期される範囲内における種々の操業度に対応して設定された予算をいい，弾力性予算ともいわれる。変動予算を用いることにより，製造間接費の実際発生額と実際操業度における予算額とが比較・分析されるので，原価管理を効果的に実施することができる。

変動予算の設定方法には，公式法による方法と実査法による方法があるが，ここでは，前者の公式法について説明する。

公式法による場合は，まず各原価費目をなんらかの方法で固定費と変動費とに分解し，ついで，固定費総額と操業度1単位（たとえば直接作業1時間）当りの変動費額（変動費率）を求める。ここで，予算額を y，操業度を x，固定費額を a，変動費率を b とすると，各操業度に対応する変動予算額 y は，つぎの算式によって求めることができる。

$$y = a + bx$$

たとえば，固定費額を50,000円，変動費率を100円/時間，実際操業度を200時間とすると，実際操業度200時間に対応する変動予算額は，70,000円（＝50,000

円＋100円/時間×200時間）となる。

② 製品単位当りの製造間接費標準の設定

部門別の製造間接費予算額（部門別製造間接費標準）が定められると，それにもとづき標準配賦率が設定される。標準配賦率は，各部門の一定期間における製造間接費予算額を，その期間の基準操業度における配賦基準数値で除することによって算定される。その算式を示せば，つぎのようになる。

$$標準配賦率＝\frac{一定期間の部門製造間接費予算額}{同期間の基準操業度における配賦基準数値}$$

上記の算式における分母の基準操業度とは，製造間接費予算を設定する際の基礎となる操業度をいい，それには理論的最大操業度，実現可能操業度，正常操業度および短期予定操業度がある。これらのうち，いずれかが選択される。また，配賦基準数値としては，直接作業時間や機械作業時間などが用いられる。

部門別の標準配賦率が設定されたならば，この標準配賦率に製品単位当りの配賦基準数値を乗じて，部門別の製品単位当りの製造間接費標準が算定される。その算式を示せば，つぎのようになる。

$$製造間接費標準＝製品単位当り配賦基準数値×標準配賦率$$

(4) 標準製品原価の算定

標準製品原価（standard cost per product）すなわち原価標準は，製品単位当りの直接材料費標準，直接労務費標準を集計し，これに製造間接費標準を加えて求められる。これらの各原価標準は標準製品原価表（standard cost sheet，標準原価カードともいう）に記載され，ファイルされる。この標準製品原価表とは，原価標準を構成する直接材料費標準，直接労務費標準および部門別の製造間接費標準を数量および金額で表示する文書である。この標準製品原価表は原価発生について責任をもつ各部署の管理者に指示される。

5 標準原価差異の計算と分析

標準原価計算では，個々の原価要素ごとに標準原価と実際原価とを比較し，両者の差額として標準原価差異を計算し，さらにこれを分析する。この場合，原価標準が直接材料費，直接労務費および製造間接費の別に設定されているため，標準原価差異の計算と分析も直接材料費の差異分析，直接労務費の差異分析および製造間接費の差異分析に区分して行われることになる。直接材料費，直接労務費および製造間接費の差異分析について，以下でそれぞれ説明していく。

(1) 直接材料費差異の分析

標準直接材料費と実際直接材料費との差額である直接材料費差異は，つぎの式のように計算される。

> 直接材料費差異＝標準直接材料費－実際直接材料費
> 　　　　　　　＝（直接材料費標準×実際生産量）－実際直接材料費

この直接材料費差異は，さらに材料種類別に価格差異（price variance）と数量差異（quantity variance）とに分析される。価格差異と数量差異を算式で示せば，つぎのようになる。

> 価格差異＝（標準消費価格－実際消費価格）×実際消費数量
> 数量差異＝（標準消費数量－実際消費数量）×標準消費価格

なお，原価差異の計算には，「標準－実際」方式のほかに，「実際－標準」方式がある。本章では「標準－実際」方式を採用するので，計算結果がプラスの値をとれば有利差異（利益に良い影響をおよぼす差異），マイナスの値をとれば不利差異（利益に悪い影響をおよぼす差異）を示す。

直接材料費差異の分析を図示すれば，次頁の**図表8－1**のようになる。

図表8-1 直接材料費差異の分析

	価　格　差　異	
実際消費価格 → 標準消費価格 →	標準直接材料費	数量差異

標準消費数量　実際消費数量

例題8-1　つぎの資料にもとづき，直接材料費の総差異を計算し，それを価格差異と数量差異に分析しなさい。

〈資料〉
(1)　直接材料費標準　　5 kg×300円/kg＝1,500円/個
(2)　製品の実際生産量　500個
(3)　実際直接材料費　　2,550kg×310円/kg＝790,500円

［解答］
総差異＝1,500円/個×500個－790,500円＝－40,500円（不利）
価格差異＝(300円/kg－310円/kg)×2,550kg＝－25,500円（不利）
数量差異＝(2,500kg－2,550kg)×300円/kg＝－15,000円（不利）

［解説］
標準消費数量とは，実際生産量のもとで許容される消費数量をいい，つぎのように算定する。
　5 kg/個×500個＝2,500kg

(2) 直接労務費差異の分析

標準直接労務費と実際直接労務費との差額である直接労務費差異は，つぎの式のように計算される。

> 直接労務費差異＝標準直接労務費－実際直接労務費
> 　　　　　　　＝（直接労務費標準×実際生産量）－実際直接労務費

この直接労務費差異は，さらに部門別あるいは作業種類別に賃率差異（labor rate variance）と作業時間差異（labor time variance）とに分析される。賃率差

異と作業時間差異を算式で示せば、つぎのようになる。

> 賃率差異＝(標準賃率－実際賃率)×実際作業時間
> 作業時間差異＝(標準作業時間－実際作業時間)×標準賃率

直接労務費差異の分析を図示すれば、**図表8－2**のようになる。

図表8－2　直接労務費差異の分析

	賃　率　差　異	
実際賃率 → 標準賃率 →		
	標準直接労務費	作業時間差異

標準作業時間　実際作業時間

例題8－2　つぎの資料にもとづき、直接労務費の総差異を計算し、それを賃率差異と作業時間差異に分析しなさい。

〈資料〉
(1)　直接労務費標準　　3時間×800円/時間＝2,400円/個
(2)　製品の実際生産量　500個
(3)　実際直接労務費　　1,550時間×810円/時間＝1,255,500円

［解答］
　総差異＝2,400円/個×500個－1,255,500円＝－55,500円（不利）
　賃率差異＝(800円/時間－810円/時間)×1,550時間＝－15,500円（不利）
　作業時間差異＝(1,500時間－1,550時間)×800円/時間＝－40,000円（不利）

［解説］
　標準作業時間とは、実際生産量のもとで許容される作業時間をいい、つぎのように算定する。
　3時間/個×500個＝1,500時間

(3) 製造間接費差異の分析

製造間接費の標準配賦額と実際発生額との差額である製造間接費差異は，つぎの式のように計算される。

> 製造間接費差異＝製造間接費標準配賦額－製造間接費実際発生額
> ＝（標準操業度×標準配賦率）－製造間接費実際発生額

製造間接費差異は種々の方法で分析されるが，本章では公式法変動予算による方法について説明する。公式法変動予算による差異分析には，2分法，3分法，4分法など種々の方法があるが，ここではもっとも基本的な3分法について述べる。3分法は，製造間接費の総差異を予算差異，能率差異および操業度差異に3分割する方法である。

予算差異（budget variance）は，製造間接費の実際発生額と実際操業度（たとえば実際直接作業時間）において許容された予算額との差額であり，つぎの式によって算定される。

> 予算差異＝（実際操業度×変動費率＋固定費予算額）－製造間接費実際発生額

能率差異（efficiency variance）は，標準操業度と実際操業度が異なったために発生する差異で，不利差異の場合，それは作業が非能率であったために製造間接費がどれだけ無駄になったかを示すものである。能率差異は，つぎの式により算定される。なお，上記の変動費率は予算の設定にあたって予定された基準操業度における変動製造間接費予算額を同操業度で除して求められる。また，下記の固定費率は基準操業度における固定製造間接費予算額を同操業度で除して求められる。

> 能率差異＝（標準操業度－実際操業度）×標準配賦率
> ＝（標準操業度－実際操業度）×固定費率＋（標準操業度－実際操業度）×変動費率

操業度差異（volume variance）は，実際操業度が予算編成時に設定した基準操業度を達成しなかった，あるいは超過したために発生する差異である。不利差異の場合，それは，生産能力を遊休にしたために，製造間接費がどれだけ無駄になったかを示すものである。なお，生産能力を遊休にして無駄になるのは

製造間接費のうちの固定製造間接費だけであって、操業すれば発生し、操業しなければ発生しない変動製造間接費は、操業度差異とは無関係である。操業度差異は、つぎの式により算定される。

操業度差異＝(実際操業度－基準操業度)×固定費率

例題8－3 つぎの資料にもとづき、製造間接費の総差異を計算し、それを予算差異、能率差異および操業度差異に分析しなさい。なお、製造間接費については、公式法変動予算が作成されているものとする。

〈資料〉
(1) 製造間接費標準　　　3時間×600円/時間＝1,800円/個
(2) 製造間接費予算
　　基準操業度　　　　　　1,800直接作業時間
　　変動製造間接費予算額　　360,000円
　　固定製造間接費予算額　　720,000円
(3) 製品の実際生産量　　　　500個
(4) 実際直接作業時間　　　　1,550時間
(5) 製造間接費実際発生額　　1,050,000円

[解答]

総差異＝1,800円/個×500個－1,050,000円＝－150,000円（不利）
予算差異＝(1,550時間×200円/時間＋720,000円)－1,050,000円＝－20,000円（不利）
能率差異＝(1,500時間－1,550時間)×600円/時間＝－30,000円（不利）
操業度差異＝(1,550時間－1,800時間)×400円/時間＝－100,000円（不利）

以上の差異を図示すれば、次頁の図表8－3のようになる。

[解説]
① 標準配賦率、変動費率および固定費率は、つぎのように算定する。
　　標準配賦率：(360,000円＋720,000円)÷1,800時間＝600円/時間
　　変動費率：360,000円÷1,800時間＝200円/時間
　　固定費率：720,000円÷1,800時間＝400円/時間
② 標準直接作業時間（標準操業度）とは、実際生産量のもとで許容される直接作業時間をいい、つぎのように算定する。
　　3時間/個×500個＝1,500時間

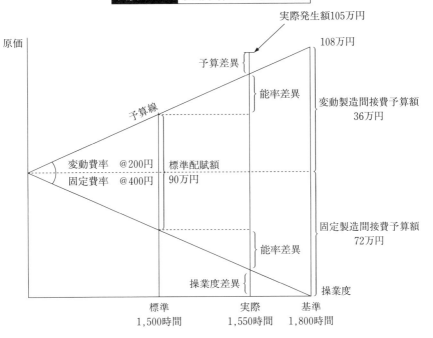

図表8－3 変動予算による差異分析

　なお，3分法には，上で述べた方法以外の分析方法がある。上述の3分法では，標準配賦率を用いて，変動費と固定費の両者について能率差異を計算するのに対して，変動費についてのみ能率差異を計算し，したがって能率の良否によって生じた固定費についての差異は操業度差異に含める方法がある。この方法によって，例題8－3の〈資料〉にもとづき，予算差異，能率差異および操業度差異の分析を行った場合，以下のようになる。

予算差異＝（実際操業度×変動費率＋固定費予算額）－製造間接費実際発生額
　　　　＝（1,550時間×200円/時間＋720,000円）－1,050,000円＝－20,000円（不利）
能率差異＝（標準操業度－実際操業度）×変動費率
　　　　＝（1,500時間－1,550時間）×200円/時間＝－10,000円（不利）
操業度差異＝（標準操業度－基準操業度）×固定費率
　　　　＝（1,500時間－1,800時間）×400円/時間＝－120,000円（不利）

(4) 標準原価差異の原因分析

標準原価差異の分析は，上で示したとおりである。しかし，今まで説明してきた方法では，原価差異がどのような原因で発生したのかを明らかにすることができず，したがってどのような修正行動をとるべきか決定できない。標準原価差異の分析は，原価差異が生じた原因を調査する出発点に過ぎない。そこで，差異の発生原因を究明するため，標準原価差異の原因分析を行う必要がある。このような原因分析を行うことによってはじめて，標準原価計算が原価管理にとって有効な手段となるのである。

6　標準原価計算における勘定記入法

標準原価計算制度では，製品の標準原価が計算され，これが財務会計機構に組み入れられる。標準原価計算制度における標準原価の勘定記入法は，標準原価をどの計算段階で複式簿記機構に組み入れるかによって，パーシャル・プランとシングル・プランに分類される。以下では，標準原価計算における勘定記入法，そして原価差異の会計処理について簡単に説明する。

(1) パーシャル・プラン

パーシャル・プラン（partial plan）とは，完成品と期末仕掛品とを標準原価で計算し，これを財務会計機構に組み入れる勘定記入法である。この方法では，当該期間の実際原価と比較される標準原価は，原価標準に実際生産量を乗じて計算されるため，原価差異の算定は，実際生産量（アウトプット）が判明する時点であり，**図表8－4**のように，すべての原価差異は仕掛品勘定において把握される。なお，このような原価差異の計算方法をアウトプット法という。

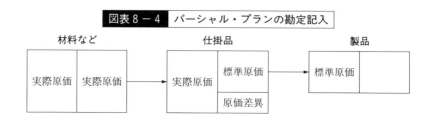

図表8－4　パーシャル・プランの勘定記入

(2) シングル・プラン

シングル・プラン (single plan) とは，原価財の投入を標準原価で計算し，これを財務会計機構に組み入れる勘定記入法である。この方法では，原価財の投入時点において，実際原価と標準原価とが比較されるため，原価差異が算定されるのは原価財を投入（インプット）する時点であり，**図表 8 − 5** のように，原価差異は，材料勘定，賃金勘定，製造間接費勘定などの原価要素勘定において把握される。なお，このような原価差異の計算方法をインプット法という。

シングル・プランは，パーシャル・プランよりも原価差異の把握を迅速に行えるため，原価管理の点で優れた方法である。

図表 8 − 5　シングル・プランの勘定記入

(3) 原価差異の会計処理

標準原価計算を採用する場合，標準原価と実際原価とを比較して標準原価差異が算定される。この標準原価差異は，財務諸表作成にあたって適切に処理しなければならない。「原価計算基準」47では，標準原価計算における原価差異を，つぎのように処理するものとしている。

① 材料受入価格差異
　　材料の払出高と期末在庫に配賦する。
② 材料受入価格差異以外の原価差異
　(a) 原則
　　　売上原価に賦課する。
　(b) 不適当な予定価格などを原因とする比較的多額の差異
　　1) 個別原価計算
　　　　指図書別または科目別に売上原価と期末棚卸資産に配賦する。
　　2) 総合原価計算

科目別に売上原価と期末棚卸資産に配賦する。
(c) 数量差異，作業時間差異，能率差異などであって異常な状態にもとづくと認められる差異

非原価項目として処理する。

標準原価差異を売上原価に賦課した場合，損益計算書上，売上原価の内訳科目として記載する。その形式を示すと，**図表8－6**のようになる。

図表8－6	標準原価計算による損益計算書

Ⅰ	売　上　高		×××
Ⅱ	売　上　原　価		
	1　製品期首棚卸高	×××	
	2　当期製品製造原価	×××	
	合　計	×××	
	3　製品期末棚卸高	×××	
	標準売上原価	×××	
	4　原　価　差　異	×××	×××
	売上総利益		×××
Ⅲ	販売費および一般管理費		×××
	営業利益		×××

第9章　損益分岐点分析

> **Point**
> 1．原価の固変分解について理解する。
> 2．損益分岐点分析の概念とその計算方法について学ぶ。
> 3．損益分岐点分析により提供される種々の情報について理解する。
> 4．損益分岐点分析の仮定について学ぶ。

1　原価の固変分解

　損益分岐点分析を行うためには，原価を営業量の変化に応じて変動する部分（変動費）と変動しない部分（固定費）とに分解する必要がある。このような分解を，原価の固変分解とよぶ。原価の固変分解は，損益分岐点分析だけでなく，直接原価計算や差額原価収益分析など，さまざまな場面において必要とされる。

　変動費は営業量の変化に対して必ずしも比例的に変動するとはかぎらないが，正常操業圏ではそのようにみなしてよい場合も多い。このとき，原価は営業量の一次関数としてつぎのように表わされる。

原価＝営業量単位当り変動費×営業量＋固定費

　この原価関数の営業量単位当り変動費（傾き）と固定費（切片）を求めることが，原価の固変分解にほかならない。

　固変分解の方法には，つぎのようなものがある。

①　費目別精査法

　費目別精査法（account classification method）は，勘定科目精査法あるいは会計的方法などともよばれる。この方法では，勘定科目を精査し各科目を変動費または固定費に帰属させて，変動費に属する科目の合計額を対応する営業量で

除して営業量単位当り変動費を求め，固定費に属する科目の合計額を固定費とする。費目別精査法は，手続が簡単で1期間の実績データがあれば適用できるという利点があるものの，固変分解が恣意的になりやすいという欠点を有する。

② 高低点法

高低点法（high-low point method）は，③スキャッター・チャート法や④最小二乗法と同様に，複数期間の実績データを用いて，固変分解を行う方法である。この方法では，最高営業量のデータと最低営業量のデータを通る直線の傾きを営業量単位当り変動費，その切片を固定費とする。この方法によると，営業量単位当り変動費はつぎのように計算される。

$$営業量単位当り変動費 = \frac{最高営業量における原価 - 最低営業量における原価}{最高営業量 - 最低営業量}$$

また固定費は，最高営業量ないし最低営業量の原価からそのときの変動費（＝営業量単位当り変動費×営業量）を控除することによって算出できる。このように高低点法では，簡単な計算によって固変分解を行うことができるが，用いた2つ以外のデータは考慮されないという欠点を有する。そのため，得られた原価関数は，必ずしも全体の傾向を反映していない可能性がある。

例題9－1 つぎの資料にもとづいて，高低点法により固変分解を行いなさい。ただし，生産量を営業量として用いるものとする。

〈資料〉

月	1月	2月	3月	4月	5月	6月
生産量（個）	2,300	2,000	2,100	2,800	3,000	2,400
原価（万円）	24,000	20,000	20,000	23,000	25,000	22,500

[解答]

最高営業量は3,000個（5月），最低営業量は2,000個（2月）であるので，営業量単位当り変動費はつぎのように計算できる。

$$営業量単位当り変動費 = \frac{25,000万円 - 20,000万円}{3,000個 - 2,000個} = 5万円/個$$

これにより，最高営業量となる5月の変動費は15,000万円（＝5万円/個×3,000個）と計算されるので，5月の原価からこの額を控除することによって，つぎのように固定費が求められる。

固定費＝25,000万円－15,000万円＝10,000万円

この状況は，**図表9－1**のように表わすことができる。

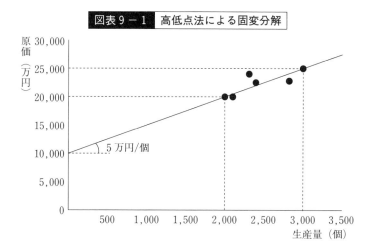

図表9－1　高低点法による固変分解

③　スキャッター・チャート法

スキャッター・チャート法（scatter chart method）は，散布図表法，ビジュアル・フィット法などともよばれる。この方法は，横軸を営業量，縦軸を原価とするグラフに実績データをプロットし，データを代表するように目分量で引いた直線を原価関数とするものである。高低点法と異なり，この方法はより多くのデータを利用するものの，目分量によって原価関数を求めるため客観的な方法とはいえない。

④　最小二乗法

最小二乗法（method of least squares）は，回帰分析法ともよばれる。スキャッター・チャート法では目分量で直線を引くが，最小二乗法は誤差の二乗和が最小となるような直線を計算によって求める。そのため，より客観的に原価関数を推定することが可能となる。この方法による営業量単位当り変動費（v）と固

定費 (F) は，それぞれつぎのように求められる。なお x は営業量，C は原価，n はデータ数，$\bar{x}$ と $\bar{C}$ はそれぞれ営業量の平均値と原価の平均値である。

$$v=\frac{n\sum xC-\sum x\sum C}{n\sum x^2-(\sum x)^2} \qquad F=\frac{\sum x^2\sum C-\sum x\sum xC}{n\sum x^2-(\sum x)^2}=\bar{C}-v\bar{x}$$

⑤ インダストリアル・エンジニアリング法（IE法）

インダストリアル・エンジニアリング法（industrial engineering method）は，投入量と産出量との関係を工学的に調査・分析して原価関数を推定する方法である。この方法は実績データがない場合でも利用することができるが，詳細な工学的分析を必要とするため，他の方法に比べてコストがかかる。

2　損益分岐点分析

(1) 損益分岐点分析の意義と定式化

短期利益計画設定において，売上高や販売量の変化に対して原価や利益がどのように変動するか，あるいは利益目標を達成するためにはどれだけの販売が必要かといった情報は重要である。このような情報は，損益分岐点分析（break-even analysis）を通じて提供される。損益分岐点分析は，原価・営業量・利益（cost-volume-profit）関係を分析する技法であり，単純な構造で企業活動を直感的にとらえることができるため，短期利益計画設定だけでなく，経営分析を行う場合などにも広く利用される。

損益分岐点分析は，さまざまな利益に対して適用することが可能であるが，営業利益を対象として分析することが多い。損益計算書において，営業利益は売上高から売上原価と販売費および一般管理費を控除して算定されるが，損益分岐点分析では，つぎのように売上高から変動費と固定費を控除して利益を計算する。

$$\text{利益}＝\text{売上高}－\text{変動費}－\text{固定費}$$

また分析の目的やこの技法を適用する業種によって，営業量もさまざまなも

のが用いられうる。ここでは，売上高および販売量を営業量とする場合の分析について，説明していく。

① 売上高を営業量とする場合

売上高を営業量としたとき，営業量単位当り変動費は変動費率とよばれる。この変動費率を用いると，利益式はつぎのように書き換えることができる。

$$
\begin{aligned}
利益 &= 売上高 - 変動費 - 固定費 \\
&= 売上高 - 変動費率 \times 売上高 - 固定費 \\
&= (1 - 変動費率) \times 売上高 - 固定費
\end{aligned}
$$

これが売上高を営業量とする損益分岐点分析を行うための基本式となる。売上高から変動費を控除したものは限界利益（marginal profit）ないし貢献利益とよばれ，固定費を回収し利益を生み出すために貢献する大きさを表わす。またその売上高1単位当りの大きさ，すなわち（1－変動費率）は，限界利益率または貢献利益率とよばれる。

この状況は，**図表9－2**のように損益分岐図表として表わすことができる。この図表において，売上高は原点から45°の傾きで増加する売上高線として，変動費と固定費の合計は変動費率の傾きと固定費の切片をもつ総原価線として，それぞれ描かれている。

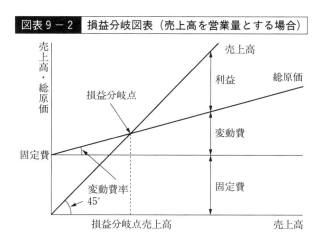

図表9－2　損益分岐図表（売上高を営業量とする場合）

利益は売上高の増加とともに増えていくが，売上高線と総原価線の交点では，利益がちょうどゼロとなる。この点を損益分岐点（break-even point）といい，そのときの売上高を損益分岐点売上高とよぶ。損益分岐点売上高は，利益式の左辺をゼロとして売上高について解くことにより，つぎのように求めることができる。

$$損益分岐点売上高 = \frac{固定費}{1-変動費率} = \frac{固定費}{限界利益率}$$

損益分岐点分析では，これ以外にもさまざまな情報を提供することができる。まず短期利益計画設定において，目標利益を達成するためにはどれだけの売上高が必要かという情報は重要であろう。このような売上高は，利益式の左辺を目標利益とし，これを売上高について解くことによって，つぎのように算出できる。

$$目標利益を達成する売上高 = \frac{固定費+目標利益}{1-変動費率}$$

なお目標利益が税引後の額で与えられた場合，通常は，その額を（1－税率）で除し，税引前の額に直したうえでこの式を用いればよい。

またつぎのように，売上高利益率に関する情報を提供することもできる。

$$売上高利益率 = \frac{利益}{売上高} = \frac{(1-変動費率)\times 売上高-固定費}{売上高}$$

目標が売上高利益率で示されたとき，これを達成するために必要な売上高は，売上高利益率の式の左辺を目標値に置き換え，売上高について解くことによって，つぎにように計算することができる。

$$目標売上高利益率を達成する売上高 = \frac{固定費}{1-変動費率-目標売上高利益率}$$

さらに，損失のなりにくさを表わす指標である安全余裕率を計算することも可能である。安全余裕率は，M/S 比率ともよばれ，売上高と損益分岐点売上高の差を売上高で除して計算される。これはその売上高が損益分岐点売上高から

離れている程度を示すものであり，安全余裕率が高いほど損失になりにくい(安全性が高い) 状況にあると考えられる。

$$安全余裕率 = \frac{売上高 - 損益分岐点売上高}{売上高}$$

たとえば，売上高が625万円のとき，損益分岐点売上高が500万円だとすると，安全余裕率は0.2，すなわち20％と計算される。これは，現在の売上高が20％減少すると利益がゼロになることを意味する。

安全余裕率と関連するものに損益分岐点比率がある。これは損益分岐点売上高を売上高で除して算定される。損益分岐点比率は，1から安全余裕率を引いたものと等しく，その値が大きいほど安全性が低くなる。

$$損益分岐点比率 = \frac{損益分岐点売上高}{売上高} = 1 - 安全余裕率$$

② 販売量を営業量とする場合

販売量を営業量としたとき，総原価線の傾きは製品単位当り変動費となる。また，売上高は販売量に販売価格を乗じた金額として表わされるので，このときの利益式はつぎのようになる。

$$\begin{aligned}利益 &= 売上高 - 変動費 - 固定費 \\ &= 販売量 \times 販売価格 - 販売量 \times 製品単位当り変動費 - 固定費 \\ &= 販売量 \times (販売価格 - 製品単位当り変動費) - 固定費\end{aligned}$$

この式における（販売価格－製品単位当り変動費）は，製品単位当り限界利益となる。この場合の損益分岐図表は，次頁の**図表9－3**のようになる。

この場合も売上高を営業量とする場合と同様の考え方で，損益分岐点販売量や目標利益を達成する販売量などを計算することができる。たとえば，損益分岐点販売量はつぎのようになる。

$$損益分岐点販売量 = \frac{固定費}{販売価格 - 製品単位当り変動費} = \frac{固定費}{製品単位当り限界利益}$$

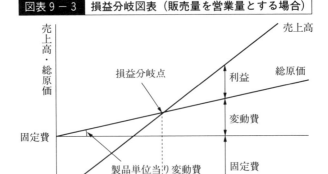

図表9-3 損益分岐図表（販売量を営業量とする場合）

例題9-2 つぎの資料にもとづいて，以下の(1)～(8)に答えなさい。ただし，（ ）内はそれぞれの原価に占める固定費の額を表わしているものとする。

〈資料〉

売　上　高　　10,000,000円
材　料　費　　 3,800,000円（　200,000円）
労　務　費　　 1,600,000円（　400,000円）
経　　　費　　 1,000,000円（　900,000円）
販　売　費　　 1,800,000円（1,500,000円）
一般管理費　　 1,080,000円（1,080,000円）

(1) 変動費率および固定費を求めなさい。
(2) 限界利益率を求めなさい。
(3) 損益分岐点売上高を求めなさい。
(4) 目標利益1,500,000円を達成する売上高を求めなさい。
(5) 目標売上高利益率14％を達成する売上高を求めなさい。
(6) 安全余裕率を求めなさい。
(7) この売上高が2,000個の製品の販売によって得られたとするとき，損益分岐点販売量を求めなさい。
(8) 販売費を200,000円（固定費）増加させることにより，売上高が5％増加すると見込まれる。このときの営業利益の増減額を求めなさい。

[解答]

(1) 材料費から一般管理費までの変動費および固定費をそれぞれ合計することにより，変動費は5,200,000円，固定費は4,080,000円と求められる。変動費率は，変動費を売上高で除してつぎのようになる。

$$変動費率 = \frac{変動費}{売上高} = \frac{5,200,000円}{10,000,000円} = 0.52$$

固定費 = 4,080,000円

(2) 限界利益率 = 1 − 変動費率 = 1 − 0.52 = 0.48

(3) $損益分岐点売上高 = \dfrac{4,080,000円}{1 - 0.52} = \dfrac{4,080,000円}{0.48} = 8,500,000円$

(4) $目標利益を達成する売上高 = \dfrac{4,080,000円 + 1,500,000円}{1 - 0.52} = 11,625,000円$

(5) $目標売上高利益率を達成する売上高 = \dfrac{4,080,000円}{1 - 0.52 - 0.14} = 12,000,000円$

(6) $安全余裕率 = \dfrac{10,000,000円 - 8,500,000円}{10,000,000円} = 0.15 \,(15\%)$

(7) 10,000,000円の売上高が2,000個の販売から得られたとすると，販売価格は5,000円/個となる。また製品単位当り変動費は，変動費5,200,000円を販売量2,000個で除すことにより2,600円/個と求められる。したがって，損益分岐点販売量はつぎのように求められる。

$$損益分岐点販売量 = \frac{4,080,000円}{5,000円/個 - 2,600円/個} = 1,700個$$

ただし，この問題では損益分岐点売上高が先に計算されているので，これを販売価格で除すことによって，より簡単に計算することもできる。

$$損益分岐点販売量 = \frac{損益分岐点売上高}{販売価格} = \frac{8,500,000円}{5,000円/個} = 1,700個$$

(8) 現在の営業利益は，売上高から変動費と固定費を控除することによって，つぎのようになる。

現在の営業利益 = 10,000,000円 − 5,200,000円 − 4,080,000円 = 720,000円

販売費を増加させたときの営業利益は，つぎのように計算される。

$(1 - 0.52) \times 10,000,000円 \times (1 + 0.05) - (4,080,000円 + 200,000円) = 760,000円$

したがって，販売費を増加させることにより営業利益は40,000円だけ増加することがわかる。

(2) 損益分岐点分析の仮定

　これまでみてきたように，損益分岐点分析は，簡単な計算を行うことで短期利益計画設定などに役立つさまざまな情報を提供することができる。しかし，現実には複雑な企業活動を単純化して分析を行うため，この分析は多くの仮定に支えられている。これらの仮定が満たされないとき，損益分岐点分析は有益な情報を提供することができない。そのため，前提となる仮定について十分に理解し，それが満たされる状況であるかを確認したうえで，この分析を利用する必要がある。

　損益分岐点分析でおかれている主な仮定は，つぎのとおりである。

> ① 製品単位当りの価格は一定である。
> ② 期間の固定費は一定である。
> ③ 変動費は生産量に比例して変動する。
> ④ 多品種の製品が存在する場合，その製品組合せの割合は一定である。
> ⑤ 生産量と販売量は等しい。

　まず①について，たとえば販売量を営業量とする分析で販売価格は売上高線の傾き（図表9-3を参照）となるが，これが販売量の増減によって変動してしまうと売上高線を直線で表わすことができなくなってしまう。そのため，販売価格と販売量を独立とみなすことができない状況では，これまで示したような形で損益分岐点分析を行うことは望ましくない。

　②および③は，総原価線に関わる仮定である。原価の固変分解のところでも述べたように，変動費は営業量の変化に対して必ずしも比例的に変動するとはかぎらない。また固定費も一定の範囲を超えると，その額が変化する可能性がある。損益分岐点分析ではこのような状況を想定していないが，正常操業圏では総原価線を直線で描いて問題ない場合も多い。

　④は，企業が多品種の製品を製造・販売している場合，営業量が増減しても，それに占める各製品の割合が変化しないことを仮定するものである。この仮定が満たされない場合には，営業量の増減によって変動費率が変化してしまい，総原価線を直線で描くことができなくなる。

⑤は，分析対象期間において原価の発生額と費用額が等しくなるために必要な条件である。損益分岐点分析では，売上高から総原価（変動費と固定費）を控除して利益を計算する。しかし，この金額は全部原価計算にもとづいて計算される利益とは通常異なる。全部原価計算では固定製造原価が製品原価とされるため，在庫が存在する場合，固定製造原価の発生額と当期の費用額とは一致しないからである。ただし，分析対象とする期間に生産された製品のみが同期間に販売されるのであれば，両者は一致する。この仮定を厳密に満たすことは難しいかもしれないが，生産量と販売量が大きく異なる状況で損益分岐点分析を行うことには，注意が必要である。

第10章　直接原価計算

> Point
> 1．直接原価計算の意義について理解する。
> 2．直接原価計算の計算構造について学ぶ。
> 3．直接原価計算の利用目的（外部報告目的と経営管理目的）について理解する。

1　直接原価計算の意義

　直接原価計算（direct costing）とは，製造原価，販売費および一般管理費を，固定費と変動費とに区分し，売上高から変動費を控除して限界利益（marginal profit）を計算し，その限界利益から固定費を控除して営業利益を計算する方法をいう。そこでは，売上高から売上高の増減に比例して変動する変動費をまず回収し，その残額である限界利益を固定費の回収と利益を生み出すための貢献額と考えて，損益計算が行われているのである。したがって直接原価計算では，売上高の変化に応じて原価がどのように反応するかという観点から原価の異質性が強調され，それとの関係から利益が計算されている。それゆえに，直接原価計算から短期利益計画設定に役立つ原価・営業量・利益関係についての情報を得ることができるのである。

　直接原価計算は，以下に示す3つの基本的特徴を有している。

　直接原価計算の第1の基本的特徴は，固定費と変動費の区分にある。ここで固定費とは，操業度が変動してもその発生額が総額において一定している原価をいい，変動費とは，操業度の増減に伴って総額において比例的に増減する原価をいう。

　固定費と変動費の区分を基礎とする会計技法には，直接原価計算以外にも損益分岐点分析（break-even analysis）や変動予算（variable budget）などがある。

しかし，こうした技法は，以下で述べる第２および第３の基本的特徴を有していないため，それら技法と直接原価計算とは明確に区別することができる。

直接原価計算の第２の基本的特徴は，固定費と変動費の区分にもとづく，多段階式の損益計算書が作成されることにある。多段階式の損益計算書は，少なくともつぎに示す２つの計算区分からなっている。

① 限界利益を示す計算区分

売上高－変動費＝限界利益

② 営業利益を示す計算区分

限界利益－固定費＝営業利益

こうした２つの計算区分よりなる多段階式の損益計算書を示すと，**図表10－1**のようになる。

図表10－1　直接原価計算による損益計算書(1)

Ⅰ	売　上　高	×××
Ⅱ	変　動　費	×××
	限　界　利　益	×××
Ⅲ	固　定　費	×××
	営　業　利　益	×××

上記の損益計算書は，２つの計算区分からなっているが，これは多段階式の損益計算書のうちでもっとも単純なものである。この多段階式の損益計算書において，変動費が２つの異なるグループに区分される場合には，３つの計算区分からなる損益計算書が作成されることになる。そこでは，変動費を変動製造原価と変動販売費とに区分し，まず売上高から変動製造原価（変動売上原価）を控除して，製造差益（製造活動によって生じた限界利益：製造限界利益）を計算する。ついで，この製造差益から変動販売費を控除して，限界利益（販売活動によって生じた限界利益：販売限界利益）を計算し，そしてこの限界利益から固定費を控除して，営業利益を算出する。

上述の３つの計算区分よりなる多段階式の損益計算書を示すと，次頁の**図表10－2**のようになる。

直接原価計算の第３の基本的特徴は，一般会計制度に完全に統合されていることにある。いいかえれば，財務会計機構に結びついて行われる経常的な計算方法であるということができる。

| 図表10－2 | 直接原価計算による損益計算書(2) |

```
    Ⅰ  売    上    高         ×××
    Ⅱ  変 動 売 上 原 価       ×××
        製  造  差  益         ×××
    Ⅲ  変 動 販 売 費         ×××
        限  界  利  益         ×××
    Ⅳ  固       定       費
      1. 製  造  原  価   ×××
      2. 販    売    費   ×××
      3. 一 般 管 理 費   ×××   ×××
        営  業  利  益         ×××
```

　上述の3つの基本的特徴のすべてをもって，直接原価計算をそれ以外の計算形態と区別するための指標，すなわち直接原価計算の本質的属性と考えることができる。

2　直接原価計算の計算構造

(1) 全部原価計算と直接原価計算の計算構造

　直接原価計算の計算構造は，全部原価計算（absorption costing）の計算構造と比較すると，その特徴が明らかとなる。

　全部原価計算では，製造原価はすべて製品原価のなかに含めておいて，その製品が販売されたときに，売上原価としてその製品が販売された期間の収益，すなわち売上高に対応されることになる。また販売費および一般管理費は，それが発生した期間の費用として処理され，その期間の収益に対応させられる。

　これに対して直接原価計算では，製造原価のうち変動費（変動製造原価）は製品原価のなかに含めておいて，その製品が販売されたときに，売上原価としてその製品が販売された期間の収益，すなわち売上高に対応されることになる。他方，製造原価のうち固定費（固定製造原価）は，それが発生した期間の費用として処理され，その期間の収益に対応されることになる。また販売費および一般管理費は，固定費，変動費のいかんにかかわらず，それが発生した期間の費用として処理され，その期間の収益に対応させられる。

　以上の説明から，全部原価計算と直接原価計算の計算構造の相違を比較する

と，変動製造原価ならびに販売費および一般管理費については，両計算方法において同じ処理方法となっているが，固定製造原価については，両計算方法においてその処理方法が異なっていることがわかる。この関係を図示すると，図表10－3のようになる。

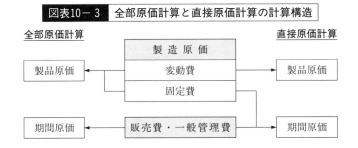

図表10－3　全部原価計算と直接原価計算の計算構造

(2) 全部原価計算と直接原価計算による営業利益の相違

図表10－3から，全部原価計算と直接原価計算とで相違するのは，固定製造原価の処理方法である，とみることができる。すなわち固定製造原価は，全部原価計算では製品原価として処理され，その製品が販売された期間の収益に対応されるのに対し，直接原価計算では期間原価として処理され，それが発生した期間の収益に対応される。その結果，全部原価計算による場合と直接原価計算による場合とでは，在庫高に含まれる固定製造原価の額だけ，1期間の収益に対応される固定製造原価の額が異なり，またその分だけ営業利益の額も異なる。全部原価計算と直接原価計算による営業利益の相違を計算式で示せば，つぎのとおりである。

> 全部原価計算による営業利益－直接原価計算による営業利益
> 　＝期末在庫高に含まれる固定製造原価－期首在庫高に含まれる固定製造原価
> 　＝製品単位当り固定製造原価×(期末在庫量－期首在庫量)

上記の式から明らかなように，両計算方法による利益の相違は，期首在庫量と期末在庫量の相違，あるいは同じことではあるが，生産量と販売量の相違から生じるものである，と理解することができる。この関係を示せば，つぎのとおりである。

① 期首在庫量＝期末在庫量（生産量＝販売量）の場合

全部原価計算による場合と直接原価計算による場合とで，1期間の収益に対応される固定製造原価の額は等しくなるため，全部原価計算による営業利益と直接原価計算による営業利益に差は生じない。

② 期首在庫量＜期末在庫量（生産量＞販売量）の場合

全部原価計算による場合と直接原価計算による場合とでは，1期間の収益に対応される固定製造原価の額が，「期末在庫高に含まれる固定製造原価－期首在庫高に含まれる固定製造原価」だけ，全部原価計算による場合のほうが少なくなるため，その額だけ全部原価計算による営業利益のほうが直接原価計算による営業利益よりも多くなる。

③ 期首在庫量＞期末在庫量（生産量＜販売量）の場合

全部原価計算による場合と直接原価計算による場合とでは，1期間の収益に対応される固定製造原価の額が，「期首在庫高に含まれる固定製造原価－期末在庫高に含まれる固定製造原価」だけ，全部原価計算による場合のほうが多くなるため，その額だけ直接原価計算による営業利益のほうが全部原価計算による営業利益よりも多くなる。

例題10－1 当社の第1期から第3期までの資料がつぎのとおりであったとして，全部原価計算による損益計算書と直接原価計算による損益計算書を作成しなさい。

〈資料〉
1．製品1個当りの販売価格は1,100円である。
2．当期の原価は，つぎのとおりである。
　(1) 変動費（製品1個当り）
　　① 直接材料費　　270円
　　② 直接労務費　　215円
　　③ 製造間接費　　140円
　　④ 販　売　費　　 75円
　(2) 固定費（1期間の総額）
　　① 製造間接費　75,000円
　　② 一般管理費　50,000円

3．第1期から第3期までの各期の製品の生産量および販売量は，つぎのとおりである。なお，仕掛品は存在しない。

	第 1 期	第 2 期	第 3 期	合　　計
期首在庫量	0個	0個	100個	0個
当期生産量	500個	600個	400個	1,500個
当期販売量	500個	500個	500個	1,500個
期末在庫量	0個	100個	0個	0個

[解答]

全部原価計算による損益計算書

(単位：円)

	第 1 期	第 2 期	第 3 期
Ⅰ　売　上　高	550,000	550,000	550,000
Ⅱ　売　上　原　価	387,500	375,000	400,000
売　上　総　利　益	162,500	175,000	150,000
Ⅲ　販売費・一般管理費	87,500	87,500	87,500
営　業　利　益	75,000	87,500	62,500

直接原価計算による損益計算書

(単位：円)

	第 1 期	第 2 期	第 3 期
Ⅰ　売　上　高	550,000	550,000	550,000
Ⅱ　変　動　売　上　原　価	312,500	312,500	312,500
製　造　差　益	237,500	237,500	237,500
Ⅲ　変　動　販　売　費	37,500	37,500	37,500
限　界　利　益	200,000	200,000	200,000
Ⅳ　固　　定　　費	125,000	125,000	125,000
営　業　利　益	75,000	75,000	75,000

[解説]

(1) **全部原価計算による場合**

《売上高》

第1期, 第2期, 第3期：@1,100円×500個＝550,000円

《売上原価》

第1期：(@270円＋@215円＋@140円)×500個＋75,000円＝387,500円

第2期：(@270円＋@215円＋@140円)×600個＋75,000円＝450,000円

　　　　　　　450,000円÷600個×500個＝375,000円
　　　第3期：（@270円＋@215円＋@140円）×400個＋75,000円＝325,000円
　　　　　　　450,000円÷600個×100個＋325,000円＝400,000円
　《販売費・一般管理費》
　　　第1期，第2期，第3期：@75円×500個＋50,000円＝87,500円
(2) **直接原価計算による場合**
　《売上高》
　　　第1期，第2期，第3期：@1,100円×500個＝550,000円
　《変動売上原価》
　　　第1期：（@270円＋@215円＋@140円）×500個＝312,500円
　　　第2期：（@270円＋@215円＋@140円）×600個＝375,000円
　　　　　　　375,000円÷600個×500個＝312,500円
　　　第3期：（@270円＋@215円＋@140円）×400個＝250,000円
　　　　　　　375,000円÷600個×100個＋250,000円＝312,500円
　《変動販売費》
　　　第1期，第2期，第3期：@75円×500個＝37,500円
　《固定費》
　　　第1期，第2期，第3期：75,000円＋50,000円＝125,000円
(3) **全部原価計算と直接原価計算による営業利益の相違**
　① 第1期：生産量（500個）＝販売量（500個）の場合
　　　全部原価計算による場合と直接原価計算による場合とで，第1期の売上高に対応される固定製造原価の額はともに75,000円であるため，全部原価計算による営業利益と直接原価計算による営業利益は75,000円で同額となる。
　② 第2期：生産量（600個）＞販売量（500個）の場合
　　　全部原価計算による場合と直接原価計算による場合とでは，第2期の売上高に対応する固定製造原価の額が，全部原価計算による場合には62,500円（75,000円÷600個×500個）であるのに対し，直接原価計算による場合には75,000円となる。したがって，全部原価計算による場合のほうが12,500円だけ少なくなるため，全部原価計算による営業利益（87,500円）のほうが直接原価計算による営業利益（75,000円）よりも12,500円だけ多くなる。
　③ 第3期：生産量（400個）＜販売量（500個）の場合
　　　全部原価計算による場合と直接原価計算による場合とでは，第3期の売上高に対応される固定製造原価の額が，全部原価計算による場合には87,500円（75,000円÷600個×100個＋75,000円）であるのに対し，直接原価計算による場合には75,000円となる。したがって，全部原価計算による場合のほうが12,500円だけ多

くなるため，直接原価計算による営業利益（75,000円）のほうが全部原価計算による営業利益（62,500円）よりも12,500円だけ多くなる。
④ 第1期から第3期まで販売量が500個と一定であるにもかかわらず，全部原価計算による場合には，営業利益は第1期が75,000円，第2期が87,500円，第3期が62,500円と異なっている。すなわち全部原価計算による場合には，販売量が一定であっても，生産量が第1期は500個，第2期は600個，第3期は400個というように変化すれば，営業利益は各期で異なる。これに対して直接原価計算による場合には，販売量が一定であれば，各期の生産量が変化しても営業利益(75,000円)は変化しないことがわかる。

3　直接原価計算の利用目的

　直接原価計算は，1930年代にアメリカにおいて誕生した。直接原価計算は，伝統的な全部原価計算に内在する欠陥，特に全部原価計算が短期利益計画設定に役立つ情報を提供できないという欠陥を克服するために，1930年代のほぼ後半に，J.N.ハリス（Jonathan N. Harris）やG.C.ハリソン（G. Charter Harrison）らの貢献によって誕生した原価計算である。

　とりわけ，1936年にハリスが発表した「われわれの会社は先月いくらもうけたか」と題する論文は，直接原価計算の最初の文献であると一般にみられている。ハリスはこの論文で，伝統的な全部原価計算にもとづく損益計算書の作成は不適切であり，新しい会計方法，すなわち直接原価計算にもとづく損益計算書の作成を主張したのである。

　短期利益計画設定のための原価計算では，原価・営業量・利益関係についての情報，すなわち営業量が変化したとき，それに応じて原価がどのように反応し，利益がどのように変化するかという情報を提供することが必要になる。ところが全部原価計算では，短期利益計画設定に役立つ原価・営業量・利益関係についての情報を提供することができない。すなわち全部原価計算での利益は，販売量のみならず生産量によっても変動するため，原価・営業量・利益関係についての情報を提供することができないのである。そこで，短期利益計画設定に役立つ原価・営業量・利益関係についての情報を提供することができる直接原価計算が必要となる。

　以上のように，直接原価計算は短期利益計画設定のための原価計算として発

達したものであるが，このほかにも，各種の目的に利用される。直接原価計算の利用目的は，大きく外部報告目的と経営管理目的とに分けられる。

4　直接原価計算と外部報告

(1)　直接原価計算の外部報告目的への利用

　今日，直接原価計算が経営管理的な利用の側面，すなわち短期利益計画設定目的，原価管理目的および経営意思決定目的などに役立つことは明らかとなっている。しかし，直接原価計算を外部報告目的のために利用することについては，一般的な承認を得ていない。その主たる理由として，つぎの2つを考えることができる。

①　原価を固定費と変動費とに分解することが困難であること。すなわち原価の固変分解の方法については，客観的に確立された合理的な方法であるとはいいがたく，その分解に際して恣意性の介入する余地が大きいと考えられる。
②　貸借対照表上の棚卸資産価額が，一般に公正妥当なものと承認されていないこと。すなわち直接原価計算によれば，変動製造原価のみが製品原価とされるため，棚卸資産価額は固定製造原価に相当する金額だけ過少に評価される。

　上記のような理由により，直接原価計算を外部報告目的のために利用することは承認されていない。そこで，直接原価計算を経営管理的な利用目的のために採用している場合には，外部報告目的のため全部原価計算に調整計算しなければならない。この調整計算を固定費調整という。
　「原価計算基準」30においても，期中に直接原価計算を採用している企業は，「会計年度末においては，当該会計期間に発生した固定費額は，これを期末の仕掛品および製品と当年度の売上品とに配賦する」とし，全部原価計算に調整計算すべき旨を規定している。

(2)　直接原価計算における固定費調整

　上で述べたように，直接原価計算を経営管理的な利用目的のために採用して

いる場合には，会計年度末に外部報告目的のため，全部原価計算に調整計算しなければならない。一般的には，つぎの方法により直接原価計算によって計算した営業利益を，全部原価計算による営業利益に調整（修正）する。

$$
\begin{array}{ll}
\text{直接原価計算による営業利益} & \text{×××円} \\
\text{＋期末在庫高に含まれる固定製造原価} & \text{×××} \\
\text{－期首在庫高に含まれる固定製造原価} & \text{×××} \\
\hline
\text{全部原価計算による営業利益} & \text{×××円}
\end{array}
$$

上記の計算書は，先に示した全部原価計算と直接原価計算による営業利益の相違を説明している計算式を変形したものである。この計算書からも明らかなように，期末在庫高に含まれる固定製造原価のほうが，期首在庫高に含まれる固定製造原価よりも多い場合には，全部原価計算による営業利益のほうが，直接原価計算による営業利益よりも多いことを意味している。他方，期首在庫高に含まれる固定製造原価のほうが，期末在庫高に含まれる固定製造原価よりも多い場合には，直接原価計算による営業利益のほうが，全部原価計算による営業利益よりも多いことを意味している。

(3) 直接原価計算の外部報告目的論争

1950年代の中ごろから1960年代のほぼ前半にかけて，直接原価計算の外部報告目的への利用の適否に関する論争が展開された。この1950年代の中ごろから約10年間にわたってなされた論争は，後日，直接原価計算論争という名称をもって周知されるに至っている。

この論争は，直接原価計算の外部報告目的への利用の適否に関して，直接原価計算支持者と全部原価計算支持者との間で行われた論争であるが，その代表的なものとして，直接原価計算支持者である R.P. マープル（Raymond P. Marple）と，全部原価計算支持者である R.L. ブラメット（R. Lee Brummet）との間で行われた論争をあげることができる。

マープルとブラメットの論争における重要な論争点は,「期間利益は販売量のみに依存して算定されるべきであるか否か」に関する問題と,「棚卸資産の評価」に関する問題であった。結局，前者では利益の概念が，後者では資産の概念がそれぞれ問題となったと考えることができる。したがって，マープルとブラメットの論争によって，会計上の基礎概念である利益と資産の概念が直接原価計算論争の重要な論争点であることが明確化され，直接原価計算論争の１つの方向

づけが与えられたとみることができ，この意味において彼らの功績は大であったと考えることができる。

5　直接原価計算と経営管理

　直接原価計算は短期利益計画設定のための原価計算として発達したものであるが，このほかにも，各種の経営管理目的に利用される。ここでは，直接原価計算の経営管理目的への利用のうち，セグメント別損益計算および価格決定といった問題について説明する。

(1)　セグメント別損益計算

　経営活動の多角化に伴い，企業全体の業績とともに，その構成部分となるセグメント（たとえば製品品種，顧客，販売地域，事業部など）ごとの業績をも測定することが必要となってきている。そこで，直接原価計算を採用し，セグメント別の損益計算を行うことにより，セグメント別の収益性を測定するという試みがなされている。

　セグメント別損益計算は，固定費を小さな異なるブロックに細分化することによって可能となる。そこでは，固定費をセグメントとの関連などにより細分化し，損益計算書上で固定費を段階的に控除する損益計算が行われる。こうした損益計算の方法は，貢献利益法とよばれている。

　セグメント別損益計算では，まず固定費をセグメントとの関連などにより，つぎのように細分化する。

①　個別固定費と共通固定費

　固定費は，セグメントとの関連により，個別固定費と共通固定費とに区分される。

　個別固定費とは，各セグメントに直接に跡づけることのできる固定費をいう。特定の製品品種の生産のためにのみ使用される機械の減価償却費などが個別固定費の例である。これに対して共通固定費とは，各セグメントに共通して発生する固定費であり，したがって各セグメントに直接に跡づけることのできない固定費をいう。建物（本社や工場）の減価償却費や固定資産税などが共通固定費

の例である。

② マネジド・コストとコミッテッド・コスト

個別固定費は，マネジド・コストとコミッテッド・コストとに区分される。

マネジド・コスト（managed cost）とは，毎期の予算編成にあたり，経営管理者の政策によってその発生額が決定され，短期的にも管理可能な固定費をいう。たとえば，広告費，試験研究費などがその例である。これに対してコミッテッド・コスト（committed cost）とは，過去に行われた経営管理者の意思決定によってその発生が拘束され，短期的には管理不能な固定費をいう。たとえば，減価償却費，固定資産税などがその例である。

③ 4つの利益概念

セグメント別損益計算では，上述の固定費の分類を考慮した4つの利益概念が計算される。この4つの利益概念を示すと，つぎのとおりである。

(a) 限界利益

限界利益とは，セグメント別の売上高から生産および販売に要する変動費の総額を控除した残額である。限界利益は，原価の恣意的な配賦を回避し，関数的にみて販売量に直接関連するような原価のみを計算対象としている。したがって，セールス・ミックスの変化あるいは価格の変化が利益におよぼす影響は，直接的にこの限界利益の数値に現れる。

(b) 管理可能利益

管理可能利益（controllable profit）とは，限界利益から各セグメントに属するすべての管理可能な固定費（マネジド・コスト）を控除した残額である。管理可能利益は，セグメント別の売上高から各セグメントの責任者にとって管理可能なすべての原価，すなわち変動製造原価，変動販売費および管理可能固定費を控除して算定されるため，セグメントの責任者が直接的に管理することのできる利益の測定尺度である。したがって，この管理可能利益の金額の多少により，セグメントの責任者の業績を測定することができる。

(c) 貢献利益

貢献利益（contribution margin）とは，管理可能利益から各セグメントに直接に跡づけることのできるその他の固定費（コミッテッド・コスト）を控除した残

額である。貢献利益は，各セグメントに共通して発生する共通固定費を回収し利益を生み出すことに対する各セグメントの貢献度を表わしている。したがって，この貢献利益の金額の多少により，各セグメントが企業全体としての利益に対してどれだけ貢献しているかを測定することができる。

(d) **営業利益**

営業利益とは，各セグメントの貢献利益の合計額から，各セグメントに共通して発生する共通固定費を控除した残額である。

上述の4つの利益概念を含むセグメント別損益計算書の形式を示すと，**図表10－4**のようになる。

図表10－4 セグメント別損益計算書			
	X	Y	合計
Ⅰ 売上高	×××	×××	×××
Ⅱ 変動費	×××	×××	×××
限界利益	×××	×××	×××
Ⅲ マネジド・コスト	×××	×××	×××
管理可能利益	×××	×××	×××
Ⅳ コミッテッド・コスト	×××	×××	×××
貢献利益	×××	×××	×××
Ⅳ 共通固定費			×××
営業利益			×××

上記のセグメント別損益計算書によれば，セグメント別の収益性を測定することができ，その結果，各セグメントが企業全体の利益に対して貢献している程度が明らかとなる。また，セールス・ミックスの決定，ある製品品種の生産・販売を中止すべきかどうかの決定，どの販売地域に重点を置くかの決定など，各種の経営意思決定に役立つ情報を提供することもできる。

(2) **直接原価計算による価格決定**

直接原価計算による価格決定の方法は，変動費を価格の下限と考えて，原価を回収するための価格を決定する方法であり，基本的には変動費に限界利益の額をマーク・アップ（値入れ）して決定される。その算式を示すと，つぎのようになる。

目標価格＝製品単位当り変動費＋製品単位当り目標限界利益

この価格決定の方法によれば，価格の下限は，製品の生産・販売を中止することによって発生しなくなる原価に等しいと考えられている。そして，変動費がこうした原価を示していることから，たとえ全部原価より低い価格であっても，変動費より少しでも高ければ，限界利益の額がプラスの値を示し，したがって固定費の一部が回収されるため，製品の生産・販売を中止しないほうが有利である（損失が少ない）と考えるわけである。

たとえば，X製品の当期における販売量が300個，販売価格は1,700円/個，変動費は1,400円/個，また固定費は総額で200,000円であったとする。

この場合，生産・販売を続行すると，営業利益はつぎのように求めることができる。

> 510,000円（売上高）－420,000円（変動費）－200,000円（固定費）
> ＝－110,000円（営業損失）

ところが，X製品の生産・販売を中止すると，固定費がすべて従来どおり生じるとすれば，200,000円の営業損失となる。したがって，生産・販売を行うことがより有利である。

では，販売価格がどこまで下がっても，生産・販売を続行すべきか。もし，X製品の生産・販売を中止しても，固定費の全体が変化しないならば，限界利益の額がゼロになるとき，すなわち単位当り変動費の1,400円まで販売価格が下がっても，生産・販売を続行することが有利である。この場合，価格の下限は1,400円となる。

この価格決定の方法では，各製品の収益力に応じて原価を回収するというような，弾力的な価格決定を行うことができる。ただし，この価格決定の方法を採用する場合であっても，原価はすべて回収されなければならない。すなわち，直接原価計算による価格決定の方法では，変動費が短期的に回収されなければならないのに対して，固定費は長期的に回収されればよいと考えているのである。

例題10－2 当社のX製品に関する資料は，つぎに示すとおりである。資料にもとづいて，以下の問いに答えなさい。

〈資料〉
1．当期のデータ
   売上高（1,000個）　　595,000円
   変動費　　　　　　　480,000
   限界利益　　　　　　115,000
   固定費　　　　　　　225,000
   営業利益　　　　　　－110,000円
2．次期のデータ
   (1) 次期も当期と同じ販売量が得られるものと予想される。
   (2) 単位当り販売価格は，次期において580円に下落するものと予想される。
   (3) 単位当り変動費は，次期において490円に増加するものと予想される。
問1　X製品の生産・販売を中止しても，固定費の全体が変化しない場合の価格の下限を計算しなさい。
問2　固定費のうち100,000円が，X製品の生産・販売の中止により生じなくなる固定費（個別固定費）であるとした場合，価格の下限を計算しなさい。

[解答]
問1
　X製品の生産・販売を中止しても，固定費の全体が変化しないならば，限界利益の額がゼロになるとき，つまり単位当り変動費と等しくなる販売価格が，価格の下限となる。
　価格の下限＝製品単位当り変動費＝490円

問2
　X製品の生産・販売の中止により固定費の一部が生じなくなるならば，変動費にこの固定費の分を加えた額によって価格の下限は求められる。本問では，個別固定費がX製品の生産・販売の中止により生じなくなるため，売上高によって変動費と個別固定費がちょうど回収される販売価格が，価格の下限となる。

$$価格の下限 = \frac{変動費 + 個別固定費}{販売量} = \frac{490,000円 + 100,000円}{1,000個} = 590円$$

[解説]
　全部原価計算による価格決定では，販売価格は少なくとも全部原価を上回らなければならない。これに対して直接原価計算による価格決定では，販売価格が全部原価を回収できなくても，原価の一部（部分原価）を回収しているかぎり，製品の生産・販売は継続すべきである，という結論が得られる。

第11章　予算管理

> Point
> 1．利益計画と企業予算との関係について理解する。
> 2．予算の種類と体系について学ぶ。
> 3．予算編成および予算統制のプロセスについて理解する。
> 4．予算管理の新しい手法について学ぶ。

1　経営計画，利益計画および企業予算

　企業は経営活動を漠然と行っているわけでなく，目標を立て，それに向かって邁進している。そのため，組織成員がバラバラな方向に進まないように目標となる計画を明確にする必要がある。企業経営においては，その目標となる計画を経営計画（場合によっては経営戦略）とよび，その経営計画にしたがい組織成員の努力を無駄なく１つの方向に向けるのである。経営計画は，大別して，期間の長短により５年から10年程度の期間を対象とする長期経営計画と，半年または１年という期間を対象とする短期経営計画とに分類される。長期経営計画は期間が長期にわたり計画に不確実性が多く入るため，現実的には３年から５年程度の中期経営計画を策定することが多い。

　計画期間が半年または１年といった短期経営計画は収益性を確保するため，短期利益計画とのすり合わせが必要となる。もし当該経営計画に利益が見込めないようであるなら，利益が出るように経営計画に修正や変更を加えなければならない。そして，短期利益計画とのすり合わせを繰り返し行い，利益計画によって目標利益を確保できるようにするのである。ただし，短期利益計画は大綱的計画であるので，貨幣数値で表わされた企業予算といった実行計画にまで落とし込み，計画を実現可能にする必要がある。短期経営計画，短期利益計画，企業予算の関係を示すと，次頁の図表11－１のようになる。

図表11-1 短期経営計画, 短期利益計画, 企業予算の関係

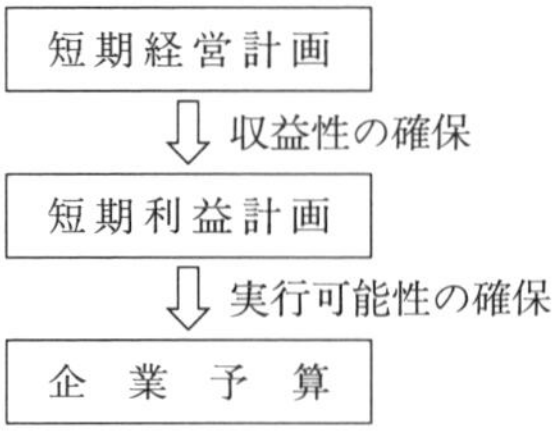

```
短期経営計画
   ↓ 収益性の確保
短期利益計画
   ↓ 実行可能性の確保
 企 業 予 算
```

2 予算管理の意義

(1) 企業予算

　わが国の「原価計算基準」1㈣によれば，企業予算とは，「予算期間における企業の各業務分野の具体的な計画を貨幣的に表示し，これを総合編成したものをいい，予算期間における企業の利益目標を指示し，各業務分野の諸活動を調整し，企業全般にわたる総合的管理の要具となるものである」と定義される。

　このように，企業予算は，企業の各業務分野の具体的な計画，すなわち経営計画を貨幣数値で表現したものである。そして，この企業予算を作成する行為が予算編成 (budgeting) であり，編成された企業予算により経営活動をコントロールする行為が予算統制 (budgetary control) である。さらに，予算編成から予算統制までのすべてのプロセスを包括した，企業全体の立場から行う計数的・総合的経営管理の手法を予算管理という。

　予算管理は，一般に1920年代にアメリカにおいてその生成をみたとされており，とりわけ1922年に出版されたマッキンゼー (J.O. McKinsey) の『予算統制』(*Budgetary Control*) によって，いわゆる今日の予算管理の原型が確立されたと考えられている。

(2) 予算管理の機能

　予算管理は総合的経営管理の手法であるため，その機能は経営管理の機能との関連において，計画機能，統制機能および調整機能の3つに分けて考えることが一般的である。

予算管理の計画機能は，企業の利益目標を達成するための利益計画である予算を編成することによって遂行される機能である。したがって，予算編成のプロセスが予算管理における計画機能を表わしている。また，予算管理の調整機能は，主として各執行部門の部門予算を全社的な立場から調整して総合予算を編成する過程で発揮される機能である。加えて，予算管理の統制機能は，設定された利益目標を達成するのを確実にすることによって遂行される機能であり，統制を実施する時点によって，事前統制と事後統制の2つに区分される。事前統制は予算を編成する段階で遂行される機能であり，これは企業目標に向けて組織成員を動機づけ，予算を達成するよう仕向けることによって果たされる。他方，事後統制は経営活動を実施した後の段階で遂行される機能であり，これは予算と実績とを比較して，その差異の発生原因を明らかにし，改善措置を講ずることによって果たされる。なお，従来の予算管理では，上述の3つの機能のうち，統制機能が重視されていたが，今日の予算管理では，計画機能や調整機能が重視されている。

3　予算の種類と体系

(1)　予算の種類

予算は，分類基準の相違により，以下のように分けられる。

①　短期予算と長期予算

予算は，その適用期間の長短にもとづき，短期予算（short-term budget）と長期予算（long-term budget）とに分類される。短期予算は，1年以内の期間を対象とした予算である。たとえば，年次予算や半期予算，さらに四半期予算や月次予算などが短期予算に分類される。これに対して，長期予算は，1年を超える期間，たとえば5年ないし10年といった期間を対象とした予算をさす。

②　部門予算と総合予算

予算は，その適用領域が経営活動の一部であるか，あるいは全部であるかにより，部門予算（department budget）と総合予算（master budget）とに分類さ

れる。部門予算は，製造，販売，購買および財務などの職能部門別に編成される予算であり，それは部門管理者が部門を管理するために必要不可欠な手段となる。これに対して，総合予算は，部門予算のすべてを企業全体の立場から総合した予算であり，最終的には損益計算書予算（見積損益計算書）と貸借対照表予算（見積貸借対照表）としてまとめあげられる。

③ 損益予算と資金予算

予算は，その予算項目として収益や費用（つまり損益）を対象とするか，あるいは資金収支（ないしは資金繰り）を対象とするかによって，損益予算（operating budget）と資金予算（cash budget）とに分類される。損益予算は，経営活動により発生する収益や費用の勘定科目ごとに設定される予算であり，たとえば売上高予算，製造費用予算，一般管理費予算，研究開発費予算などがある。これに対して，資金予算は，経営活動によって起こる資金の収支に関する予算であり，たとえば現金収支予算や信用予算などがある。

④ 経常予算と資本予算

予算は，その適用対象の性質にもとづき，経常予算（ordinary budget）と資本予算（capital budget）とに分類される。経常予算は，経常的な経営活動を対象にして編成される予算であり，上記の損益予算と資金予算からなる。これに対して，資本予算は，設備拡張や設備投資に対して個別に編成される予算であり，設備予算や投資予算などからなる。

⑤ 固定予算と変動予算

予算は，それが特定の操業度を前提として編成されるか，あるいはいくつかの操業度を前提として編成されるかにもとづき，固定予算（fixed budget）と変動予算（variable budget）とに分類される。固定予算は，予算期間において予期される特定の操業度（基準操業度）を前提にした予算であり，実際操業度が基準操業度と異なる場合でも予算額を修正しない。これに対して，変動予算は，予算期間に予期される範囲内における種々の操業度に対応して算定される予算であり，弾力性予算ともよばれる。変動予算は，固定予算と比較すると，操業度に応じた予算額が算定されるため原価管理に有効な予算といえる。

(2) 予算の体系

予算がその目的を効率的に達成するためには，個々の部門予算が全体として調整された総合予算に体系化されることが必要である。このように，一定の基準にもとづいて体系化された予算の組織を予算体系という。

予算は経営組織と密接な関連をもつため，予算体系は経営管理のための職能的組織にもとづいて構成される必要がある。こうした考え方によれば，予算は，企業の主要な職能部門にもとづき，一般に販売予算，製造予算，財務（資金）予算などに大別される。そして，こうした予算を包括する予算が総合予算である。予算体系の一般的な例を示すと，**図表11－2**のようになる。

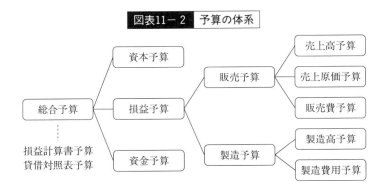

4　予算の編成

(1) 予算編成の意義

予算編成とは，企業予算を作成する行為をいい，その基本的な手続は，以下のプロセスからなる。

① 予算編成方針の作成
② 部門予算案の作成
③ 部門予算案の調整と修正

④　総合予算案の作成
⑤　総合予算案および部門予算案の承認

　上記のプロセスから明らかなように，予算編成は，まず予算編成方針(budget guidelines)の作成から始まる。予算編成方針は，予算期間における経営者の基本方針であり，短期利益計画にもとづいて作成される。予算編成方針が作成されると，ついでこの予算編成方針にしたがい，各部門が部門予算案を作成する。そして，これら各部門予算案を調整・修正し，これにもとづき総合予算案を作成する。最後に，総合予算案および部門予算案が社長などによって承認され，それが予算として決定される。

　ところで，短期利益計画設定と予算編成との関係について，2つの異なる見解をみることができる。その第1は，予算編成のうちに短期利益計画設定を含めるべきであるとする見解であり，その第2は，短期利益計画設定と予算編成とを別個なものとみなすべきであるとする見解である。前者の見解によれば，予算編成はまず短期利益計画設定から始まると考え，予算編成のプロセスに短期利益計画設定を含めるものである。しかしながら，わが国では後者の見解をとった論者が多く，本章でも後者の見解をとり，短期利益計画設定を予算編成のプロセスには含めず，予算編成の前提行為であると考える。すなわち，短期利益計画を基礎として企業予算が編成されることになると考えることとする。

(2) 予算編成方針

　予算編成方針とは，予算期間における経営者の基本方針であり，総合予算および部門予算を作成するための基準となる。その内容には，予想される経済状態，価格増加と賃金の上昇に対して取られるべき許容限度，製品系列における諸変化，操業の規模の変化，昇進させうる人員数，期待される営業利益，さらに，いかなる情報が各責任センターから要求されるか，その情報がいかに予算関係書類に記載されるべきかといった諸項目についての情報指針が含まれる（小林健吾『体系予算管理』東京経済情報出版，1996年，127-128頁）。

(3) 予算委員会の設置

予算編成を行う際に,予算委員会が設置されることがある。予算委員会は部門長などの経営トップから構成され,その事務局として予算課が設置される。予算委員会は,予算に関するさまざまなことを審議・勧告するために設置されるが,一般的に,予算に関する意思決定機関ではなく諮問機関として位置づけられ,有効な予算管理を行ううえで重要な機関であると考えられている。

(4) 予算編成の手続

予算編成の手続は,一般に企業の種類や規模などにより相違し,また予算の種類によっても異なる。そこでここでは,総合予算の中核をなす経常予算の編成手続について説明する。経常予算の編成手続を図示すると,**図表11－3**のようになる。

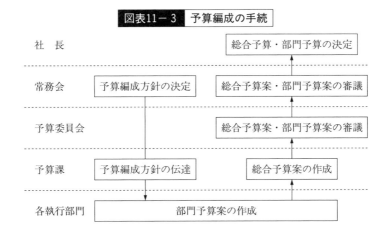

① 常務会で決定された予算編成方針が,予算課を経由して各執行部門に伝達される。
② 各執行部門は,予算編成方針にもとづいて部門予算案を作成し,これを予算課に提出する。
③ 予算課は,提出された各部門予算案の調整を行うとともに,総合予算案(損

益計算書予算案と貸借対照表予算案）を作成する。
④　予算課は，総合予算案および各部門予算案を予算委員会に提出する。提出されたこれらの予算案は，予算委員会において審議され，さらに常務会に付議される。
⑤　常務会の議を経て，社長が最終的に決定する。

5　参加型予算管理

　1950年代から60年代にかけて，人間的側面の強調ないし行動科学的アプローチが管理会計の領域において始まり，これが行動会計といわれる新しい研究領域を成立させる契機となった。行動科学的アプローチは，管理会計の領域において，とりわけ予算管理におけるモチベーション（動機づけ）の問題と関連して取り上げられるようになった。このような予算管理におけるモチベーション・コントロールの1つの方法として，参加型予算管理（participative budgeting）が提唱された。

　参加型予算管理は，予算編成のプロセスに部門管理者を積極的に参加させることにより，当該部門管理者を予算目標に向けて動機づけることを意図した予算管理の方法である。予算編成のプロセスへの参加が部門管理者により高い職務満足および責任感をもたらすことが，この方法の利点であると考えられている。

　なお，参加型予算管理では，予算スラックが形成される可能性が高くなる。予算スラックは，部門管理者が予算目標を達成しやすくするために，予算編成プロセスにおいて意図的に生み出す余裕のことである。たとえば，収益については達成可能な額とそれよりも低い予算額との差額，費用については達成可能な額とそれよりも高い予算額との差額が予算スラックとして捉えられる。過度な予算スラックは望ましくはないが，現実的にはある程度の予算スラックは許容されるものと考えられている。

6　予算による統制

(1) 予算統制と予算実績差異分析

　企業予算にもとづいて経営活動をコントロールするプロセスを予算統制という。予算統制は，予算を編成する段階における事前統制と，経営活動を実施した後の段階における事後統制の2つからなる。予算実績差異分析（analysis of budget variance）とは，予算統制とりわけ事後統制において中心的な役割を果たす手続であり，以下のプロセスからなる。

> ① 予算と実績とを比較してその差異額を算定する。
> ② 差異の発生原因を明らかにする。
> ③ 差異発生の責任を明らかにする。

　予算実績差異分析は，このように予算と実績とを比較して，その差異を発生場所別，原因別，責任者別に分析することをいう。
　予算実績差異分析の主要な目的を示せば，つぎのようになる（角谷光一・綱島将吉・山田庫平『予算統制の基礎』中央経済社，1972年，226-227頁）。

> ① 予算目標の達成度を明らかにし，経営業績の評価に役立たせること。
> ② いかなる点に改善措置を講ずることが必要かを明らかにすること。
> ③ 次期の予算編成を一層合理的なものにすること。

(2) 予算実績差異分析の実施

　予算実績差異分析は，予算体系にもとづいて総合予算の差異分析と部門予算の差異分析とに区分することができるが，これを実施するにあたっては，まず総合予算の差異分析から始め，ついで部門予算の差異分析へと展開していくことが一般的であると考えられている。というのも，予算管理は計数による総合的経営管理の手法であるため，予算実績差異分析においても全体から部分へと下ろして展開する方法が適切であるからである。総合予算および部門予算の差

異分析の内容を示すと，つぎのようになる。

---

① 総合予算の差異分析
  (a) 損益計算書予算の差異分析
  (b) 貸借対照表予算の差異分析
② 部門予算の差異分析
  (a) 販売予算の差異分析
     売上高予算，売上原価予算，販売費予算の差異分析
  (b) 製造予算の差異分析
     製造高予算，製造費用予算の差異分析
  (c) 一般管理費予算の差異分析
  (d) 資金予算の差異分析

以下では，部門予算の中核をなす売上高予算の差異分析について，具体例を用いて説明することにする。

売上高差異とは，予算売上高と実際売上高との差額をいい，実際販売量と予算販売量との差から発生した差異（販売量差異）と実際販売価格と予算販売価格との差から発生した差異（販売価格差異）とに分析される。その算式を示せば，つぎのとおりである。

> 販売量差異＝(実際販売量－予算販売量)×予算販売価格
> 販売価格差異＝(実際販売価格－予算販売価格)×実際販売量

売上高予算の差異分析は，売上高予算の編成区分にしたがい，製品品種別，販売地域別，販売経路別などに行う必要がある。たとえば，売上高予算が製品品種別に編成されている場合には，製品品種別に予算と実績とを比較し，その差異総額を明らかにし，そしてそれを販売量差異と販売価格差異とに分析する。

例題11－1 当社の予算によれば，A製品の販売価格が150円，販売量は20,000個であった。また実績は，販売価格が130円，販売量は22,000個であった。以上から，売上高予算の差異分析を行いなさい。

[解答]
　　販売量差異＝（22,000個－20,000個）×150円/個　＝　300,000円（有利）
　　販売価格差異＝（130円/個－150円/個）×22,000個＝－440,000円（不利）
　　　　　　　　　　　　　　　　　　　　合　計　　－140,000円（不利）

[解説]
(1) 売上高差異（総差異）は，実際売上高から予算売上高を控除して，つぎのように算定する。なお，実際売上高が予算売上高を下回っているため，不利差異となる。
　　22,000個×130円/個－20,000個×150円/個＝－140,000円（不利）
(2) 実際販売量が予算販売量よりも10％多い22,000個であったため，売上高が300,000円増加し，また実際販売価格が予算販売価格よりも20円低い130円であったため，売上高が440,000円減少した。その結果，これらの増減要因を総合すると，売上高が140,000円減少することとなった。
(3) 有利差異とは，企業の利益に有利な影響をおよぼす差異をいい，不利差異とは，企業の利益に不利な影響をおよぼす差異をいう。売上高予算の差異分析では，実際から予算を差し引く方式を採用している。

(3) 予算報告書

　予算報告書（budget report）とは，予算スタッフ（たとえば予算課）から各階層の経営管理者あてに提出される予算実績差異分析の結果に関する報告書をいう。予算報告書を作成する目的としては，つぎの2点をあげることができる。

① 企業活動および部門活動の業績評価に役立つ情報を提供すること。
② 次期の予算編成に役立つ情報を提供すること。

　予算報告書は，全社的および部門別に予算と実績との比較，およびその差異を表示したものである。しかし，その種類は報告先のいかんによって異なる。トップ・マネジメントに対しては，全社の業績が一覧できる，企業全般にわたる総合的な予算報告書，たとえば全社的な損益の予算実績比較表が適切である。一方，部門管理者に対しては，部門の業績が判断できる予算報告書が必要となる。たとえば販売部長には，製品別・販売地域別の売上高，売上原価，販売費などの予算実績比較表が，また製造部長には，製品別・部門別の製造高，製造費用などの予算実績比較表が提供される。

7　予算管理の新たな潮流

(1) ABB の意義

　伝統的な予算管理は，前年比などを用いて予算が編成され，それに伴い予算に組み込まれた無駄を識別することなく，一律的にコスト削減が要求されるという特徴をもっていた。こうした伝統的な予算管理の手法に対して，その問題点を克服する手法として近年注目を集めているのが，ABB（activity-based budgeting：活動基準予算管理）である。

　ABB とは，第14章で説明されている ABC の考え方を予算管理に導入したものであり，活動に関する情報にもとづいて予算の編成と統制を行う予算管理の手法である。すなわち伝統的な予算管理では，予算が部門別に編成されていたのに対して，ABB では，活動別に予算の編成と統制が行われる。これによって，予算と実績とを活動別に比較することが可能となり，活動ごとの効率性を評価することができる。また，非能率的な活動に対して，継続的な改善活動を行うことが容易になる。

(2) ABB の予算編成プロセス

　ABB では，予算編成のプロセスが ABC の原価配分プロセスとはまったく逆になる。すなわち ABC では，まず資源のコストを資源ドライバーにより活動ごとに集計し，ついで活動に集計した活動コストは活動ドライバーによって製品ないしサービスに割り当てられる。これに対して ABB では，まず製品ないしはサービスの販売量を見積もり，ついで見積もられた販売量にもとづいて，必

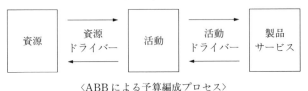

図表11－4　ABC と ABB のプロセス

〈ABC による原価配分プロセス〉

〈ABB による予算編成プロセス〉

要な活動量を予測する。そして，予測された活動を実施するために必要となる資源の投入量を決定するのである。

　前頁の**図表11－4**は，ABCによる原価配分プロセスとABBによる予算編成のプロセスを簡単に示したものである。

　上で述べたように，ABBによれば必要な活動に必要な資源のみを割り当てることができる。したがって，資源の最適配分を達成することができ，資源の有効な利用も可能となる。

第12章　特殊原価調査と差額原価収益分析

> **Point**
> 1．経営意思決定のプロセスについて学ぶ。
> 2．特殊原価概念について学ぶ。
> 3．差額原価収益分析の個別ケースについて理解する。

1　経営意思決定のプロセス

　経営管理者は，企業経営を行うにあたって企業をとりまく環境の変化に対応し，企業活動の状況を分析し，問題点を発見するとともにその問題の解決に迫られる。この問題を解決するためには，諸代替案のなかからもっとも有利な案を選択するといった経営意思決定を必要に応じて行わなければならない。

　経営意思決定のプロセスは，いわば問題を解決するプロセスであり，主として，つぎのような段階からなる。

① 問題の認識と明確化
② 問題を解決するための諸代替案の列挙
③ 諸代替案の評価
④ 代替案の選択

　上記のプロセスにおいて，諸代替案の評価が管理会計担当者にとって特に重要なプロセスである。諸代替案の評価では，ある代替案を選択した場合どのような有利さが生じるか，すなわち原価が少なくてすむかなどを明らかにすることが要求される。

2 特殊原価調査と差額原価収益分析

　経営意思決定のために有用な会計情報は，常時継続的に行われる原価計算制度において計算される情報だけでは十分とはいえない。そこで必要とされる情報は，代替案の評価と選択にあたって有用となる会計情報でなければならない。
　このような選択的な経営意思決定のために必要な会計情報を提供する原価計算を特殊原価調査（special cost studies）という。特殊原価調査は，財務会計機構と有機的に結びついて常時継続的に行われる原価計算制度に対するところの，臨時的で，必要に応じて行われる原価計算である。
　経営意思決定における代替案の評価のために必要となる情報とは，代替案の比較のために不可欠な原価，すなわち関連原価に関する情報である。関連原価とは，代替案ごとの経営意思決定に関連のある原価であり，未来原価である。経営意思決定のための総括的な原価概念が関連原価であるが，この関連原価のほかにも個々の経営意思決定状況に応じて，その状況に適合した原価概念が用いられる。この種の原価概念を特殊原価概念という。主要な特殊原価概念をあげれば，以下のようである。

① 差額原価

　差額原価（differential cost）とは，差別原価ともいい，特定の経営意思決定の結果，変化する原価をいう。すなわち，業務活動の変更から生ずる原価総額の増減分，または特定原価要素の変動分である。代替案の評価では，ある代替案を他の代替案と比較した場合，代替案の間で原価要素の発生額が異なる場合のその差額として解される。差額原価は，増分原価と同義語として用いられる場合もある。
　たとえば，経営管理者がある製品の製造に必要な部品を自製するか，外部から購入するかという問題に直面したとしよう。この場合，部品の自製のために追加的に生じる製造原価（自製の場合の差額原価）と部品購入のために新たに生じる購入原価（購入の場合の差額原価）とを比較する。そして，この差額原価の大小によっていずれの案が有利かを判断する。

② 機会原価

機会原価（opportunity cost）とは，特定の代替案の選択によって失うことになる機会（その代替案）から得られるであろう最大利益額である。

たとえば，ある企業がA製品，B製品，C製品の3つの製品のうち，どの製品を製造・販売するかという問題に直面したとしよう。獲得できると予想される利益がA製品は100万円，B製品は120万円，C製品は150万円とした場合，選択されるのは，もっとも利益の多いC製品となる。そして，このとき選択されなかったA製品とB製品のうち，より多くの利益を得ることができるB製品の120万円の利益が，C製品の採用に伴う機会原価となる。

③ 付加原価

付加原価（imputed cost）とは，実際の現金支出を伴わず，その結果，財務会計上の記録には表われないが，経営にとっては価値犠牲となる原価である。

たとえば，機械設備の購入資金を，銀行からの借入れでまかなうか，自己資金によってまかなうかの経営意思決定について考えてみよう。このとき，自己資金に対する利子（自己資本利子）は，実際の現金支出はもたらさないが，経営意思決定においては原価として算入する必要がある。この自己資本利子が，付加原価となる。

④ 埋没原価

埋没原価（sunk cost）とは，ある代替案の代わりに他の代替案を選択したとしても変化しない原価である。それゆえ，経営意思決定にとって関係のない原価である。

たとえば，ある製品の追加注文を受けるか否かの経営意思決定において，その製品の製造のために必要な現有の機械設備の減価償却費は，埋没原価となる。なぜなら，追加注文を受けても受けなくても，この機械設備の減価償却費は，変わらず発生するからである。

⑤ 現金支出原価

現金支出原価（out of pocket cost）とは，ある経営意思決定を行うと，その経営意思決定に関連して現金支出が必要となる原価である。

たとえば，経営意思決定においては，直接材料費のような変動費は，現金支出原価となる。これに対して，減価償却費のように将来において現金支出をもたらさない原価は，非現金支出原価となる。

⑥ 延期可能原価

延期可能原価（postponable cost）とは，経営上の目的を達成するうえで避けることはできないが，現在の業務活動の能率にほとんどまたはまったく影響をおよぼさないで，将来に延期できる原価である。将来いつか必ず発生する原価であるという点で，回避可能原価と異なる。

たとえば，殺風景な工場の周りに木を植えるための費用などは，当面の作業能率に影響を与えることなく，その支出を回避できる。したがって，この木を植える費用は，延期可能原価となる。

⑦ 回避可能原価

回避可能原価（avoidable cost）とは，経営目的達成のために必ずしも必要とはされない原価であり，経営意思決定におけるある代替案を選択することによって，回避することのできる原価である。

たとえば，ある製品の製造・販売を中止するか否かの経営意思決定に際し，製品の製造・販売の中止を選択した場合には，変動費やこの製品のためだけに発生していた固定費などは，その発生を回避できるため，回避可能原価となる。

以上のような特殊原価概念などに関する資料を用いて差額原価収益分析（differential cost and revenue analysis）が行われる。差額原価収益分析とは，諸代替案の関連原価である差額原価や差額収益を用いてもっとも有利な案を選択する分析法をいい，経営意思決定に適切な情報を提供する。この差額原価収益分析によってもっとも有利な案を選択する場合には，比較する諸代替案の性質によって，代替案評価のための会計情報が異なる。たとえば，諸代替案が原価のみを変化させる性質であれば，差額原価を計算し原価節約額で判断する。また，諸代替案が収益と原価を変化させる性質であれば，差額利益（差額収益－差額原価）で判断する。なお，投資額も変化させる性質であれば，差額投下資本利益率などを考慮して判断する（武田安弘編『管理会計要説』創成社，2001年，42-44

頁)。

3　業務執行的意思決定と差額原価収益分析

　業務執行的意思決定(operating decision)とは，所与の経営構造のもとで，常時反復的に展開される業務活動についての経営意思決定をいい，主として業務活動の個別問題を対象としている。業務執行的意思決定の具体例としては，新規受注の可否に関する経営意思決定，部品の自製か購入かに関する経営意思決定，最適セールス・ミックスに関する経営意思決定などがあげられる。本節では，業務執行的意思決定の個別ケースを中心に説明を進めることにする。

(1)　新規受注の可否に関する経営意思決定

　新規受注の可否に関する経営意思決定では，新規の顧客より従来から製造・販売している製品に対して，従来の販売条件とは異なる条件で注文があった場合に，これを引き受けるべきか否かの判断をする。

例題12-1　A製品を製造・販売している当社に，新規の注文があった。そこで，つぎの資料にもとづいて，差額法により，この新規注文を引き受けるべきか否かの判断を行いなさい。

〈資料〉

(1) 当社のA製品の製造・販売能力は12,000個であり，現時点では，A製品10,000個の製造・販売を計画している。この際の原価データは，つぎのとおりである。

	変動費	固定費	合　計
製造原価　10,000個×80円/個＝	800,000円	1,200,000円	2,000,000円
販売費　　10,000個×20円/個＝	200,000	180,000	380,000
一般管理費	－	120,000	120,000
合　計	1,000,000円	1,500,000円	2,500,000円

　なお，A製品1個当りの販売価格は250円である。

(2) 新規の顧客からのA製品の注文量は2,000個で，注文価格は1個当り180円である。

(3) この注文を引き受けても，従来からの得意先に影響を与えないものとする。また，既存の製造・販売能力の枠内で引き受けることができると仮定する。

[解答]

差額法とは，各代替案の差額収益，差額原価，差額利益だけを計算し，分析する方法である。本問の場合，新規受注の差額収益（新規注文の売上高）から新規受注の差額原価（新規注文の変動費）を差し引いて，新規受注の差額利益（新規注文の限界利益）を算出し，差額利益がプラスならば引き受け，マイナスならば断る。

従来から予定している10,000個の売上高は経営意思決定に無関連な収益であり，製造原価と販売費および一般管理費のうち固定費は経営意思決定に無関連な原価である。差額法によると，つぎのように計算できる。

<u>新規注文を引き受けた場合</u>

差 額 収 益	2,000個×180円/個		360,000円
差 額 原 価			
製造原価	2,000個× 80円/個	160,000円	
販 売 費	2,000個× 20円/個	40,000	200,000
差 額 利 益			160,000円

新規注文を引き受けた場合，差額利益はプラス160,000円となり，新規注文を引き受けるほうが有利となる。

[解説]

差額法のほかに総額法でも算定できる。総額法とは，比較対象となる代替案について，それぞれの収益総額，原価総額，利益額を計算し，その差額を示していく方法である。新規受注を引き受けた場合と新規受注を断った場合の各売上高，売上原価，販売費，一般管理費，営業利益を比較する。

(2) 部品の自製か購入かに関する経営意思決定

部品の自製か購入かに関する経営意思決定は，製品の製造に必要な特定部品について，自社内で作るべきか，あるいは外部から購入すべきかの判断をする。

例題12－2　当社では，B部品を自製し，C部品を外部から購入している。当社の部品製造部門において，B部品を製造するだけでは月間1,600時間の遊休時間が生じると見込まれた。そこで，つぎの資料にもとづいて，従来どおりC部品を外部から購入すべきか，あるいはこの遊休時間を利用して新たにC部品を自製すべきかの判断を行いなさい。

〈資料〉
(1) 現在の部品製造部門における月間の製造間接費予算
　　固定費予算　　　　　　　1,900,000円
　　変動費率　　　　　　　　@160円
　　基準操業度　　10,000機械運転時間
　　なお，C部品を自製しても，固定費の発生額には影響しない。
(2) C部品の月間必要量は1,600個であり，1個を製造するのに要する直接作業時間と機械運転時間は1時間である。C部品の自製には，新たに臨時工（1時間当り400円）を雇う必要がある。そこで，C部品の製造原価は，つぎのように見積もられた。

　　直接材料費　　　　　　　　　　　　1,400円
　　直接労務費　1時間×400円/時間　　　 400
　　製造間接費　1時間×350円/時間　　　 350
　　合　　計　　　　　　　　　　　　 2,150円

(3) 従来どおりC部品を外部から購入する場合，1個当りの購入原価は，つぎのように見積もられた。

　　購　入　代　価　　　　　　　　　　1,800円
　　発注費および検収費の追加発生額　　 200
　　合　　計　　　　　　　　　　　　 2,000円

[解答]

本問の場合，自製の差額原価（C部品の変動製造原価）から購入の差額原価（C部品の購入原価）を控除して，その金額がプラスならば部品の購入が有利となり，マイナスならば自製が有利となる。

		自製した場合	購入した場合	差　　額
直接材料費	1,600個×1,400円/個	2,240,000円	－　円	2,240,000円
直接労務費	1,600個× 400円/個	640,000	－	640,000
変動製造間接費	1,600個× 160円/個	256,000	－	256,000
購　入　代　価	1,600個×1,800円/個	－	2,880,000	－2,880,000
差額購入副費	1,600個× 200円/個	－	320,000	－320,000
合　　計		3,136,000円	3,200,000円	－64,000円

差額はマイナス64,000円となり，自製するほうが購入するよりも64,000円安くなり有利である。

[解説]

自製において固定製造原価の増加がある場合には，差額原価に含めて判断する。本問の場合，部品製造部門の固定費は無関連原価となる。

(3) 最適セールス・ミックスに関する経営意思決定

　多品種の製品を製造・販売している場合，製品の販売数量の組合せを変更することにより利益の改善を図り，可能なかぎり営業利益を最大にする製品の組合せを考えることは重要である。このように，製品の販売数量の組合せを変更することにより営業利益を最大にする製品の組合せのことを最適セールス・ミックスまたは最適プロダクト・ミックスという。最適セールス・ミックスを決定するためには，限界利益を最大にする製品の販売数量の組合せを考えればよい。ただしその際，売上高，販売数量，機械運転時間などの制約条件を考慮する必要がある。制約条件が1つであれば，制約条件1単位当りの限界利益を比較し，その限界利益の大きな製品の製造・販売を優先して最適セールス・ミックスを決定することができる。

例題12－3　当社では，X製品およびY製品という2種類の製品を製造・販売している。そこで，つぎに示す資料にもとづいて，最適セールス・ミックスとその営業利益を求めなさい。

〈資料〉
(1) 販売価格と原価

	X製品	Y製品
販　売　価　格	100円	80円
単位当り変動費	60円	50円
固定費（年間）	45,000円	

(2) 機械運転時間
　製品1個を製造するために必要な機械運転時間および年間最大運転時間は，つぎのとおりである。

	X製品	Y製品	最大運転時間
機械運転時間	4時間	2時間	4,600時間

(3) 販売数量
　X製品の最大販売数量は2,000個，Y製品の最大販売数量は1,500個である。

［解答］
　X製品およびY製品の利益貢献度を比較するため，制約条件1単位当りの限界利益

(本問では，機械運転時間当りの限界利益）を計算すると，つぎのようになる。

	X製品	Y製品
販 売 価 格	100円	80円
単位当り変動費	60	50
単位当り限界利益	40円	30円
機械運転1時間当りの限界利益	10円	15円

本問では，機械運転時間が制約条件になっているため，機械運転1時間当りの限界利益が大きいY製品の製造・販売を優先させればよい。すなわち，Y製品を最大販売数量1,500個まで製造し，あまった機械運転時間1,600時間（＝4,600時間－1,500個×2時間）をX製品の製造400個（＝1,600時間÷4時間）に振り向ければよい。このときの営業利益を計算すると，つぎのようになる。

	X製品	Y製品	合　計
売　上　高	40,000円	120,000円	160,000円
変　動　費	24,000	75,000	99,000
限界利益	16,000円	45,000円	61,000円
固　定　費			45,000
営業利益			16,000円

例題12-3のように，各製品に共通する制約条件が1つであれば，比較的簡単な計算で最適セールス・ミックスを求めることができるが，複数の制約条件がある場合は，線型計画法が用いられる。

線型計画法（リニア・プログラミング：LP）とは，複数の共通する制約条件のもとで利益を最大にする計画手法であり，希少資源の最適配分の問題を解く計算などに用いられる。線型計画法を用いる場合，変数（製品品種）が2つ以内であれば，グラフによって解くことができる。しかし変数が3つ以上ある場合には，シンプレックス法によらなければならない。

例題12－4 例題12－3の〈資料〉のうち，(2)の条件のみが以下のように変更された場合，最適セールス・ミックスとその営業利益を求めなさい。

(2) 機械運転時間

製品1個を製造するために必要なA機械とB機械の運転時間および年間最大運転時間は，つぎのとおりである。

	X製品	Y製品	最大運転時間
A機械	4時間	2時間	4,600時間
B機械	2時間	4時間	5,000時間

[解答]

最適セールス・ミックスを求めるため，まず制約条件の数式をグラフ化し，すべての条件を満たす可能領域を明らかにする。ここで，限界利益の合計額をZ円とし，X製品の製造・販売数量をX個，Y製品の製造・販売数量をY個とすると，つぎのように数式化できる。

目的関数：$\max Z = \max(40X + 30Y)$

制約条件：$4X + 2Y \leq 4,600$

$2X + 4Y \leq 5,000$

$X \leq 2,000$

$Y \leq 1,500$

非負条件：$X \geq 0, Y \geq 0$

本問の場合は，変数（製品品種）が2つであるため，制約条件と非負条件をグラフに示すことにより最適セールス・ミックスを求めることができる。このとき，すべての条件を満たす領域は，網掛けした部分であり，この領域において，目的関数の値を最大にする点は，端点A～Cのいずれかにある（数学的に証明されている）。

	X製品	Y製品	限界利益の計算
端点A	0個	1,250個	40円×0個＋30円×1,250個＝37,500円
端点B	700個	900個	40円×700個＋30円×900個＝55,000円
端点C	1,150個	0個	40円×1,150個＋30円×0個＝46,000円

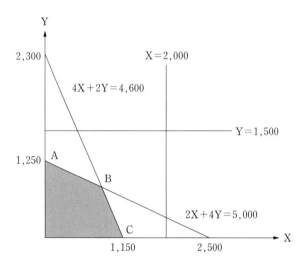

　以上の結果からわかるように，X製品が700個とY製品が900個の組合せが最適セールス・ミックスとなる。また，このときの営業利益は，つぎのように計算できる。

	X製品	Y製品	合　計
売　上　高	70,000円	72,000円	142,000円
変　動　費	42,000	45,000	87,000
限界利益	28,000円	27,000円	55,000円
固　定　費			45,000
営業利益			10,000円

第13章 設備投資の経済性計算

> **Point**
> 1. 戦略的意思決定の意義について理解する。
> 2. 設備投資の経済性計算における基礎概念について学ぶ。
> 3. 設備投資案の評価方法について学ぶ。

1 戦略的意思決定と設備投資の経済性計算

(1) 戦略的意思決定の意義

　戦略的意思決定とは，経営の基本構造に関わる経営意思決定であり，主として長期的期間を対象とし，企業をとりまく環境変化への対応に力点をおいている。その具体例として，設備投資（新設・取替・拡張・廃棄）についての経営意思決定，経営立地についての経営意思決定，組織構造についての経営意思決定，新製品開発についての経営意思決定などがあげられる。
　本章では，代表的な戦略的意思決定の1つとして設備投資についての経営意思決定を取り上げ，特に設備投資の経済性計算を中心に説明する。
　設備投資とは，一般的に経済的効果が長期にわたって現われる固定資産に資金を投入することである。設備投資には，多くの場合多額の資金が必要となり，設備投資がなされれば，その資金は長期にわたって企業内に拘束され，当該企業の経営の基本構造に大きな影響をおよぼすことになる。したがって，設備投資の経営意思決定は企業にとって重要な戦略的意思決定である。

(2) 設備投資の経済性計算における基礎概念

　設備投資についての経営意思決定の際に，個々の設備投資案ごとにプロジェクトとしての投資損益を計算し，投資案相互の優劣を比較し，その投資案の採

否を決定する計算を設備投資の経済性計算という。

設備投資の経済性計算を行う場合，貨幣の時間価値，ならびに将来キャッシュ・フローの予測という考え方が重要となってくる。以下に貨幣の時間価値の計算と将来キャッシュ・フローについて簡略に説明する。

① 貨幣の時間価値

一般に，同じ100万円でも現在手元にある100万円と将来受け取る100万円とでは，その価値に差があると考えられる。同じ金額でも将来の金額より現在の金額のほうが価値が高い，という考え方である。これは2つの観点から説明ができる。(a)たとえば，現在手元にある100万円を銀行に年利5％で預金すれば，1年後には105万円となり，1年後に受け取る100万円よりも金利の分だけ価値が増加する。(b)また，現在手元にある100万円と1年後に受け取る100万円は，確実性という点で異なる。1年後に受け取る100万円のほうが，確実に入手できるかどうかという点で現在手元にある100万円よりも若干のリスクが伴う。すなわち，確実なもののほうがリスクがないという点で価値が高い，という考え方である。

現在時点における元金を PV（現在価値），年利を r とすると，利子を年度末に1回だけ元金に繰り入れる複利計算による第 t 年度末の元利合計 FV（将来価値）は，つぎの式で表わされる。

$$FV = PV(1+r)^t$$

逆に，第 t 年度末の元利合計 FV（将来価値）から元金 PV（現在価値）は，つぎの式で表わされる。

$$PV = \frac{1}{(1+r)^t} \cdot FV \qquad \frac{1}{(1+r)^t} \text{は現価係数という。}$$

設備投資の経済性計算では，現在価値（現在の元金）から将来価値（将来の元利合計）を計算するのではなく，将来価値（将来の元利合計）から現在価値（現在の元金）を計算する必要がある。

② キャッシュ・フロー

キャッシュ・フロー（cash flow）とは，企業に実際に出入りする現金の流れである。設備投資に関わるキャッシュ・フローは，(a)事業からのキャッシュ・フロー（キャッシュ・インフロー）と(b)事業への投資のキャッシュ・フロー（キャッシュ・アウトフロー）にわかれる。したがって，ネットキャッシュ・フローは(a)から(b)を差し引けば計算できる（橋本義一・飯島康道編『Excelで学ぶ会計情報システム』創成社，2001年，69頁）。

(a) 事業からのキャッシュ・フロー（キャッシュ・インフロー）
　　＝（売上高－現金支出を伴う費用－減価償却費）×（1－法人税率）＋減価償却費
　　＝税引後利益＋減価償却費
(b) 事業への投資のキャッシュ・フロー（キャッシュ・アウトフロー）
　　＝設備投資額
(c) ネットキャッシュ・フロー＝(a)－(b)
　　＝（税引後利益＋減価償却費）－設備投資額

設備の残存価額を考慮する場合は，耐用年数（経済命数）終了時点で売却できると仮定し，耐用年数（経済命数）終了時点でのキャッシュ・インフローと考える。

設備投資案のキャッシュ・フローは数年にわたって発生する。そのため，設備投資の経済性計算では，将来のキャッシュ・フロー金額を現在の貨幣価値に換算して評価する必要がある。そのようにして計算した金額を割引キャッシュ・フロー（discounted cash flow）といい，その計算方法をDCF法という（橋本義一・飯島康道編，前掲書，70-71頁）。なお，現在価値に換算するときに用いられる比率を，一般に割引率という。割引率は資本コストを用いる。資本コストを年利で表わした資本コスト率は切捨率とかハードル・レートともよばれ，投資の評価尺度となる（建部宏明・長屋信義・山浦裕幸『基本原価計算（三訂版）』同文舘，2006年，195頁）。

2　設備投資案の評価方法

設備投資の評価方法にはさまざまなものがあるが，大別すると時間価値を考

慮するタイプのものと、時間価値を考慮しないタイプのものがある。以下では、時間価値を考慮するタイプの代表的な評価方法として、正味現在価値法、内部利益率法、収益性指数法について、時間価値を考慮しないタイプの代表的な評価方法として、回収期間法と投資利益率法について説明する。

(1) 正味現在価値法

正味現在価値法（net present value method）とは、投資案から得られるキャッシュ・フローを一定の割引率で割り引くことによって計算した現在価値合計から、設備投資額の現在価値合計を控除して正味現在価値（net present value：NPV）を算出し、この正味現在価値で投資案の評価を行う方法である。

正味現在価値は、投資案によって生み出される価値から投資額を引いたもので、投資案によってどれだけの価値が生み出されるかを表わしている。したがって、正味現在価値がプラスならばその投資案は採用されるべきである、と判断される。

> 正味現在価値 ＝ 投資案から得られるキャッシュ・フローの現在価値合計 － 設備投資額の現在価値合計

設備投資が現在時点でただ1回なされ、キャッシュ・フローが第1年度末以降に発生する場合には、つぎの式により正味現在価値を求める。

$$NPV = \sum_{t=1}^{n} \frac{Ct}{(1+r)^t} - I$$

ここで、NPV＝正味現在価値、I＝設備投資額（初期投資額）、r＝割引率、t＝キャッシュ・フローが期待できる期間、Ct＝t期末におけるキャッシュ・フローとする。

複数の投資案の順位づけをする場合は、NPV のより大きな投資案が有利と考え、順位づけがなされる。

例題13－1　当社では、新設備 V の購入を検討中である。そこで、つぎの資料にもとづいて、正味現在価値法により新設備 V を採用すべきか否かを判断しなさ

〈資料〉
(1) 新設備Vの取得原価（初期投資額）は10,000万円である。
(2) 新設備Vの経済命数は3年である。
(3) 新設備Vを購入すると次期以降3年間にわたって，5,000万円，4,000万円，3,000万円のキャッシュ・フローが得られるものとする。
(4) 資本コスト率は5％とする。

［解答］

$$\text{NPV} = \frac{5{,}000\text{万円}}{(1+0.05)^1} + \frac{4{,}000\text{万円}}{(1+0.05)^2} + \frac{3{,}000\text{万円}}{(1+0.05)^3} - 10{,}000\text{万円} \fallingdotseq 981.5\text{万円}$$

NPV（正味現在価値）は981.5万円とプラスであるので，新設備Vは購入すべきである。

(2) 内部利益率法

内部利益率法（internal rate of return method）とは，投資案から得られるキャッシュ・フローの現在価値合計と，設備投資額の現在価値合計とが等しくなる割引率である内部利益率（internal rate of return: IRR）を算出し，この内部利益率で投資案の評価を行う方法である。

設備投資が現在時点でただ1回なされ，キャッシュ・フローが第1年度末以降に発生する場合には，つぎの式における r（内部利益率）を求める。

$$\text{NPV} = \sum_{t=1}^{n} \frac{C_t}{(1+r)^t} - I = 0$$

内部利益率によって個々の投資案の採否を判定する場合，あらかじめ「内部利益率が何％以上の投資案は採用する」というように基準を決めておく必要がある。その基準値をハードル・レートという。ハードル・レートを資本コスト率とすると，内部利益率＞資本コスト率のとき，その投資案は採用すべきと判断する。

例題13－2　当社では，新設備Wの購入を検討中である。そこで，つぎの資料

にもとづいて，内部利益率法により新設備Wを採用すべきか否かを判断しなさい。

〈資料〉
(1) 新設備Wの取得原価（初期投資額）は10,000万円である。
(2) 新設備Wの経済命数は3年である。
(3) 新設備Wを購入すると次期以降3年間にわたって，毎年4,000万円のキャッシュ・フローが得られるものとする。
(4) 資本コスト率（ハードル・レート）は5％とする。

［解答］
$$\text{NPV} = \frac{4,000\text{万円}}{(1+r)^1} + \frac{4,000\text{万円}}{(1+r)^2} + \frac{4,000\text{万円}}{(1+r)^3} - 10,000\text{万円} = 0$$

上の式により，r（内部利益率）は約10％となる。これはハードル・レートの資本コスト率5％より高いので，新設備Wは購入すべきである。

(3) 収益性指数法

収益性指数法（profitability index method）とは，投資案から得られるキャッシュ・フローの現在価値合計を設備投資額の現在価値合計で除して収益性指数（profitability index : PI）を算出し，この収益性指数で投資案の評価を行う方法である。収益性指数は，つぎの式により求める。

$$\text{収益性指数} = \frac{\text{投資案から得られるキャッシュ・フローの現在価値合計}}{\text{設備投資額の現在価値合計}}$$

収益性指数が1より大きければその投資案は採用し，1以下であればその投資案は棄却と判定する。複数の投資案を比較する場合は，より収益性指数が大きい投資案が有利と判断する。

例題13-3 当社では，新設備Xの購入を検討中である。そこで，つぎの資料にもとづいて，収益性指数法により新設備Xを採用すべきか否かを判断しなさい。

〈資料〉
(1) 新設備Xの取得原価（初期投資額）は900万円である。

(2) 新設備Xの経済命数は3年である。
(3) 新設備Xを購入すると次期以降3年間にわたって，毎年700万円ずつ現金収入が増加し，変動加工費などの現金支出を伴う費用が3年で毎年300万円ずつ発生すると見積もられる。
(4) 資本コスト率は5％で，3年度末の年金現価係数は2.7232である。

[解答]

① 3年間のキャッシュ・フローの現在価値合計
　（700万円－300万円）×2.7232＝1,089.28万円

② 収益性指数

$$\frac{1,089.28万円}{900万円} ≒ 1.2103$$

新設備Xの収益性指数は1を超えているので，新設備Xは購入すべきである。

(4) 回収期間法

回収期間法（payback method）とは，投資案の回収期間を計算し，その期間が短いほど有利な投資案と判断する方法である。回収期間は，つぎの式により求める。

$$回収期間 = \frac{設備投資額}{投資案から得られる年々のキャッシュ・フロー}$$

例題13－4　当社では，新設備Yの購入を検討中である。そこで，つぎの資料にもとづいて，新設備Yの回収期間を計算しなさい。

〈資料〉
(1) 新設備Yの取得原価（初期投資額）は3,000万円である。
(2) 新設備Yを購入すると次期以降3年間にわたって，毎年1,200万円のキャッシュ・フローが得られるものとする。

[解答]

$$回収期間 = \frac{3,000万円}{1,200万円} = 2.5年$$

(5) 投資利益率法

投資利益率法（return on investment method）とは，投資案から得られる年々のネットキャッシュ・フローを設備投資額で除して投資利益率を算出し，この投資利益率が大きいほど有利な投資と判断する方法である。投資利益率（return on investment : ROI）は，つぎの式により求める。

$$投資利益率 = \frac{年々のネットキャッシュ・フロー}{総設備投資額} \times 100$$

例題13−5 当社では，新設備Zの購入を検討中である。そこで，つぎの資料にもとづいて，新設備Zの投資利益率を計算しなさい。

〈資料〉
(1) 新設備Zの取得原価（初期投資額）は3,000万円である。
(2) 新設備Zの経済命数は4年である。
(3) 新設備Zを購入すると次期以降4年間にわたって，900万円, 1,200万円, 800万円, 700万円のキャッシュ・フローが得られるものとする。

[解答]

$$投資利益率 = \frac{(3,600万円 - 3,000万円) \div 4年}{3,000万円} \times 100 = 5\%$$

現代における原価・管理会計の展開

第14章　ABCとABM
第15章　原価企画
第16章　ライフサイクル・コスティング
第17章　バランスト・スコアカード

第14章　ABC と ABM

> **Point**
> 1．ABC の意義および基本概念について学ぶ。
> 2．ABC の計算方法について理解する。
> 3．ABC と ABM の相違点について理解する。

1　ABC の意義

　ABC は1980年代，米国において台頭してきた原価計算技法の1つである。わが国においても時をほぼ同じくして何人かの研究者によってその理論面での有用性が検討され，現在では実務面での普及が進みつつあるところである。ABC は Activity-Based Costing の頭文字をとったものであり，当初わが国では活動基準原価計算と訳されていたが，その普及に伴い ABC という用語が一般的となっている。

　ABC にはいくつかの定義がある。これらは強調したい部分や表現方法などによって相違はあるものの，その本質が異なるわけではない。ここでは，ABC を活動にもとづいて原価計算対象に原価を割り当てる計算技法と定義づけすることにする。これによれば，ABC は製品やサービスといった原価計算対象の原価の測定を活動を介して行うことになる。すなわち，ABC は活動が設備や労働力といった生産資源を消費し，ついで製品やサービスは活動を消費するという思考にもとづいて原価の測定を行っている。これは製品やサービスを生産または提供するには活動が必要であり，その活動は資源を消費するという ABC の特質にもとづいていることにほかならない。

2　ABCの特質

　ABCは，伝統的原価計算が企業環境の急速な変化に伴い，正確な製品原価を計算することが困難になってきたことを背景として台頭してきた。これには原価構造の変化が起因している。伝統的原価計算が確立したころは，製造業は労働集約型の産業であった。したがって，原価構造も直接労務費の占める割合が比較的多く，これを前提に構築されている伝統的原価計算によって製品原価を計算しても問題はなかった。しかしながら，近年における製造業でのFA（factory automation）化，CIM（computer integrated manufacturing）化，さらにはIT（information technology）化といった企業をとりまく環境の変化によって原価構造は大きく変化してきたことから，このような労働集約型の原価構造を前提にした伝統的原価計算では製品原価，とりわけ製造間接費の計算に歪みを生じさせることになった。

　このようなことから，ABCはより正確な製品原価，とりわけ製造間接費の計算に焦点を当てて台頭してきたのである。したがって，ABCの特質は伝統的原価計算における製造間接費の計算過程との対比において明らかにされる。これは企業環境の変化に伴い，伝統的原価計算がこれに対応できなくなったことからABCが台頭してきたことを考慮すれば当然のことである。

　そこで以下では，ABCの理解に必要な基本概念を説明し，その後，伝統的原価計算とABCの計算構造の相違を明らかにすることにする。

3　ABCの基本概念

　ABCを用いて原価計算対象（製品やサービスなど）の原価を計算する場合，これにかかわるいくつかの基本概念を理解しておかなければならない。そこでここでは，ABCの基本概念として活動，コスト・ドライバーおよびコスト・プール，長期変動費ならびに資源消費型の計算構造を取り上げる。

(1)　活動

　ABCで用いられる活動（activity）とは，製品やサービスを提供するために組

織において行われている活動をいう。したがって，その具体的な内容については組織によって異なる。たとえば，製造業でいえば部門に相当する購買や品質管理といったものがそれぞれ1つの活動になりうるし，さらに購買で行われている注文書の作成，発注および仕入市場の調査といったものが1つの活動になりえる。実際，ABCを導入している企業では活動の数が数種類から数百種類までにおよぶ。このことから，一概に適正な活動の数を決めることはできない。

したがって，活動の数をどのように決めるのかについては，ABCを実施する対象をよく検討したうえで行う必要がある。ここでは，その指針として原価計算対象の原価の正確度およびコスト・パフォーマンスを取り上げておく。

① 原価の正確度

原価計算対象の原価の正確度は活動の数に大きく依存する。すなわち，数が少なければ大雑把な数値が，またその逆ではより正確な数値が測定される。したがって，どの程度の正確性を要求するのかをよく検討したうえで活動の数を決めるとよい。

② コスト・パフォーマンス

活動の数を増加させればより正確な原価を測定することができる。しかしながら，それに伴って処理作業なども増えることからコストも増加することになる。したがって，ABCを導入して得られる効果とそれを導入するコストとをよく検討したうえで活動の数を決めるとよい。

(2) コスト・ドライバーおよびコスト・プール

コスト・ドライバー（cost driver）およびコスト・プール（cost pool）の概念を理解するには，ABCがどのようにして原価計算対象へ間接費[注]を割り当てているのかを知っておかなければならない。

(注) 原価計算は製造業に限定して適用されるものではない。このようなことから，製造業に限定される記述を除いて「間接費」という用語を用いている。

次頁の**図表14−1**はABCによる間接費の流れを簡単に示したものである。これにより，まず間接費は各コスト・プールに割り当てられ，ついで各コスト・プールに割り当てられたコストが，原価計算対象に割り当てられる。その際，

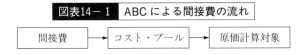

間接費からコスト・プール,そしてコスト・プールから原価計算対象へ割り当てる基準となるものがコスト・ドライバー(原価作用因ともよばれる)となる。当初のABCにおいては,前者の基準を資源ドライバー(resource driver),また後者の基準を活動ドライバー(activity driver)という名称を用いていたこともあったが,資源ドライバーの内容が不明確であることもあり,現在ではコスト・ドライバーといえば活動ドライバーをさすことが一般的となっている。そして,同質の活動のコストを集計する単位となるものがコスト・プールである。前述のように,ABCを導入している企業では,この数が数種類から数百種類になる。

(3) 長期変動費

ABCは間接費に分類されているコストを,より正確に原価計算対象に割り当てる計算技法である。これには長期変動費(long-term variable cost)という概念が大きく貢献している。

伝統的原価計算では,コストを操業度との関係で変動費と固定費に分類している。これにもとづいて原価計算対象のコストを測定する場合,固定費が多くを占めると考えられる間接費について,操業度関連の配賦基準が用いられる。ここに,伝統的原価計算に歪みを生じさせる原因がある。

他方,ABCでは,これまで固定費として分類されていたコストを長期変動費と固定費に分類し,配賦の精度を向上させている。ここで,長期変動費とは設計コストや品質管理コストなどのように,各々の活動量に応じて,短期的には変化しないが,長期的には変化する性質を有するコストをいう。

ABCは従来,固定費として分類されてきたコストの一部を長期変動費として捉え,絶対的に正確なコストを測定するものではないが,原価計算の精度を大きく向上させている。

(4) 資源消費型の計算構造

前述のように，ABCでは活動が資源を消費し，ついで原価計算対象が活動を消費するという思考にもとづいてコストの測定を行っている。すなわち，これは資源消費型の計算構造をしているといえる。たとえば，リーン生産体制における資源の消費を考えてみよう。この場合，材料（資源）は需要に応じて購入（支出）され使用（消費）されるため，資源の支出と消費の間に時間的なズレはほとんど生じない。したがって，伝統的原価計算でもABCでもその計算結果に違いは生じない。他方，人員や設備（資源）は需要を見越して増強（支出）されるが，需要がその水準に達するまで使用（消費）されないため，資源の支出と消費の間に時間的なズレが生じる。このとき，伝統的原価計算では，支出時点でコストが認識されるため，使用と未使用の資源の区別ができない。これに対してABCでは，消費時点でコストが認識されるため，使用と未使用の資源の区別をすることができる。

4　ABCの計算構造

本節では，製造間接費の計算過程に焦点をあてて伝統的原価計算とABCの計算構造を比較し，ABCの特質を明らかにしていく。

まず，**図表14－2**は伝統的原価計算における製造間接費の計算過程を示したものである。

これによれば，まず製造間接費は部門個別費と部門共通費とに分類され，前

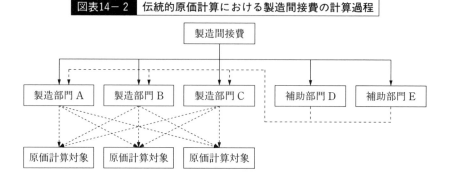

図表14－2　伝統的原価計算における製造間接費の計算過程

者は各部門に賦課され，後者は適切と思われる配賦基準にもとづいて各部門に配賦される。ついで，補助部門に集計されたコストは，製造部門が補助部門の用役をどの程度，消費したかに応じて各製造部門に配賦される。ここで問題とされるのは配賦の方法にある。伝統的原価計算では製造間接費から各部門，補助部門から製造部門，そして製造部門から原価計算対象の各段階において配賦計算が行われる。そのすべての段階において適切な配賦基準により配賦が行われていれば，伝統的原価計算を用いても何ら問題はない。しかしながら，固定費が多くを占めると考えられる製造間接費を，主に操業度に関連した単一の配賦基準を用いて配賦することには限界がある。

つぎに，ABCにおける製造間接費の計算過程を**図表14－3**によってみていくことにする。

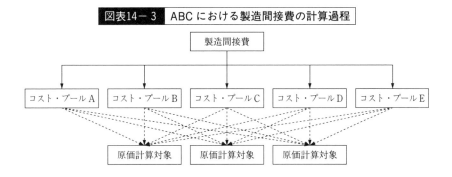

これによれば，まず製造間接費は活動の同質性に応じて各コスト・プールに割り当てられる。そして，各コスト・プールに割り当てられた活動のコストは適切なコスト・ドライバーにもとづいて原価計算対象へと割り当てられるのである。

ここで，図表14－2と図表14－3との比較においてABCの特質を明らかにすれば，つぎの2つをあげることができる。第1に，ABCでは部門を前提としていない点である^(注)。伝統的原価計算では，より正確な製品原価を計算したり，原価管理をより有効にしたりする場合，製造間接費は各部門に集計される。このとき，部門個別費については問題ないが，部門共通費の配賦において適切な配賦基準がない場合に歪みが生じる。ABCでは，製造間接費は同質の活動に集計されるのでこのような問題は生じない。しかも，補助部門をもたないため

フラットな計算構造をしている。第2に，ABCでは操業度関連の配賦基準に限定されない点である。伝統的原価計算では製造部門から原価計算対象への配賦計算において操業度に関連した配賦基準を用いるが，ABCではコスト・プールから原価計算対象への割り当て計算において，活動に関連したさまざまな配賦基準が用いられる。

(注) ABC情報の利用目的には組織のリエンジニアリングが含まれる。これを実施するには部門を前提にしないABCシステムを構築することが望まれるが，現実には困難である。そこで，ABCシステムを実際，導入するにあたっては部門を前提とすることもある。この場合，部門は活動センターになる。

5 ABCによる製品原価の計算

ABCの計算構造は具体的な計算例によると理解しやすい。そこで本節では，以下のケースにもとづき，伝統的原価計算とABCによる製品原価の計算方法の違いを説明する。

当社は，A製品およびB製品の2種類の製品を製造・販売している。これらに関する資料は，**図表14-4**のとおりである。

図表14-4　A製品およびB製品に関する資料

	A製品	B製品
製造・販売量	2,000個	4,000個
1個当りの販売価格	8,500円	9,000円
1個当りの直接材料費	1,600円	2,000円
1個当りの直接作業時間	2時間	2時間
1個当りの直接労務費	2,000円	2,000円
製造間接費	15,000,000円	
販売費および一般管理費	12,000,000円	

(1) 伝統的原価計算による総原価の計算

図表14-4により，伝統的原価計算によるA製品およびB製品の1個当りの製造原価および総原価を求めれば，次頁の**図表14-5**のようになる。ここでは，製造間接費の配賦基準に直接作業時間，販売費および一般管理費の配賦基

図表14−5　伝統的原価計算による総原価

	A 製品	B 製品
直接材料費	1,600円	2,000円
直接労務費	2,000円	2,000円
製造間接費	2,500円	2,500円
製造原価	6,100円	6,500円
販売費および一般管理費	2,000円	2,000円
総原価	8,100円	8,500円

準に製造・販売量を用いている。

　伝統的原価計算によれば，A 製品 1 個当りでは製造原価が6,100円，総原価が8,100円，B 製品 1 個当りでは製造原価が6,500円，総原価が8,500円となる。製造間接費ならびに販売費および一般管理費については，両者とも同額で，それぞれ2,500円と2,000円になる。直接作業時間と製造間接費との間に，また製造・販売量と販売費および一般管理費との間に，何らかの相関関係が存在する場合，妥当な数値を見出すこともできる。しかしながら，製造業においては FA 化，CIM 化をはじめとする IT 化の進展に伴い，製品の製造・販売の形態は非常に多様化しているものと推測されることから，このような方法によって計算された製品原価に妥当性を見出すことには疑問が残る。

(2)　ABC による総原価の計算

　ABC によって製造原価および総原価を計算する場合，まず活動分析を行い，製造間接費ならびに販売費および一般管理費を各コスト・プールに割り当てる必要がある。

　そこで当社では，活動分析を行い，その結果，次頁の**図表14−6**に示したように，製造間接費については 3 つの活動，また販売費および一般管理費については 2 つの活動とそれらにかかわるコストが識別された。加えて，各活動とコスト・ドライバーについて，次頁の**図表14−7**のような資料が得られた。

　これらの資料より，たとえば製造間接費について，A 製品への配賦額の計算方法を示せば，以下のとおりである。

　機械作業活動コストの配賦額：$9,000,000円 \times \dfrac{3,000時間}{12,000時間} = 2,250,000円$

図表14-6 活動分析

機械作業活動	9,000,000円
段取活動	4,000,000円
品質管理活動	2,000,000円
製造間接費合計	15,000,000円
販売活動	7,500,000円
管理活動	4,500,000円
販売費および一般管理費合計	12,000,000円

図表14-7 活動とコスト・ドライバー

活動	コスト・ドライバー	コスト・ドライバー量		
		A製品	B製品	合計
機械作業活動	機械作業時間	3,000時間	9,000時間	12,000時間
段取活動	段取回数	10回	40回	50回
品質管理活動	品質検査回数	20回	60回	80回
販売活動	出荷回数	10回	40回	50回
管理活動	直接作業時間	4,000時間	8,000時間	12,000時間

段取活動コストの配賦額：$4,000,000円 \times \frac{10回}{50回} = 800,000円$

品質管理活動コストの配賦額：$2,000,000円 \times \frac{20回}{80回} = 500,000円$

1個当りの製造間接費配賦額：$\frac{2,250,000円 + 800,000円 + 500,000円}{2,000個} = 1,775円$

このようにして，ABCによりA製品およびB製品の1個当りの製造原価および総原価を求めれば，次頁の**図表14-8**のようになる。

ABCによれば，A製品1個当りでは製造原価が5,375円，総原価が6,875円，B製品1個当りでは製造原価が6,862.5円，総原価が9,112.5円となる。この計算結果から明らかなように，伝統的原価計算のそれとは異なる。これは製造間接費ならびに販売費および一般管理費の割り当て方法が異なるためである。すなわち，ABCでは活動，遡れば資源をより多く消費したほうがより多くのコストを負担するという思考で計算を行っているため，計算結果も当然のことながらそれを反映したものとなるのである。

図表14-8 ABCによる総原価

	A製品	B製品
直接材料費	1,600円	2,000円
直接労務費	2,000円	2,000円
製造間接費	1,775円	2,862.5円
製造原価	5,375円	6,862.5円
販売費および一般管理費	1,500円	2,250円
総原価	6,875円	9,112.5円

(3) 両計算方法による利益の計算

図表14-9は，伝統的原価計算およびABCによって計算した製品の利益を示したものである。これによると，A製品では両計算方法とも利益が生じている一方，B製品では売上総利益の段階では利益が生じているものの，営業利益ではABCにおいて損失が生じている。これは製造間接費ならびに販売費および一般管理費の配賦の方法が異なっているためである。すなわち，伝統的原価計算では操業度を中心とした配賦基準を用いているのに対し，ABCでは製造・販売活動の複雑性を考慮した配賦基準を用いているためである。現在の企業環境を考慮する場合，ABCがますます使用されることが望まれるところである。

図表14-9 伝統的原価計算およびABCによる製品の利益

	伝統的原価計算		ABC	
	A製品	B製品	A製品	B製品
販売価格	8,500円	9,000円	8,500円	9,000円
製造原価	6,100円	6,500円	5,375円	6,862.5円
売上総利益	2,400円	2,500円	3,125円	2,137.5円
販売費および一般管理費	2,000円	2,000円	1,500円	2,250円
営業利益	400円	500円	1,625円	−112.5円

6　ABM

　前述のように，ABC は1980年代に台頭してきた。当初の ABC はより正確な製品原価の計算に焦点を定めており，これにもとづいて製品の収益性分析などが行われていた。そして，それは製品戦略のために用いられていた。しかしながら，1990年代に入るとこれにとどまらず，ABC は企業にとって有用なマネジメント・ツールへと，その適用範囲を拡大させていくようになってくる。これを ABM（activity-based management）という。

　ABM とは，企業のマネジメントの一環として継続的改善に対して，主にABC 情報を利用して原価改善，さらには利益改善を図る管理会計技法をいう。このような管理会計技法がアメリカにおいて台頭してきた背景には，リストラだけでは企業業績が改善されなかったことがあげられる。すなわち，ABC はより正確な製品原価を計算し，これを収益性分析に用いることにより，不採算製品を切り捨てるという，リストラの道具として利用されていたのである。しかし，これだけではアメリカ企業の経営状況は好転しなかった。そのため，業務プロセスそのものを抜本的に見直すという思考が生まれ，リエンジニアリングが台頭してきたのである。ABM は，業務プロセスの改善を通して品質の向上および原価低減を図り，製品やサービスの価値を高めることによって，利益改善を図ることに主眼がおかれている。すなわち，ABM はリエンジニアリングの道具として用いられる。アメリカ企業はこのような管理会計技法を用いることにより，経営状況の改善へと取り組んだのである。

　ABC と ABM は，いずれも活動にもとづいているという点においては同じである。しかし，その意図するところは異なる。すなわち，ABC はより正確な製品原価の計算を目的としたコスト割り当ての視点，ABM は継続的な改善を目的としたプロセスの視点に立っているのである。

　このように，ABM はプロセスの視点に立って活動の管理に焦点を定めた管理会計技法である。そして，それは活動分析，コスト・ドライバー分析および業績分析を通じて具体化される。以下，ターニー（P.B.B. Turney, "Activity-Based Management," *Management Accounting,* January 1992）の見解に依拠して，それぞれの概要をみていくことにする。

(1) 活動分析

活動分析には，不必要な活動の識別，重要な活動の分析，最善の実務との比較および活動間の結びつきの検討といった4つの活動が含まれる。

① 不必要な活動の識別

これは，非付加価値活動を抉り出すことである。そのためには，つぎの2つの問いかけをもつ必要がある。第1は「なぜ，その活動を行うのか」を問うことである。そして，第2は「その活動が不必要なものであれば，どのようにそれを取り除くことができるのか」を問うことである。

② 重要な活動の分析

活動の数は，典型的な企業でも200〜300はある。一度にそれらのすべてを分析することは，時間と資源の制約から容易ではない。したがって，重要な活動に焦点をしぼって分析する必要がある。

③ 最善の実務との比較

自社の活動は，最善と思われる同業他社の活動と比較されるべきである。これは，しばしばベンチマーク（benchmark）という言葉で表わされるが，比較する際の評価基準には，品質，リードタイム，柔軟性，コストおよび顧客満足度などがあげられる。

④ 活動間の結びつきの検討

活動は，共通の目標を達成するための価値連鎖を構成している。この価値連鎖の結びつきは，時間および作業の重複を最小限におさえるように構築されるべきである。

(2) コスト・ドライバー分析

コスト・ドライバー分析では，不必要な活動または標準以下の活動を行うことを要求している原因をつきとめる。たとえば，ある仕掛品を工場内の別の場所へ移動させることは，不必要な活動として識別されるであろう。なぜならば，このような活動は，顧客にとっては，何ら価値を生じさせないからである。したがって，こうした活動は，非付加価値活動として識別されるであろう。

しかしながら，非付加価値活動と識別されたからといって，ただちにそれを取り除くことはできない。この例でいえば，なぜ仕掛品を別の場所へ移動させ

なければならないのかについて，その原因（コスト・ドライバー）をつきとめなければ，その活動を取り除くことはできない。したがって，非付加価値活動を取り除くには，それを行っている原因（コスト・ドライバー）を識別する必要がある。

(3) 業績分析

業績分析を行うには，業績分析の対象を確定し，その対象を従業員に伝達し，そして，その対象となる各活動に対して測定尺度を選択することを念頭において，改善を促進するような業績測定システムを開発する必要がある。

このような指針にもとづいて，業績測定システムが開発されたならば，先に取り上げた活動分析にもとづいて，コストの低減が行われる。コストを低減させる最善の方法は，最初に行われていた活動を変更し，改善によって生じた余剰資源を再配置することである。それには，つぎの5つの指針を念頭におく必要がある。

---
① 活動に必要とされる時間や努力を削減させること
② 不必要な活動を除去すること
③ 低コストの活動を選択すること
④ 可能なかぎり活動を共有すること
⑤ 余剰資源を再配置すること

第15章　原価企画

> Point
> 1．新製品開発にかかわる管理会計手法である原価企画の意義について学ぶ。
> 2．原価企画の基礎概念とプロセスについて理解する。
> 3．原価企画で用いられる代表的な技法について知る。

1　原価企画の意義

(1)　原価企画の定義

　原価企画（target costing または target cost management）は，1950年代末から1960年代にかけてトヨタ自動車で開発され，わが国の加工組立型産業を中心に発展してきた新製品開発にかかわる管理会計手法である。現在，原価企画は，わが国の製造業（特に，輸送用機器や電気機器などの産業）に広く普及するとともに，サービス業や諸外国の企業にも導入されつつある。しかし，広く一般に認められた定義はなく，その呼称は実務においてさまざまである。そこで本章では，製造業を想定して，原価企画を，製品（群）別の目標利益を実現するために，新製品開発の推進と同時に，目標原価（target cost）を経済性の指標として，社内外の組織成員の連携・協働により，総合的に原価低減を遂行する，事前的な製品（群）別利益・原価管理手法である，と定義する。
　そのような原価企画には広狭2つのタイプがある（田中雅康『利益戦略とVE－実践原価企画の進め方』産能大学出版部，2002年，7-8頁）。狭義の原価企画は，製品開発プロセスの開発設計段階（構想設計→基本設計→詳細設計→製造準備）の各段階において目標原価の達成を目指す原価低減活動である。他方，広義の原価企画は，利益企画ともよばれ，製品開発プロセス上流の製品企画段階と下流の製造初期流動段階にも目標原価の達成を目指す原価低減活動を拡大し，製品開

発プロセス全体にわたって開発製品の採算性を監視・検討・改善する目標利益の達成活動である。

原価企画は，広狭いずれでも，製品市場環境に適応可能な性能・品質，価格・原価，納期・日程などの諸目標を設定し，それらを同時並行的かつ部門・組織横断的な開発活動（関連会社との連携・協働を含む）によって同時達成するコンカレント・エンジニアリング（concurrent engineering）とともに展開される。

(2) 原価企画の目的と特徴

原価企画に広狭2つのタイプがあることからわかるように，原価企画には大別して戦略的利益管理と総合的原価低減という2つの主要な目的がある（櫻井通晴『管理会計〔第六版〕』同文舘，2015年，307-308頁）。

原価企画は，第1に，競合他社に対する競争優位を実現し，企業の存続・発展に必要な利益を確保することを目指す，戦略的利益管理のために用いられる。また，市場で競争優位を獲得し，その状態を持続させるためには，競合他社よりも顧客ニーズを満たすように差別化され，しかも値ごろ感のある製品を顧客へ迅速に提供し続ける必要がある。それゆえ，第2に，顧客ニーズに適合する性能・品質，価格・原価，納期・日程などの諸目標を最小のライフサイクル・コスト（life cycle cost：LCC）で達成することを目指す，総合的原価低減のために用いられる。

これらの目的を果たす原価企画には，①経営戦略との連関，②マーケット・イン志向，③LCC志向，④製品開発プロセスへの適用，およびクロスファンクショナル活動といった特徴をもつ。

原価企画は，一義に，中長期利益計画に織り込まれた製品（群）別の目標利益を実現する手段である。中長期利益計画は経営戦略を具体化したものであるから，原価企画は経営戦略と強く結びついている。特に，事業戦略に関連して，特定の事業領域（製品・市場セグメント）における競合他社との競争に焦点を当てた競争戦略の実現を支援する，戦略的コスト・マネジメント（strategic cost management）として展開される。また，製品（群）別の目標利益の実現には，顧客ニーズを満たす高品質・低価格な製品を顧客へ迅速に提供し，市場で競合他社よりも優位に立つことが重要になる。それゆえ，原価企画は，企業内部の技術や生産性の向上を意図したプロダクト・アウト志向ではなく，企業外部の

製品市場や顧客の動向への適応を意図したマーケット・イン（市場・顧客）志向にもとづいている。

　そのようにマーケット・イン志向である原価企画は，理想的または理論的にはLCCを管理対象とする。LCCとは，企画から廃棄に至る製品の一生涯にわたって発生するコストをいい，製品企画，開発設計，製造，販売，物流などといった一連の業務活動から企業内部で発生するコストだけでなく，顧客への商品提供後に企業外部で発生する使用，保守，廃棄，処分，さらには環境保全などにかかわるコストも含む（日本会計研究学会原価企画特別委員会『原価企画研究の課題』森山書店，1996年，120頁）。LCCは，製品の設計図ができあがった時点でその発生がほとんど決まってしまう。それゆえ，LCCを管理するためには，長期かつ顧客の視点に立ち，将来発生すると見込まれるコストの事前検討が必要となる。したがって，原価企画は，製品が生産され実際に多くの原価が発生する製造開始以降ではなく，原価の発生原因が決定する製品開発プロセスに並行して実施される。

　また，製品開発は，プロダクト・マネジャーなどの開発責任者を中心として，企画，開発，設計，製造，販売，経理などの企業内部の諸部門から結集した開発メンバーによる協働，さらにはデザイン・インとよばれるサプライヤーなどの企業外部の関連企業との連携・協働によって推進される。原価企画は，そのような推進組織におけるクロスファンクショナル（部門・組織横断的な）活動として展開される。

2　原価企画の基礎概念とプロセス

(1)　原価企画の基礎概念

①　源流管理

　源流管理とは，原価が実際に発生する段階ではなく，原価の発生原因が決定する段階に遡って原価を管理することをいう。この考え方は，工場の自動化（factory automation : FA）が進展した現代の生産環境では，次頁の図表15－1に示すように，約80～90％もの原価が製造段階前に決まる，という経験的・実証的な事実にもとづいている。この事実は，もはや製造段階における原価削減

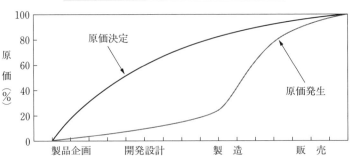

（出所）　CAM-I/CMS, *Cost Management for Today's Advanced Manufacturing System*, Arlington, Texas: CAM-I/CMS, 1991, p.140.

の余地が少ないことを，また，原価の発生起源に遡って管理することによって抜本的でより効果的な原価低減を実現できることを意味している。すなわち，源流管理は，原価の発生原因および変動要因を管理することで将来における原価の発生を未然に防ぎ，目標利益の達成を実現可能とする原価を事前に保証しようとする考え方である。

② 原価のつくり込み

原価のつくり込みとは，顧客ニーズに適合する"QCD"，すなわち性能・品質（quality），価格・原価（cost），納期・日程（delivery）などの諸目標が同時に達成されるように，性能・品質の向上，価格の下落，納期・日程の遵守といった原価の発生原因や変動要因のトレードオフを解決しながら，目標原価の範囲内に実際原価を収めるべく見積原価（estimated cost）を改善していく反復的な活動をいう。

このような原価のつくり込みは，「原価の作り込み」と「原価の創り込み」という概念からなる（清水信匡「『原価企画』における『原価の作り込み概念』」『會計』第147巻第4号，1995年，38頁）。原価の作り込みは，開発設計段階において見積原価を改善していく活動であり，製造段階前に行う事前的な原価の最小化を意味する。他方，原価の創り込みは，既存の技術だけでは達成できないほどの厳しい目標原価である場合に，原価の作り込みを越えて，最小化した原価の構造を変革するようなイノベーションを伴った原価低減を実現することを意味する。

原価のつくり込みによって目標原価が達成されると，見積原価はその時点での市場環境，顧客ニーズ，経営戦略などのさまざまな条件に適合したものとなる。仮にそれらの要素にまったく変化がなければ，見積原価は理論的には実際原価と一致し，目標利益の達成が保証されることになる。

(2) 原価企画のプロセス

　上述の源流管理および原価のつくり込みという概念は，原価企画のプロセスに具現化されている。次頁の図表15－2にみられるように，原価企画のプロセスは，製品開発プロセスの各段階（製品企画段階，構想設計段階，基本設計段階，詳細設計段階，製造準備段階，および製造初期流動段階）におけるPDCA（plan-do-check-action）サイクルの連鎖からなる。

　特に，狭義の原価企画が展開される構想設計段階から製造準備段階までは，223頁の図表15－3のように，つぎの4つの局面により1サイクルが構成される。すなわち，①Plan：目標原価ないし原価低減目標額の設定と機能別や構造別などへの細分割付，②Do：VE（value engineering：価値工学）などの技法による目標原価と諸目標とを同時達成する設計代替案の作成，③Check：原価見積による設計代替案の評価，④Action：目標原価の達成状況にもとづく開発方針の決定，である（加登豊『原価企画－戦略的コスト・マネジメント』日本経済新聞社，1993年，170頁）。

　通常は，Do-Check-Actionのサイクルが製品開発期間中に反復されることによって原価が次第に最小化され，その結果として目標原価が達成される。ただし，そのプロセスにおいて，評価基準となる当初の目標原価は絶対的なものではなく，現在の環境条件や将来の環境変化を考慮し，価格動向などの観点から顧客ニーズや自社の経営戦略の実現に相応しないとなれば，弾力的に修正される（田中雅康「原価企画の現状と課題」『企業会計』Vol. 48, No. 11, 1996年，42頁）。

　ところで，上述の狭義の原価企画のプロセスは，目標原価を設定する側面と目標原価の達成を管理する側面に大別できる（岡野浩『日本的管理会計の展開－「原価企画」への歴史的視座（第2版）』中央経済社，2002年，118-120頁）。次節以降では，それら2つの側面で適用される代表的な技法を説明する。

222 第IV編 現代における原価・管理会計の展開

図表15−2 原価企画のプロセス（概要図）

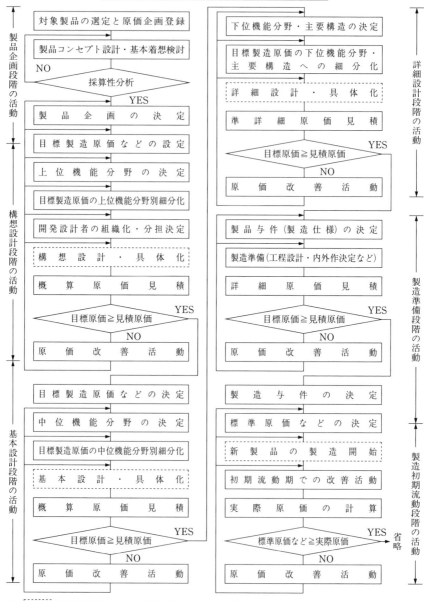

注 ┌┄┄┐は原価企画そのものの活動ではないことを示している。
　　└┄┄┘
（出所）田中雅康『利益戦略とVE−実践原価企画の進め方』産能大学出版部，2002年，14頁の図1.2を一部加筆修正.

図表15-3 狭義の原価企画のPDCAサイクル

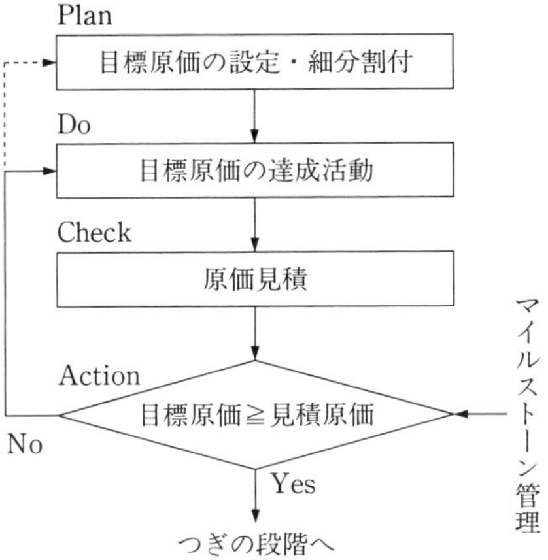

```
Plan
 └→ 目標原価の設定・細分割付
Do
 └→ 目標原価の達成活動
Check
 └→ 原価見積
Action
 └→ 目標原価≧見積原価 ──→ マイルストーン管理
   No ↓        Yes
            つぎの段階へ
```

3 目標原価の設定

(1) 目標原価の設定

　目標原価の設定では，製品単位当りの目標原価ないし原価低減目標額が設定される。目標原価とは，目標利益の実現のため，全力を傾けて必達すべき挑戦的な水準の原価をいう。その算定法には，控除法，加算法，および折衷法がある（日本会計研究学会原価企画特別委員会，前掲書，64頁）。

　控除法は，つぎの式のように，市場で受け入れられるであろう予定販売価格から中長期利益計画で設定された目標利益を控除することによって目標原価を算定する方法である。

$$\text{目標原価（許容原価）} = \text{予定販売価格} - \text{目標利益}$$
$$= \text{予定販売価格} \times (1 - \text{目標利益率})$$

　控除法による目標原価は，許容原価（allowable cost）とよばれ，目標利益達成の観点から当該製品にかけることが許される最大の原価を意味する。この許容原価を左右する予定販売価格と目標利益は，事業環境の調査・分析にもとづいて導出される。それゆえ，許容原価には，高品質・低価格を求める市場・顧

客と高業績を求める経営管理者双方の思惑が反映されることになる。したがって，許容原価は，一般に，それを達成することが困難な水準となる傾向にある。

　加算法は，目標原価の設定時点における既存の素材・技術・工法などを前提として現行製品や類似製品などの実際原価を計算し，それに新たな機能などを追加することによって発生する部品などの原価を加算して成行原価（drifting cost）を算定するとともに，そこから不要な機能などの削減や新たな素材・技術・工法などの採用により原価低減可能な見積額を控除しながら，仕組品や半製品，さらに製品全体へと積上式に原価を加算して目標原価を算定する方法である。

　加算法による目標原価は，積上原価とよばれ，開発設計者が現状の技術水準による達成可能性を考慮して積算した原価である。それゆえ，積上原価には，高い目標達成率を求める開発設計者の思惑が反映されることになる。したがって，積上原価は，一般に，それを達成することがそれほど困難でない水準となる傾向にある。

　折衷法は，市場性や採算性にもとづく許容原価と技術性や達成可能性にもとづく積上原価とをすり合わせて，目標原価を算定する方法である。折衷法の狙いは，経営管理者と開発設計者による対話を通じて，目標原価を双方の合意が得られる厳しくも達成可能な水準にすることにある。したがって，許容原価と積上原価をすり合わせる際に，目標原価の達成水準を事業環境の調査・分析にもとづいて客観的に決定するなど，経営管理者が開発設計者に対するコンフリクト解消やモチベーション向上に取り組めば，折衷法は目標原価の算定法としてもっとも合理的なものとなる。

(2) 目標原価の細分割付

　目標原価の細分割付では，目標原価の達成活動を実行に移すため，製品単位当りの目標原価が，機能別，構造（仕組品や部品など）別，原価要素別，および開発設計担当（グループないし個人）別に細分化され設定される（田中雅康，前掲書，60-62頁）。

　目標原価の細分割付は，単に目標原価を分解する作業ではなく，製品の価値を高めるための機能向上や原価低減にかかわる戦略的な問題解決の要所を，機能別，構造別，担当者別などに明らかにし，製品開発に携わる者が原価低減の実施方法や問題解決方法を細部にわたって検討したり，目標原価の達成活動の

方向性や進捗状況を確認したりすることを可能にするものである(日本会計研究学会原価企画特別委員会,前掲書,67-68頁)。

　目標原価の細分割付に際しては,QFD(quality function deployment：品質機能展開)における「コスト展開」が適用できる。その概略はつぎのとおりである(赤尾洋二『品質展開入門』日科技連出版社,1990年,92-99頁。門田安弘編『管理会計レクチャー〔基礎編〕』税務経理協会,2008年,258-264頁)。まず,市場調査により要求品質(顧客が当該製品に要求する製品特性)の項目ごとに,その重要度と自社製品および他社製品によるその充足度を点数化して把握する。つぎに,製品開発チームが製品戦略の観点から検討した目標品質レベル,現状から目標品質レベルへの到達度,および要求品質間の優先順位を決定し,これらを各要求品質の重要度に加味してその絶対的重要度を算定する。また,これにもとづいて各要求品質の相対的重要度を算定する。続いて,製品を構成する各主要機能が各要求品質の充足にどの程度貢献するかという対応関係を分析し,要求品質別の重要度を主要機能別・構造別の重要度へと変換していく。最後に,これらの重要度にもとづいて主要機能別・構造別の目標原価を設定する。

　機能別・構造別の目標原価の設定後は,それを機能別・構造別の積上原価と比較して原価低減目標額を明らかにし,開発方針を決定する。また,後に設計代替案を原価見積によって評価し見積原価を得たときにも,目標原価との比較を通じて目標達成度を把握し,開発方針を決定する。その際,つぎの式により価値指数(value index)を計算すると有用である。

$$価値指数 = \frac{目標原価}{見積原価}$$

　価値指数は,値が1である場合に目標原価の達成を示す。したがって,値が1を上回る場合には,さらにコストをかけて機能向上を図ることも可能である。その逆に値が1を下回る場合には,目標原価が未達成の状況にあり,さらなる原価低減を図る努力が必要であることを示す。

4 目標原価の達成管理

(1) VEによる目標原価の達成活動

目標原価が細分割付され,開発方針が決定されたならば,目標原価の達成を目指して組織的な活動が展開される。その際に核となる技法がVEである。VEとは,「顧客にとってより価値の高い製品やサービスなどを提供するために,機能本位の研究を組織的に展開して,必要な機能を,最小のライフサイクル・コストで,確実に達成させる創造的方法」(田中雅康,前掲書,89頁)をいう。VEには, 2nd Look VE(製造段階にある製品の価値改善に活用されるVE), 1st Look VE(開発設計段階にある製品の価値創造に活用されるVE),および 0 Phase VE(製品企画段階にある製品の価値企画に活用されるVE)がある。

VEの目的は,顧客が認める価値(顧客価値)の改善ないし創造,さらには企画にある。顧客価値は,顧客に提供される製品やサービスなどが顧客にとって実用的,魅力的,かつ経済的であるような機能をより多く有することによって向上する。そこでVEでは,一般に,顧客価値(value)を機能(function)に対する原価(cost)の整合性として捉え,つぎの比率で示す(田中雅康『原価企画の理論と実践』中央経済社,1995年,138頁)。

$$顧客価値 (V) = \frac{機能 (F)}{原価 (C)}$$

上式より,顧客価値の向上は,機能向上と原価低減の組合せによって実現できることがわかる。そのための方策としては,つぎの4つが考えられる。すなわち,①原価低減,②機能向上,③原価増以上の機能向上,および④原価低減と機能向上の併用,である(田中雅康・長沢伸也「原価企画とVE(価値分析)」『品質管理』Vol. 47, No. 3, 1996年, 72頁)。

これらの方策に関する多様なアイディアは,ブレインストーミング(brainstorming)やTRIZ(発明的問題解決理論)などを通じて考案されるが,部品点数の削減,共通部品や標準部品の使用,工数の削減,設計や組立の簡素化,過度の品質や機能の削減などが多く用いられる(S.L. Ansari, J.E. Bell and the CAM

-I Target Cost Core Group, *Target Costing : The Next Frontier in Strategic Cost Management*, Chicago : Irwin Professional Pub., 1997, pp.155-156)。

(2) 原価見積による設計代替案に対する経済性の評価

VEなどにより考案された設計代替案については，その経済性が原価見積によって評価される。原価見積とは，「過去の経験，知識，将来の原価発生に関する諸情報を用いて，製品の仕様原価（specification cost）を現時点の物価で計算したり，その原価の将来予測を行うこと」（田中雅康，前掲書『利益戦略とVE－実践原価企画の進め方』，68頁）をいう。原価見積には，原価評価と原価予測という2つの機能と，それに必要な情報の収集，分析，整理，報告などが含まれる。ただし，通常は原価評価の側面を原価見積とよぶことが多い（田中雅康，前掲書『原価企画の理論と実践』，82頁）。

原価見積方法には，一般に，概算見積と詳細見積がある（田中雅康，前掲書『原価企画の理論と実践』，89-90頁。日本会計研究学会原価企画特別委員会，前掲書，118-119頁）。また，原価見積を一定の正確さで迅速・簡便に行うため，コスト・テーブル（cost table）が用いられる。コスト・テーブルは，データベース，算式，図表などの諸形態をとるが，先進企業では電子化されCAD（computer-aided design）システムなどと連動している。

詳細見積は，主として，細部末端に至るすべての部品原価を原価要素別・工程別に計算して仕組品原価を算出し，それらを積算することによって半製品や製品などの見積原価を算出する方法である。詳細見積は，詳細設計や製造準備などの段階において，製品仕様などがほぼ確定し，特定の工程設計をしたうえで実施される。詳細見積では正確性の高い原価見積ができる一方，熟練と手間を要する。

他方，概算見積は，詳細見積以外の見積をすべて含む概念であり，主として，類似品の正常な原価実績とその設計特性値などとの関係を示す算式や図表により，一括して開発製品の見積原価を算出する方法である。概算見積は，製品仕様などが未確定である構想設計や基本設計などの段階でも実施できる。概算見積では熟練や手間を要さず迅速・簡便に原価見積ができる一方，統計手法を用いるため，過去の類似品の正常な原価実績などのデータを数多く必要とする。

(3) マイルストーン管理による目標達成状況の監視

　VEや原価見積などを通じて具体化される新製品については，製品開発プロセスの主要な区切りごとに，製品コンセプトの実現，製品仕様の充足，目標原価や目標利益の達成，および納期や開発日程の遵守などの状況を確認する進捗管理が行われる。これをマイルストーン管理といい，トップ・マネジメントや各分野の専門家が参加する会議体により，部門・組織横断的に実施される。

　より具体的には，製品性（製品コンセプトの実現状況や製品仕様の充足状況など）を審査し品質保証を行うデザイン・レビュー（design review），経済性（目標原価の達成状況）を審査し原価保証を行うコスト・レビュー（cost review），および事業性（目標利益の達成状況）を審査し採算保証を行うビジネス・レビュー（business review）が展開される。たとえば，デザイン・レビューでは，設計仕様の漏れの除去を主目的に，製品属性（性能，機能，品質，原価，納期，信頼性など）に対する設計（図面，仕様値など）を客観的・総合的な観点から分析・評価し，必要ならば改善点を提案することで，製品の不良（故障，性能，安全性，操作性に関する問題，環境への悪影響など）や開発期間の遅延などを未然に防止するとともに，つぎの段階に進ませるか否かを決める一連の活動が行われる（加登豊，前掲書，155-156頁。日本会計研究学会原価企画特別委員会，前掲書，118頁。田中雅康，前掲書『原価企画の理論と実践』，274-275頁）。

　このようなマイルストーン管理では，為替変動や競合他社の動向などによる環境変化が製品開発の諸前提に与える影響に対して迅速に対応したり，開発設計者による機能の過剰追加などを回避したりするために，製品市場環境に関する情報を活用しながら，製品化継続の可否，仕様変更や設計変更の承認などの事業戦略にかかわるさまざまな戦略的意思決定が行われる（日本会計研究学会原価企画特別委員会，前掲書，69頁および116-117頁）。

第16章　ライフサイクル・コスティング

> **Point**
> 1．ライフサイクル・コストの意義およびその特徴について理解する。
> 2．ライフサイクル・コスト情報を活用した経営意思決定やコスト・マネジメントの具体的な手法について学ぶ。
> 3．企業の経営戦略策定や地方自治体の公共施設マネジメントにおけるライフサイクル・コスト情報の活用方法について学ぶ。

1　ライフサイクル・コストの意義

　ライフサイクル・コスト（life cycle cost：LCC）は，1960年代にアメリカ国防総省が国防品の効果的な調達を目的として開発した原価計算の一手法であるが，LCCの考え方は，日常生活のさまざまな場面，特に商品を購入する場合の意思決定で活用されている。たとえば，プリンターを購入する場合に，インクジェットとレーザーのどちらにするか，自動車を購入する場合に，ガソリン車，ハイブリッド車，電気自動車のどれを選択するかなどの意思決定がそれらの具体例である。このような場合，購入価格，性能，デザインなどを比較検討しながら最終的に購入する商品を決定するが，購入価格が最低となる商品を購入することが必ずしも有利な意思決定にはなりえない場合もあることに注意すべきである。「安物買いの銭失い」という諺が広く知られているように，安い商品を購入すると燃費が悪かったり，故障が頻発したりすることで，かえって割高になることが実際にはよくある。LCCという言葉を知らなくても経験的にこの事実を理解し，購入の意思決定に直面した場合，無意識にLCCの考え方にしたがうことがある。ここではデータがやや古いが，ガソリン車とハイブリッド車のいずれを購入するかに関する事例を考えてみる。これらに関連する各種費用データは，次頁の**図表16－1**のとおりである。

図表16−1　ガソリン車とハイブリッド車の各種費用データ

		ガソリン車(注1)	ハイブリット車(注1)
(A)	購入時に発生するコスト	合計：1,652,000円	合計：2,219,000円
①	購入価格	1,575,000円	2,200,000円
②	購入諸経費	177,000円	119,000円
③	エコカー補助金(注2)	△100,000円	△100,000円
(B)	購入後に発生するコスト	合計：3,841,926円	合計：3,676,230円
④	ガソリン代(注3)	491,071円	275,000円
⑤	駐車場代(注4)	1,320,000円	1,320,000円
⑥	自動車保険料(注5)	495,000円	550,000円
⑦	自動車税(注6)	336,375円	327,750円
⑧	車検時支出	725,480円	725,480円
⑨	タイヤ代(注7)	44,000円	48,000円
⑩	オイル交換(注8)	50,000円	50,000円
⑪	高速代・外出駐車場代など	165,000円	165,000円
⑫	その他整備代	50,000円	50,000円
⑬	その他雑費	165,000円	165,000円
(C)	総額(注9)	5,493,926円	5,895,230円

（注）　1．保有期間11年，年間平均走行距離5,000km，排気量はともに1,500ccとする。2．ともにエコカー減税の対象である。3．燃費はガソリン車が14km/ℓ，ハイブリッド車が25km/ℓ，ガソリン単価は1ℓ＝125円である。4．月10,000円である。5．ガソリン車は45,000円/年，ハイブリッド車は50,000円/年である。6．クリーン化税制の対象なので，購入2年目の自動車税はそれぞれ25％，50％引きとした。7．30,000kmにつき1回交換し，ガソリン車は1本11,000円，ハイブリッド車は1本12,000円である。8．10,000kmにつき1回交換し，交換費用は10,000円とする。9．廃車費用は車の状態によって下取価格が異なるため計算から除外した。

（出所）　読売新聞記事（2009年9月8日付）にもとづき筆者作成。

ユーザーが自動車を購入し，実際に自動車を利用し，最終的に自動車の利用を終えて廃車するまでの一連のプロセスを製品ライフサイクル（life cycle）という。図表16−1では自動車を購入するために要するコスト（①〜③）だけではなく，自動車を購入してから発生するコスト（④〜⑬）が示されている（図表16−1では省略されているが，本来はここに廃車手続に関連するコストが加わる）。このように，製品ライフサイクルで発生するさまざまなコストを集計したものをLCCとよび，LCCを集計したうえでその情報を意思決定およびコスト・マネジメントに役立てることは，特にライフサイクル・コスティング（life cycle costing：

LCCing）とよばれている。

　図表16－1から明らかなように，購入時に発生するコストはハイブリッド車を選択すると567,000円高くなるが，購入後に発生するコストはハイブリッド車を選択すると165,696円低くなる。このことから，購入時に発生するコストだけで判断するのではなく，購入後に発生するコストも考慮に入れて意思決定をする必要がある。

2　ライフサイクル・コストの特徴

(1) ライフサイクル・コストの構成要素

　LCCを構成するコストを考える場合，製品ライフサイクルをいくつかのフェーズ（段階）に分ける。その分け方には特に決まりがあるわけではないが，ここでは図表16－1の①〜⑬（③を除く）のコストと廃棄コストの合計13種類のコストを一般的によく用いられている4つのフェーズに区分する。これを示すと，**図表16－2**のようになる。

図表16－2　ライフサイクル・コストの構成要素とフェーズ

フェーズ	図表16－1で該当するコスト
取得	①・②
運用（オペレーティング）	④・⑤・⑥・⑦・⑪・⑬
保守（メンテナンス）	⑧・⑨・⑩・⑫
廃棄	廃車手続にかかわるコスト

　取得コストは購入の意思決定に伴って発生するコストであり，購入価格や購入諸経費が該当する。運用（オペレーティング）コストは，ガソリン代や自動車保険料などのように自動車が走行するために不可欠なコストであり，運用コストは毎年一定額が経常的に発生する性質がある。保守（メンテナンス）コストは，自動車が安全に走行できる状態を保つために必要なコストであり，車検，タイヤの交換，オイルの交換に要するコストなどが該当する。保守コストは，必ずしも毎年発生するとはかぎらないが，将来にわたり一定の頻度で定期的に発生し，自動車の使用年数が経過し老朽化すればするほど発生額が大きくなる

性格がある。

　取得コストはその発生額を明確に把握できるのに対して，運用・保守・廃棄の各コストは将来にわたり発生するコストであるため，何らかの方法で発生額を見積もらなければならない。したがって，LCCはすでに発生額が確定したコスト（取得コスト）と，将来にわたり発生が予想されるコスト（運用・保守・廃棄コスト）が混在している点に特徴がある。すなわち，LCCでは将来にわたり発生するコストをどのように見積もるかが重要になる。しかし，実際には将来にわたり発生するコストを正確に見積もることはできないため，LCCに厳密さを求めることはできない。したがってLCCは，コストの発生傾向を把握し，それを経営意思決定やコスト・マネジメントに役立てるためのツールであるとして捉えるのが適切である。

(2) ライフサイクル・コストの3つのモデル

　LCCは一般的に，製品ライフサイクルにわたり発生するコストの合計と定義されるが，コスト計算を行う主体をどのように定めるかによって，実際には**図表16－3**に示す①～③の3つのモデルがある。

　①はコスト計算の主体はユーザーにあり，製品ライフサイクルにわたりユーザーが負担するコストだけを集計する考え方である。アメリカ国防総省で開発

図表16－3　ライフサイクル・コストの3つのモデル

① ユーザーが負担するコストに限定したライフサイクル・コスト

② メーカーが負担するコストに限定したライフサイクル・コスト

③ 製品ライフサイクルにわたり発生するすべてのコストに拡張したライフサイクル・コスト

（注）「開発設計費」と「製造原価」はメーカーのみが負担し，「廃棄コスト」はユーザーのみが負担するものと考える。

されたLCCや，前述のガソリン車とハイブリッド車に関する購入の意思決定の例はこれに該当する。①はLCCを購入の意思決定で活用する場合の基本的な考え方であり，一般的にLCCという場合には①のモデルをさす。

②はコスト計算の主体はメーカーにあり，製品ライフサイクルにわたりメーカーが負担するコストだけを集計する考え方である。この場合，取得コストに代わってメーカーが負担する開発設計費と製造原価が入る。また，メーカー負担の運用・保守コストには，製品保証期間中に行う無償のアフターサービスのコストなどが該当する。②のモデルは，製品販売後も手厚いアフターサービスが必要とされるようなタイプの製品において採算性を考える際に活用が考えられるが，①や後述する③のモデルと比べるとあまり一般的なモデルとはいえない。

③もコスト計算の主体はメーカーにあるが，メーカーが負担するコストだけではなく，運用・保守・廃棄の各フェーズでユーザーが負担するコストも含めて，コスト計算を行う点に特徴がある。③のモデルの特徴は，メーカーの立場からユーザーが負担するコストを考慮に入れている点であり，ユーザー志向という点で現代の管理会計では重要な考え方である。詳細は後述するが，このような考え方はメーカーが市場で競争優位を確保するうえで非常に重要である。したがって，メーカーの立場からLCCを考える場合には，③のモデルを採用するのが一般的である。

(3) ライフサイクル・コストの考え方が適用可能な製品のタイプ

LCCはあらゆるタイプの製品に適用できるわけではないことに留意する必要がある。取得コスト（あるいはメーカーが負担する開発設計費と製造原価）よりも購入後（あるいは販売後）に発生するコストのほうが大きくなるようなタイプの製品の場合に，LCCを適用する意義が高まる。たとえば，図表16－1の自動車の例では，(A)の購入時に発生するコストと(B)の購入後に発生するコストとの比率は，ガソリン車が1：2.33，ハイブリッド車が1：1.66であるから，自動車のように購入後に発生するコストの比率が高い製品では，LCCにもとづいて検討することが有効である。同様に，建物，航空機，船舶，鉄道車両などのように長期間にわたり使用し，製品ライフサイクルが長く，取得コスト以上に運用と保守に多くの金額を要するようなタイプの製品ではLCCの適用可能性が

高い。

その一方で，食料品や使い捨て製品のように製品ライフサイクルが極端に短く，運用・保守コストがまったく発生しないタイプの製品や，壁掛け時計や鏡のように製品ライフサイクルは長いものの，その間に運用・保守コストがほとんど発生しないタイプの製品ではLCCを考えることの意義はあまりなく，むしろ製造原価のマネジメントに注力したほうがよい。

3　ライフサイクル・コストのマネジメント

(1)　ユーザーの立場からのライフサイクル・コストのマネジメント

図表16－3の①のモデルのように，ユーザーの立場からLCCのマネジメントを考える場合，LCCを構成する各コストの間には**図表16－4**に示すようなトレード・オフ関係が成立することに留意する必要がある。

取得コストに追加投資を行わない(A)の場合と比べて，(B)のように取得コストに追加投資を行うことで，将来的に発生する運用・保守コストや廃棄コストの金額を減らすことが可能となり，最終的にLCCを低減することができる。

ただし，LCCのマネジメントを考える場合には，図表16－4のような取得コ

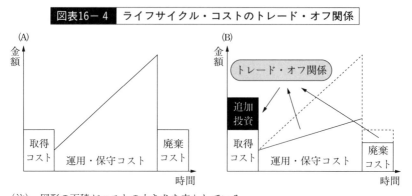

図表16－4　ライフサイクル・コストのトレード・オフ関係

（注）　図形の面積がコストの大きさを表わしている。
（出所）　Department of Industry, Committee for Terotechnology, *Life-Cycle Costing in the Management of Assets－a Practical Guide－*, London: Her Majesty's Stationery Office, 1977, p. 9 を一部修正。

ストに追加投資を行うことがつねに正しいとはかぎらない点に注意が必要である。言い換えれば，運用・保守コストの発生に大きな影響を与える製品の利用頻度も考慮に入れる必要がある。自動車を例にあげれば，週末に自宅周辺の買い物程度でしか自動車を利用しない家庭の場合には，高い取得コストをかけてハイブリッド車を購入しても，燃費の良さによる運用コスト低減のメリットを十分に享受できず，結果的にLCCが高くなってしまうため，ガソリン車を選択したほうがLCCの面からも有利になる場合もある。

(2) メーカーの立場からのライフサイクル・コストのマネジメント

図表16－3の③のモデルのように，メーカーの立場からLCCのマネジメントを考える場合，LCCを構成する各コストは，時間の経過とともに発生していく。**図表16－5**における点線の曲線が示すように，製造段階や製品がユーザーの手に渡ってから多くのコストが発生する。その一方で，ある製品のLCCがどの程度の金額になるかは，実際には製品の設計段階までにほぼ決定してしまう。すなわち，その製品の使用用途，性能，耐用年数などが決められて，使用する

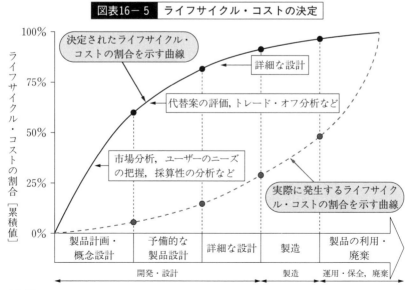

図表16－5　ライフサイクル・コストの決定

（出所）　B.S. Blanchard and W.J. Fabrycky, *Systems Engineering and Analysis*, 3rd ed., Upper Saddle River, New Jersey : Prentice Hall, 1998, p.561を一部修正.

材料や採用する工法が定まる設計段階までに，最終的な LCC の金額はほぼ決定する。もちろん，製造過程で原価改善などを実施して原価を低減できる可能性は残されているが，その余地はわずかであり，一般的に製品の設計段階までに LCC の発生額の80〜90％が決定してしまう。このことを表わしたのが図表16－5において実線で示した曲線である。したがって，メーカーが LCC のマネジメントを行うためには，製品の開発・設計段階での取り組みがきわめて重要になる。

(3) ライフサイクル・コストのマネジメントと信頼性

保守（メンテナンス）コストは LCC に占める割合が高く，LCC のマネジメントで重視すべき項目である。保守コストに大きな影響を与えるのが故障の頻度を表わす信頼性(dependability)であり，具体的な尺度として平均故障間隔(mean time between failures：MTBF)，平均修理時間（mean time to repair：MTTR），稼働率などがある。LCC のマネジメントを目的として，次頁の**図表16－6**のような LCC と信頼性のトレード・オフ分析が行われる。

図表16－6において，故障しにくい製品を製造しようとすると，故障の頻度が下がり信頼性が高まるため運用コストと保守コスト（曲線 B）は低下する。しかし，取得コストあるいは開発設計費と製造原価の和（曲線 A）は上昇するため，LCC（曲線 C）も上昇する。その一方で，信頼性の水準を低下させると曲線 A で表わされるコストは小さくなるものの，故障が頻発し曲線 B で表わされるコストが増大するため，LCC も上昇してしまう。したがって，曲線 C の最低点の水準に信頼性を定めると LCC が最小になることを図表16－6 は示している。

故障はできるだけ発生しないことが望ましいが，信頼性を極度に高めた製品の場合，製造コストなども比例して高くなるため顧客のニーズに合致せず市場性がない製品になってしまうおそれがある。また，故障が発生せずに製品ライフサイクルが長くなることはユーザーにとっては望ましいことだが，メーカーにとっては買い替え需要が発生しなくなるので望ましくない。このため，LCC とのトレード・オフ分析によってもっとも経済的な信頼性の水準を定めている。

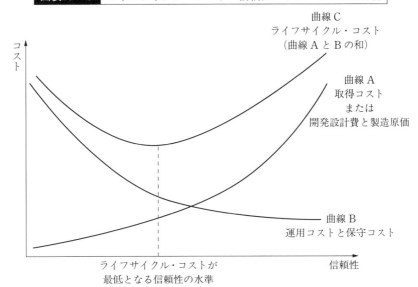

図表16－6　ライフサイクル・コストと信頼性のトレード・オフ分析

（出所）牧戸孝郎「ライフ・サイクル・コスティングと原価管理」『會計』第130巻第3号，1986年，60頁の図4を一部加筆修正。

4　ライフサイクル・コスト情報の活用

(1)　地方自治体の公共施設マネジメント（ユーザーの立場）

　LCCは近年，地方自治体が管理する公共施設（たとえば庁舎，道路，橋梁など）のコスト・マネジメントで頻繁に活用されている。以下では，公共建築物（庁舎，学校，図書館など）に焦点を絞り，LCCがどのように活用されているかについて検討する。次頁の**図表16－7**に示すように，建物は建設前に発生するコスト（建設コストなど）と建設後に発生するコスト（保全コスト，修繕・改善コスト，運用コストなど）の比率が大規模事務所建築物でおおむね1：4，中規模事務所建築物ではおおむね1：5の比率になることから，LCCの観点からのコスト・マネジメントがきわめて重要である。

　地方自治体が管理する公共建築物には1970～1980年代にかけて建築された建物が多くあり，これらの公共建築物ではLCCの低減を意識した設計がほとん

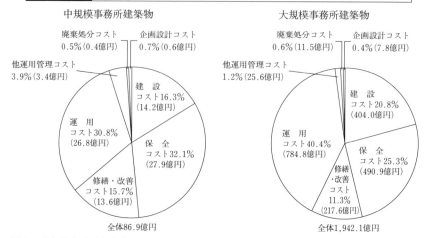

図表16-7 中規模・大規模事務所建築物のライフサイクル・コストの内訳

(注) 中規模事務所建築物は6,474m²、大規模事務所建築物は86,818m²の規模をもち、立地は東京、事務所の使用年数は65年間と想定している。
(出所) 石塚義高『建築のライフサイクルマネジメント』井上書院、1996, 97, 101頁。

ど行われてないことにくわえて、老朽化に伴う運用・保守コストの増大が大きな問題となっている。このような背景から、老朽化した公共建築物を建て替えるか、あるいは既存施設を改修してその利用を継続するかに関する経営意思決定に際して、LCCを何らかのかたちで考慮する事例が急速に増えており、LCCは最終的な選択を行う際の重要な指標の1つになっている。また、市町村合併を経験した地方自治体では重複する公共建築物の統廃合が大きな課題となっているが、このようなケースでもLCCが活用されている事例がある。

(2) 市場での競争優位の確保（メーカーの立場）

メーカーの立場からは、自社が販売する製品の競争優位を確保するための手段としてLCCを活用している。たとえば、冷蔵庫を製造・販売するメーカーの場合、新製品を発表するにあたり冷蔵庫の冷蔵・冷凍機能やデザインなどにくわえて、消費電力を従来製品よりも小さくすることで毎年支払う電気代が少なくなることを盛んにアピールしている。通常、冷蔵庫は故障した場合、修理して使うよりも買い替える場合が多く、保守コストはほとんど発生しない。その一方で、冷蔵庫のLCCの多くを占めるのが冷蔵庫を動かすための電気代であ

り，冷蔵庫のサイズにもよるが年間10,000円前後発生し，これはユーザーが負担する。したがって，ユーザーは冷蔵庫を購入する場合，販売価格や冷蔵・冷凍機能だけではなく，ユーザー自身が将来にわたり負担することになる電気代にも強い関心があることから，メーカーは消費電力が他社の製品よりも小さい冷蔵庫を販売することで市場での競争優位を確保することができる。

　ただし，ビジネス・モデルによっては LCC が小さい製品を製造・販売することがメーカーの立場からみて必ずしも望ましくない場合がある。たとえば，プリンターを例にあげると，プリンター本体の販売はわずかしか利益をもたらさないが，交換部品（インクカートリッジやトナー）の販売を通じて利益が得られるビジネス・モデルになっている。したがって，LCC を小さくすることで交換部品の購買頻度を下げてしまうと，ビジネスとして成立しなくなってしまうという問題がある。

5　ライフサイクル・コストの拡張

　LCC に関する近年の研究では，本章で取り上げたような伝統的に考えられてきたコストだけではなく，より広範なコストを LCC に含めて検討すべきだという研究成果も発表されている。たとえば，LCC の拡張に関してつぎのようなコストがあげられている。

> ①　環境コスト
> ②　二次的損害コスト（製品不具合に伴う製品回収の費用，損害賠償請求，イメージダウンによる売上減少）
> ③　安全コスト　（安全確保のために必要な投資額）
> ④　リサイクル・リユースのためのコスト

　現代企業をとりまく複雑な企業環境を考えれば，LCC の範囲を拡張し，これらのコストも含めたうえで総合的に LCC のマネジメントを考える必要性があることはいうまでもない。しかし，これらのコストは正確な測定がけっして容易ではないという問題もあることから，実際にはこれらのコストを含めたうえで LCC に取り組んでいる企業はほとんどないのが実状である。

第17章　バランスト・スコアカード

> **Point**
> 1．戦略マネジメント・システムとしてのバランスト・スコアカードの意義について学ぶ。
> 2．バランスト・スコアカードの基本構造について知る。
> 3．バランスト・スコアカードによる戦略の実行とコントロールについて理解する。

1　バランスト・スコアカードの意義

　バランスト・スコアカード(balanced scorecard：BSC)は，キャプラン(Robert S. Kaplan)＝ノートン(David P. Norton)が提唱した「戦略から導出される業績評価指標を統合するための新しいフレームワーク」(R.S. Kaplan and D.P. Norton, *The Balanced Scorecard : Translating Strategy into Action*, Boston, Mass.：Harvard Business School Press, 1996, p.18. 吉川武男訳『バランス・スコアカード：新しい経営指標による企業変革』生産性出版，1997年，42頁)である。BSCは，1992年に公表された当初，伝統的な財務的業績評価指標(financial indicators：以下，財務指標という)を非財務的業績評価指標(non-financial indicators：以下，非財務指標という)で補完する業績測定システムとして生成した。しかしその後，製造業をはじめ，サービス業，病院や学校などの公益法人，行政機関などの実務に広く導入され，その活用法が工夫されることで，BSCは戦略の実行を促進し，その成果を測定・評価することを通じて，業務のみならず戦略自体の管理をも実現する戦略マネジメント・システムへと進化した。

　近年では，BSCの有効性が認識されるにつれ，先進国の大規模組織体のみならず，新興国や発展途上国，さまざまな産業分野，または中規模・小規模・新興の組織体にも導入されてきており，世界中でその利用が広まっている。Bain

& Company 社の調査によれば，2014年現在，ビジネス界でもっとも支持されている25のツールのうち，BSC は世界で第6位に位置づけられている。また，世界における BSC の利用率は，近年減少傾向にあるものの2014年時点で38％あり，利用企業からの高い満足度を維持している（D. Rigby and B. Bilodeau, *Management Tools & Trends 2015*, http://www.bain.com/publications/articles/management-tools-and-trends-2015.aspx., 2015.（2017年8月31日アクセス））。

戦略マネジメントとは，「組織全体を環境に適切に適応させておくことを目的とした継続的・反復的プロセス」（S.C. Certo and J.P. Peter, *Strategic Management : A Focus on Process*, New York : McGraw-Hill, 1990, p.5）であり，**図表17－1**のような5つの局面からなる。すなわち，経営環境の分析により組織の目的達成に影響をおよぼしうる諸要因を識別する「環境分析（environmental analysis）」，ミッション（mission），ビジョン（vision），および組織目標－最終目標（goals）や戦略目標（objectives）－を設定，再確認，あるいは修正する「組織の方向性の確立（establishing organizational direction）」，組織目標の達成を確実にするような諸方策を論理的に立案・選択し行動方針（courses of action）を決定する「戦略策定（strategy formulation）」，構想としての戦略をより詳細な各種の計画（中長期経営計画，短期利益計画，予算など）として具体化かつ統合化し，それらにもとづいて組織の経常的な業務活動をコントロールする「戦略実行（strategy implementation）」，および戦略マネジメントの中心プロセスが適切に機能するよう変革を促し，戦略自体にもおよぶ特殊な管理を行う「戦略コントロール（strategic control）」，である（S.C. Certo and J.P. Peter, *op. cit.*, pp. 10-15）。

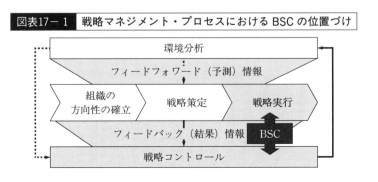

図表17－1 戦略マネジメント・プロセスにおける BSC の位置づけ

これらの局面のうち，組織の方向性の確立，戦略策定，および戦略実行は，戦略を形成し実現していくための中心プロセスを構成し，環境分析と戦略コントロールは，そのプロセスへ絶えず現在と将来における組織内外の環境動向を反映して現行戦略を評価し最新に保つためのプロセスを構成する。そして，それぞれの局面ないしプロセスが相互に絡み合うことで，組織の環境適応能力を高める戦略マネジメント・サイクルが形成される。BSC は，そのような戦略マネジメント・サイクルの一環を成し，主として戦略実行および戦略コントロールの局面にかかわる戦略マネジメント・システムとして，つぎの4つの機能を果たす。すなわち，①戦略の明確化および組織成員が理解しやすい言葉への置換，②戦略目標と業績評価指標の連結および組織成員への周知徹底，③戦略目標・業績評価指標に対する目標値と戦略実行計画の設定および調整，④戦略的フィードバックおよび学習の促進，である（R.S. Kaplan and D.P. Norton, *op. cit*., p.10. 吉川武男訳，前掲書，33頁）。これらの機能からわかるように，BSC は，経営上層部の戦略と現場の業務活動とをつなぐ連結環の役割を果たすものである。そして，そのような機能・役割は，後述するように，戦略マップ（strategy maps）による戦略の可視化および BSC による戦略の具体化・監視・コントロールを通じて遂行される。

2　バランスト・スコアカードの基本構造

BSC は，次頁の**図表17－2**に示すように，基本的に，財務（financial），顧客（customer），内部業務プロセス（internal business process），および学習と成長（learning and growth）という4つの視点（perspectives）と，視点ごとに設定される各種の戦略目標（objectives），業績評価指標（measures），目標値（targets），および戦略実行計画（initiatives）という4つの項目から構成される。ただし，これらの視点および項目の数や内容は，組織体の戦略や管理方針により異なる。

BSC における4つの視点はそれぞれ，資金提供者（株主や債権者），顧客，経営管理者，従業員といった利害関係者の立場を代弁しており（櫻井通晴「企業価値創造に役立つ管理会計の役割」『企業会計』Vol. 53, No. 2，2001年，22-23頁），つぎのような問いかけによって，組織成員が各利害関係者の立場に立って考え行

第17章 バランスト・スコアカード 243

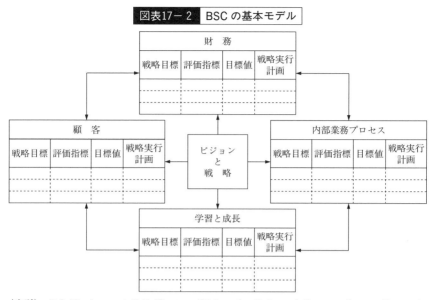

図表17-2 BSCの基本モデル

（出所）R.S. Kaplan and D.P. Norton, "Using the Balanced Scorecard as a Strategic Management System," *Harvard Business Review*, January-February 1996, p.76.（鈴木一功訳「バランス・スコアカードによる戦略的マネジメントの構築」『DIAMONDハーバード・ビジネス・レビュー』2・3月号，1997年，94頁。）

動するよう促すものである。すなわち，財務の視点は，「財務的に成功するために，資金提供者にどのような姿勢を示すべきか」を問い，資金提供者の期待を見通すよう促す。顧客の視点は，「ビジョンを実現するために，顧客にどのような姿勢を示すべきか」を問い，顧客の期待を見通すよう促す。内部業務プロセスの視点は，「資金提供者や顧客に満足してもらうために，どの業務プロセスに優れていなければならないか」を問い，資金提供者や顧客の期待を満足させる卓越した業務プロセスを見通すよう促す。学習と成長の視点は，「ビジョンを実現するために，いかに変革・改善のできる能力を保持するか」を問い，卓越した業務プロセスを実行可能とする組織能力を見通すよう促す。これら4つの視点のうち，財務と顧客の視点はビジョンと戦略を実現するうえでの目的を，内部業務プロセスおよび学習と成長の視点はそれらを実現するうえでの手段を示している。

また，4つの各視点における4つの項目はそれぞれ，つぎの事柄を表わす。

すなわち，戦略目標は重要成功要因（key success factors：KSF, critical success factors：CSF）を管理対象として記述し設定したものであり，業績評価指標は戦略目標の達成度合いを測る定量的な尺度である。また，目標値は戦略目標についてある責任者がある期間に達成すべき具体的な数値目標であり，戦略実行計画は戦略目標およびその目標値を達成するための具体的な革新的施策である。そして，これらの項目は，つぎの各要素間のバランスが保たれるように設定される。すなわち，①経営管理者や従業員に関する内部と資金提供者や顧客などに関する外部，②過去の活動成果を表わすアウトカム（outcomes）と将来の業績向上要因を表わすパフォーマンス・ドライバー（performance drivers），③短期的な業績達成と長期的な業績向上，および④客観的に判断できる非弾力的・定型的な活動の評価と主観的な判断を伴う弾力的・創造的な活動の評価，である。

このように，BSCは経営管理者の戦略的な意図にもとづいた経営管理の目的と手段を組織成員に伝達する一種のメッセージカードとなっており，必要に応じて全社レベルから個人レベルまで作成される。そして，それらのBSCを通じて，組織成員の意識はバランスよく4つの視点全体に集中し，そのような組織成員の行動を通じて利害関係者の利害調整が図られる。また，現場の業務活動と戦略とが整合性をもって結びつけられることで，多元的な社会的責任を同時に果たす組織的活動の展開が可能となる。

3　戦略マップによる戦略の可視化

BSCにおける4つの視点とそのもとに設定される4つの項目は，因果連鎖により相互に結びつけられていなければならない。因果連鎖（causal chain）とは，因果関係の連鎖（chain of cause-effect relationships）を意味し，一般に，複数の事柄の間に一連の原因と結果の関係が存在することをいう。BSCでは，4つの視点と4つの項目において，ビジョンと戦略の実現に至る一連の原因（要因）と結果（成果）または目的と手段の関係として因果連鎖が形成される。

経営戦略とは，いわば組織が追求する多元的な目的と将来における経営環境の変化に関する予測を前提として，戦略目標の達成によって期待される成果（目的）と，その要因（手段）となる価値創造活動との関係について，経営管理者により構想された一連の仮説である。BSCは，そのような戦略を構成する因果連

鎖の仮説にもとづいて構築されるが，それは経営管理者が組織を成功に導くための戦略的な意図や論理となっている。たとえば，財務的な業績（利益など）を向上させるためには，顧客の満足度やロイヤルティ（忠誠度）を向上することによって売上を増大させればよいのではないか。そのためには，業務プロセスの効率性や信頼性を向上して値ごろ感のある高品質の製品やサービスを適時適切に提供することが大切であろう。そして，そのように製品やサービスを提供するには，従業員のスキルやモチベーションを向上させるための教育訓練や職場環境の整備などに取り組まなければならない，といったものである。

しかしながら，戦略に込められた組織を成功に導くための意図や論理，因果連鎖を明確にし，組織成員に伝達することは容易ではない。そこで，キャプラン＝ノートンは，その問題を解決する手段として，戦略マップを開発した（R.S. Kaplan and D.P. Norton, *Strategy Maps : Converting Intangible Assets into Tangible Outcomes*, Boston, Mass.： Harvard Business School Press, 2004. 櫻井通晴・伊藤和憲・長谷川惠一監訳『戦略マップ［復刻版］：バランスト・スコアカードによる戦略策定・実行フレームワーク』東洋経済新報社，2014年）。

戦略マップとは，戦略を構成する要素間の因果連鎖を視覚的に表現したものをいい，BSCの4つの視点における戦略目標間のつながりを論理的に系統立てて説明し，漠然とした戦略を一覧可能なロードマップとして明確に記述するためのフレームワークである。戦略マップでは，次頁の**図表17－3**のように，BSCの4つの視点における戦略目標および業績評価指標の因果連鎖が大局的に図示される。そこでは，BSCにおける4つの視点にそって，ビジョンと戦略を実現するための各種の重要成功要因が，それぞれの因果関係について仮定された方向を示す矢印で結びつけられ描かれる。その矢印のつながりは因果連鎖を意味しており，学習と成長の視点から財務の視点に向かって伸びる道筋となる。

この道筋は仮説としての戦略を形成している一連の論理であり，学習と成長の視点における無形の資産（intangible assets）が最終的に財務の視点における有形の成果（tangible outcomes）へと至る論理，すなわち組織能力が持続的競争優位の確立，さらには長期的な企業価値の向上をもたらす論理を表わす。この論理の構成要素となっている戦略マップ上の重要成功要因は，ビジョンと戦略を実現するための重要な管理対象であり，強み（strengths）・弱み（weaknesses）・機会（opportunities）・脅威（threats）を明らかにし，それらの戦略的な適合

図表17-3 戦略マップ

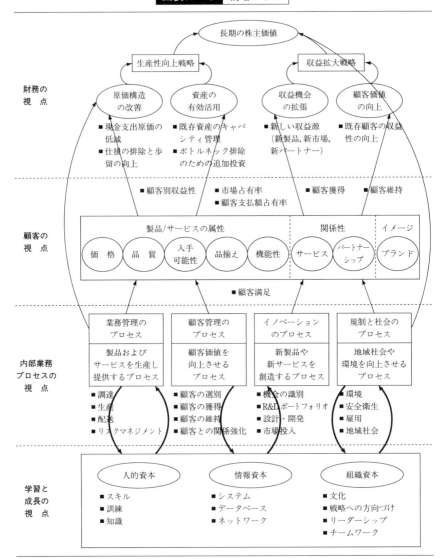

（出所） R.S. Kaplan and D.P. Norton, *Strategy Maps : Converting Intangible Assets into Tangible Outcomes*, Boston, Mass.: Harvard Business School Press, 2004, p.37, p.39, p.44, p.51.（櫻井通晴・伊藤和憲・長谷川惠一監訳『戦略マップ〔復刻版〕：バランスト・スコアカードによる戦略策定・実行フレームワーク』東洋経済新報社，2014年，46，48，53，60頁）の図をまとめ，加筆修正。

（strategic fit）を図るためのSWOT分析（SWOT analysis, SWOT matrix）などを通じて明らかにされる。

このように戦略マップは，重要成功要因間の因果連鎖を矢印で示すことで戦略に込められた意図や論理を明確に表わし，ビジョンと戦略を実現するうえで管理対象とすべき戦略目標を論理的に説明する手段となるものである。

4　バランスト・スコアカードによる戦略の具体化と監視

戦略マップおよびBSCの4つの視点における因果連鎖は，**図表17－4**に示すように，縦の因果連鎖となっており，BSCの構築に先立って戦略マップにより明確にされ，重要成功要因を反映した戦略目標を介してBSCに埋め込まれる。これにより，短期と中長期，過去と将来，内部と外部，有形と無形，財務と非財務などの経営上重要な要素間でバランスが取られる。また，4つの項目における因果連鎖は横の因果連鎖となっており，BSCの構築に際して戦略目標

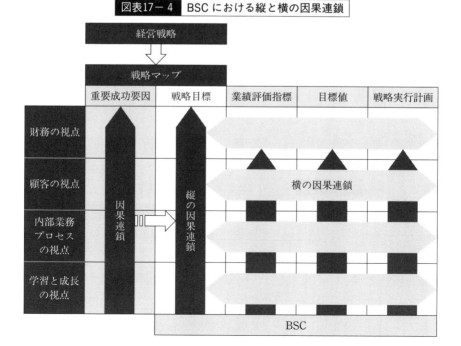

図表17－4　BSCにおける縦と横の因果連鎖

を具体的な業績評価指標，目標値および戦略実行計画に展開する際に，各視点における4つの項目間についてその整合性が検討されバランスが取られる（清水孝「因果連鎖を組み込んだマネジメント・コントロール・システムの展開」『早稲田商學』第376号，1998年，61-86頁）。

この縦と横の因果連鎖がBSC上に適切に形成されると，それらは戦略目標を基点として縦横につながるネットワークを形成する。これにより，BSCは全体としてバランスの取れた戦略目標，業績評価指標，目標値，および戦略実行計画の体系として確立される。また，構築されたBSCを用いて戦略実行計画を遂行し戦略目標の達成状況を監視（モニター）する際には，縦と横の因果連鎖をたどることによって，各業績評価指標に対する目標値が達成できなかった場合には，どのような悪影響（リスク）が戦略目標の達成ひいてはビジョンや戦略の実現におよぶかを知ることができる。

BSCには，そのような因果連鎖を構成する諸要素が，4つの視点のもとに整理されて結びつけられ，各種の業績評価指標に置き換えられて示される。すなわち，最終的な成果（アウトカム）は財務の視点における財務指標で表わされ，最終的な成果をもたらす要因（パフォーマンス・ドライバー）は顧客，内部業務プロセス，および学習と成長の各視点における非財務指標で表わされる。そして，そのような業績評価指標は，経営管理者がビジョンや戦略の実現上重要であると意図した管理の重点を意味している。BSCで用いられる主要業績評価指標（key performance indicators：KPI）の代表例としては，**図表17－5**のようなものがあげられるが，BSCにはこれらのKPIだけでなく，その向上をもたらすような組織独自の多様な業務レベルの業績評価指標が組み込まれる。

図表17－5　4つの視点における業績評価指標の例

4つの視点	業績評価指標の例
財務の視点	売上成長率，使用総資本利益率，投資利益率（ROI），売上総利益，営業利益，キャッシュ・フロー，経済付加価値（EVA）など
顧客の視点	市場占有率，顧客定着率，新規顧客獲得率，顧客満足度，顧客収益性など
内部業務プロセスの視点	新製品導入率，コスト，品質，対応時間など
学習と成長の視点	従業員満足度，従業員定着率，従業員の生産性など

5　バランスト・スコアカードによる戦略のコントロール

　前述のように，戦略は不確実な経営環境の予測を前提とした仮説であり，その論理が因果連鎖として戦略マップに描かれる。そして，戦略マップ上の因果連鎖がBSCに投影されることで，戦略は組織成員に具体的かつ明確な形となって現われる。経営管理者は，そのような戦略が反映されたBSCを組織成員に周知徹底することで，戦略にもとづく目標や計画に対する組織成員のコンセンサスを得て，戦略を実現するためのバランスの取れた組織的な価値創造活動を確保することができる。すなわち，戦略実行を確実なものとすることができるのである。

　また，BSCでは，戦略の論理がうまく機能しているかどうかに関するフィードバック（feed back）情報またはフィードフォワード（feed forward）情報が全組織成員に提供され組織学習が促進されることから，戦略の実行および戦略自体のコントロールが可能となる。たとえば，**図表17－6**に示すように，ある業績評価指標について目標値が達成されていない場合には，目標値と実績値の差

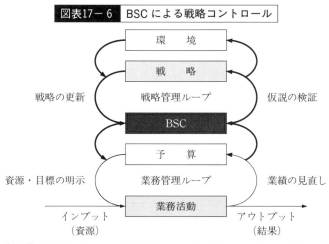

図表17－6　BSCによる戦略コントロール

（出所）　R.S. Kaplan and D.P. Norton, *The Strategy-Focused Organization*, Boston, Mass.: Harvard Business School Press, 2001, p.275.（櫻井通晴監訳『キャプランとノートンの戦略バランスト・スコアカード』東洋経済新報社，2001年，348頁）を一部加筆修正。

異に関するフィードバック情報を通じてシングル・ループの学習が促進され，次期の計画設定や予算編成において，戦略の軌道上に組織の業務活動を引き戻すように計画や予算が立案され設定されるという業務管理ループが展開される。また，パフォーマンス・ドライバーに関する業績評価指標について目標値を達成したとしても，アウトカムがそれに連動して向上しない場合には，現行の戦略を策定した時点と現時点での経営環境の差異に関する戦略的フィードバック情報および将来の見通しに関するフィードフォワード情報を通じてダブル・ループの学習が促進され，戦略を導き出した前提の妥当性について注意が喚起される。そして，それがやがて戦略を構成する一連の仮説（因果連鎖）の検証へとつながることで，戦略自体の更新や見直しをも含めた戦略の妥当性や組織目標の有効性を疑問視し変革を促すという戦略管理ループが展開される（安酸建二「戦略的管理会計の現状と研究課題：文献レビューを通じて」『流通科学大学論集 [流通・経営編]』Vol. 11，No. 1，1998年，69頁）。このように，BSC は，戦略実行だけでなく，戦略コントロールをも実現するシステムとなっているのである。

　このように，BSC は戦略の実行を管理するための手段となる一方で，経営環境の変化に応じて戦略自体を適応させることを可能とする枠組みを提供するものでもある。このことから，BSC は戦略の策定をも支援すると考えられる。しかしながら，キャプラン＝ノートンは，「BSC は，実際のところ，『戦略策定』ツールという訳ではない。」(R.S. Kaplan and D.P. Norton, "Linking the Balanced Scorecard to Strategy," *California Management Review*, Vol. 39 No. 1, Fall, 1996, p.77) と指摘している。それは，彼らによる BSC の組織体への導入経験では，戦略はすでに組織内で十分に明確にされ承認されており，したがって，BSC は戦略のさらなる明確化と再定義の推進およびそれに必要な特定の戦略の意義と実行について，新たな対話の促進と議論の場の提供に役立つだけのものとみなされたからである。

　とはいえ，BSC を通じたそのような戦略に関する対話・議論による組織学習から生み出される新たなアイディアによって戦略が微調整され，戦略の策定・検証・見直しが継続的なプロセスになることによって，また，BSC 構築の基礎となる戦略マップの開発・展開によって，さらには，BSC を用いて戦略遂行 (strategy execution) を管轄する「戦略管理室 (the office of strategy management)」の出現 (R.S. Kaplan and D.P. Norton, "The Office of Strategy Management," *Harvard Business Review*, Vol. 83 No. 10, October 2005, pp.72-80.（井上充代訳「戦略管理オフィスの活用法」『DIAMONDハーバード・ビジネス・レビュー』3月号，2006年，86-96頁））によって，BSCはいまや戦略実行のみならず，戦略コントロールを通じて戦略策定にも役立つような戦略形成システムへと進化してきている（大槻晴海・﨑章浩「実務におけるBSCの有用性：協和発酵キリン株式会社の事例研究」『産業經理』Vol. 75, No. 2, 2015年，151-175頁）。

索　引

欧　文

ABB	182
ABC	204
ABM	214
BSC	240
CSF	244
CVP	7
DCF法	197
IE法	148
IRR	199
KPI	248
KSF	244
LCC	229
LCCing	231
M/S比率	150
MTBF	236
MTTR	236
NPV	198
PDCAサイクル	221
PI	200
QFD	225
ROI	202
SWOT分析	247
VE	226

あ　行

アウトカム	244
アウトプット法	142
安全余裕率	150
意思決定会計	21
異常減損	100
異常仕損	89, 100
異常仕損費	90, 103
一般管理費	31
一般費	64
移動平均法	44
インダストリアル・エンジニアリング法	148
インプット法	143
売上高差異	180
運用（オペレーティング）コスト	231
営業利益	168
延期可能原価	187

か　行

買入部品費	37
回帰分析法	147
会計的方法	145
概算見積	227
回収期間法	201
階梯式配賦法	68
回避可能原価	187
外部材料副費	38
外部報告会計	13
価額基準	84
価格決定	168
価格差異	136
科学的管理法	129
加給金	47
学習と成長の視点	243
加工時間	52
加工進捗度	96
加工費	32
加工費工程別総合原価計算	109
加工費法	109
加算法	224
価値指数	225
活動	205
活動基準原価計算	204
活動基準予算管理	182
活動ドライバー	207
活動分析	215
貨幣の時間価値	196
勘定科目精査法	145
間接経費	56
間接経費処理	90
間接工賃金	48
間接材料費	37
間接作業時間	52
間接作業賃金	52
間接費	32

索引

間接労務費 …………………………48
管理会計 ……………………………14
管理会計の体系 ……………………16
管理可能費 …………………………34
管理可能利益 ………………………167
管理不能費 …………………………34
関連原価 ……………………………185
機会原価 ……………………………186
期間計画 ……………………………20
期間原価 ………………………30,159
企業会計 ……………………………12
企業予算 ……………………………172
基準操業度 …………………………135
基準標準原価 ………………………131
機能別分類 …………………………32
基本賃金 ……………………………47
逆計算法 ……………………………41
キャッシュ・フロー ………………197
給料 …………………………………47
狭義の原価管理 ……………………128
狭義の原価企画 ……………………217
業績管理会計 ………………………19
業績評価会計 ………………………19
業績評価指標 ………………………244
業績分析 ……………………………216
共通固定費 …………………………166
業務執行的意思決定 ……………21,188
許容原価 ……………………………223
切捨率 ………………………………197
勤務時間 ……………………………52
組間接費 ……………………………111
組直接費 ……………………………111
組別総合原価計算 …………………111
経営意思決定 ……………………7,184
経営意思決定会計 …………………21
経営管理 ……………………………14
経営計画 ……………………………171
計画 …………………………………17
計画会計 ……………………………17
計画機能 ……………………………173
経常予算 ………………………174,177
継続記録法 …………………………40
継続製造指図書 ……………………93
経費 ………………………………31,56

原因分析 ……………………………142
原価 …………………………………26
限界利益 …………………………149,167
原価・営業量・利益関係 …………7
原価管理 …………………………6,128
原価企画 ……………………………217
原価計画 ……………………………129
原価計算 ……………………………2
原価計算期間 ………………………9
原価計算制度 ………………………3
原価計算単位 ………………………9
原価作用因 …………………………207
原価単位 ……………………………9
原価低減 ……………………………128
原価統制 ……………………………128
原価の一般概念 ……………………27
原価の固変分解 ……………………145
原価の諸概念 ………………………29
原価のつくり込み …………………220
原価標準 ………………………130,133
原価部門 ……………………………60
原価見積 ……………………………227
原価要素 ……………………………31
現金支出原価 ………………………186
現在価値 ……………………………196
現実的標準原価 ……………………132
減損 …………………………………99
減損費 ………………………………100
源流管理 ……………………………219
広義の原価管理 ……………………128
広義の原価企画 ……………………217
貢献利益 ……………………………167
貢献利益法 …………………………166
公式法 ………………………………134
工場管理部門 ………………………61
工場消耗品費 ………………………37
控除法 ………………………………223
工程 …………………………………104
高低点法 ……………………………146
工程別総合原価計算 ………………104
行動会計 ……………………………178
顧客価値 ……………………………226
顧客の視点 …………………………243
コスト・コントロール ……………128

コスト・テーブル…227	資金予算…174
コスト・ドライバー…207	資源消費型の計算構造…208
コスト・ドライバー分析…215	資源ドライバー…207
コスト・プール…207	事後原価管理…130
コスト・マネジメント…128	市場見込生産…93
コスト・レビュー…228	事前原価管理…130
固定製造原価…158	仕損…88,99
固定費…33	仕損費…89,99
固定費調整…164	仕損品…88,99
固定予算…174	実際原価…29
個別計画…21	実際消費量…29
個別原価計算…10,79	実際賃率…51
個別固定費…166	実際配賦…86
個別受注生産…80	実際配賦率…86
個別賃率…50	実働時間…52
個別法…42	支払経費…57
コミッテッド・コスト…167	支払賃金…49
コンカレント・エンジニアリング…218	資本コスト率…197
	資本予算…174
さ 行	収益性指数法…200
最小二乗法…147	従業員賞与手当…48
最適セールス・ミックス…191	就業時間…52
最適プロダクト・ミックス…191	修正先入先出法…97
財務会計…13	重要成功要因…244
財務諸表会計…13	取得コスト…231
財務の視点…243	主要業績評価指標…248
材料購入原価…38	主要材料費…36
材料購入代価…38	準固定費…33
材料消費価格差異…41	純粋先入先出法…97
材料費…31,36	準変動費…33
材料副費…38	詳細見積…227
差額原価…185	消費賃金…50
差額原価収益分析…187	消費賃率…50
差額法…189	正味現在価値法…198
先入先出法…42,97	消耗工具器具備品費…37
作業屑…87	職種別平均賃率…51
作業時間差異…138	職場離脱時間…52
雑給…47	諸手当…48
差別原価…185	シングル・プラン…143
参加型予算管理…178	進捗度…96
散布図表法…147	信頼性…236
3分法…139	数量基準…84
時間基準…84	数量差異…136
時間給制…49	スキャッター・チャート法…147

正常価格 …………………………30
正常減損 …………………………100
正常市価 …………………………123
正常市価基準 ……………………123
正常仕損 ……………………89,100
正常仕損費 …………………89,100
正常標準原価 ……………………132
製造間接費 ……………………32,83
製造間接費差異 …………………139
製造間接費の配賦 ………………84
製造間接費標準 …………………134
製造原価 …………………………31
製造原価計算 ……………………34
製造原価明細書 …………………6
製造差益 …………………………157
製造指図書 ………………………79
製造直接費 ………………………32
製造部門 …………………………60
製品原価 ……………………30,159
製品別計算 ……………………8,79,93
製品ライフサイクル ……………230
セグメント ………………………166
セグメント別損益計算 …………166
折衷法 ……………………………224
設備投資 …………………………195
設備投資の経済性計算 …………196
線型計画法 ………………………192
全原価要素工程別総合原価計算 …104
前工程費 …………………………105
全部原価 …………………………31
全部原価計算 …………………31,158
戦略実行計画 ……………………244
戦略的意思決定 ………………22,195
戦略的コスト・マネジメント …218
戦略的利益管理 …………………218
戦略マップ ………………………245
戦略マネジメント ………………241
戦略目標 …………………………244
総額法 ……………………………189
操業度 ……………………………32
操業度差異 ………………………139
総原価 ……………………………34
総原価計算 ………………………34
総合原価計算 …………………11,93

総合的原価低減 …………………218
総合予算 …………………………174
相互配賦法 ………………………69
総平均賃率 ………………………51
総平均法 …………………………45
測定経費 …………………………58
損益計算書 ………………………5
損益分岐図表 ……………………149
損益分岐点 ………………………150
損益分岐点売上高 ………………150
損益分岐点販売量 ………………151
損益分岐点比率 …………………151
損益分岐点分析 …………………148
損益予算 …………………………174

た 行

貸借対照表 ………………………5
退職給付費用 ……………………48
大量生産 …………………………93
棚卸計算法 ………………………40
棚卸減耗費 ………………………47
棚卸減耗量 ………………………40
単一基準配賦法 …………………77
短期経営計画 ……………………171
短期予算 …………………………173
短期利益計画 ……………………171
短期利益計画設定 ………………7
単純個別原価計算 ………………81
単純総合原価計算 ………………94
段取時間 …………………………52
弾力性予算 ………………………134
中期経営計画 ……………………171
長期経営計画 ……………………171
長期変動費 ………………………207
長期予算 …………………………173
調整機能 …………………………173
直接経費 …………………………56
直接経費処理 ……………………90
直接原価計算 ……………………156
直接原価計算論争 ………………165
直接工賃金 ………………………48
直接材料費 ………………………37
直接材料費差異 …………………136
直接材料費標準 …………………133

直接作業時間	52	バランスト・スコアカード	240
直接賃金	52	半製品	108
直接配賦法	67	販売価格差異	180
直接配賦法を加味した相互配賦法	69	販売費	31
直接費	32	販売量差異	180
直接労務費	48	非原価項目	28
直接労務費差異	137	ビジネス・レビュー	228
直接労務費標準	133	ビジュアル・フィット法	147
賃金	47	非付加価値活動	215
賃率差異	51,138	費目別計算	8,36
月割経費	57	費目別精査法	145
積上原価	224	標準原価	29,130
定時休憩時間	52	標準原価カード	135
出来高給制	49	標準原価計算	129
デザイン・レビュー	228	標準原価計算制度	130
手待時間	52	標準原価差異	136
手待賃金	52	標準原価分析	130
等価係数	116,122	標準消費量	30
等価比率	116	標準製品原価	135
等級別総合原価計算	115	標準製品原価表	135
当座標準原価	131	標準配賦率	135
投資利益率法	202	非累加法	108
統制	17	非累積法	108
統制会計	17	品質機能展開	225
統制機能	173	付加原価	186
特殊原価概念	185	複合費	57
特殊原価調査	4,185	副産物	123
特定製品製造指図書	79	複数基準配賦法	77
トレード・オフ分析	236	福利費	48
		負担能力主義	123

な 行

内部業務プロセスの視点	243	部分原価	31
内部材料副費	38	部分原価計算	31
内部報告会計	14	部門共通費	63
内部利益率法	199	部門個別費	62
成行原価	224	部門費集計表	64
能率差異	139	部門費の第1次集計	63
		部門費の第1次配賦	63
		部門費の第2次集計	67

は 行

パーシャル・プラン	142	部門費の第2次配賦	67
ハードル・レート	199	部門費振替表	68
配賦基準	84	部門別計算	8,59
発生経費	58	部門別個別原価計算	81
パフォーマンス・ドライバー	244	部門予算	174
		不利差異	136

分割納入制 …………………………… 80
分離点後の個別加工費 ……………… 122
平均故障間隔 ………………………… 236
平均修理時間 ………………………… 236
平均賃率 ………………………………… 51
平均法 …………………………………… 96
変動製造原価 ………………………… 158
変動費 …………………………………… 33
変動費率 ………………………… 134, 149
変動予算 ………………………… 134, 174
保守（メンテナンス）コスト ……… 231
補助経営部門 ………………………… 61
補助材料費 …………………………… 37
補助部門 ……………………………… 61
補助部門費 …………………………… 63

ま 行

埋没原価 ……………………………… 186
マイルストーン管理 ………………… 228
マネジド・コスト …………………… 167
見積原価 ……………………………… 220
目的分類 ……………………………… 32
目標原価 ……………………………… 223
目標値 ………………………………… 244

や 行

有利差異 ……………………………… 136
要支払額 ……………………………… 54
予算委員会 …………………………… 177
予算課 ………………………………… 177
予算管理 ……………………………… 172
予算差異 ……………………………… 139

予算実績差異分析 …………………… 179
予算スラック ………………………… 178
予算体系 ……………………………… 175
予算統制 ………………………… 172, 179
予算編成 ………………………… 172, 175
予算編成方針 ………………………… 176
予算報告書 …………………………… 181
予定価格 ……………………………… 29
予定賃率 ……………………………… 51
予定配賦 ……………………………… 86
予定配賦率 …………………………… 86

ら 行

ライフサイクル・コスティング …… 230
ライフサイクル・コスト ……… 218, 229
利益管理 ………………………………… 6
利益企画 ……………………………… 217
リエンジニアリング ………………… 214
利害関係者 …………………………… 12
理想標準原価 ………………………… 132
リニア・プログラミング …………… 192
累加法 ………………………………… 105
累積法 ………………………………… 105
連結原価 ……………………………… 122
連産品 ………………………………… 121
連続配賦法 …………………………… 70
連立方程式法 ………………………… 70
労務費 …………………………… 31, 47

わ 行

割引キャッシュ・フロー …………… 197
割引率 ………………………………… 197

◆編著者紹介

山田　庫平（やまだ　こうへい）
1962年明治大学商学部卒業，同大学大学院経営学研究科修士課程修了，1966年中央学院大学商学部専任講師，1969年明治大学経営学部専任講師，同大学助教授を経て，1976年同大学教授，2008年定年制により明治大学を退職，同大学名誉教授，2009年大原大学院大学教授，2014年同大学学長，2018年定年制により大原大学院大学を退職。日本管理会計学会理事長，日本会計研究学会理事，日本原価計算研究学会理事，日本簿記学会理事等を歴任。
〔主要著書〕『予算統制の基礎』（共著，中央経済社，1972年），『文献学説による原価計算の研究』（分担執筆，中央経済社，1983年），『原価計算の基礎知識［改訂版］』（編著，東京経済情報出版，2004年），『基本原価計算用語辞典』（編著，白桃書房，2004年），『経営管理会計の基礎』（編著，東京経済情報出版，2006年），『経営管理会計ハンドブック』（責任編集，東京経済情報出版，2008年）など。

吉村　聡（よしむら　さとし）
1981年明治大学経営学部卒業，同大学大学院経営学研究科博士後期課程単位取得，1990年流通経済大学経済学部専任講師，同大学助教授，2002年同大学教授，現在に至る。
〔主要著書〕『基本簿記テキスト3級商業簿記』（分担執筆，白桃書房，2001年），『基本簿記テキスト2級工業簿記』（分担執筆，白桃書房，2004年），『基本原価計算用語辞典』（分担執筆，白桃書房，2004年），『経営管理会計の基礎』（編著，東京経済情報出版，2006年），『経営管理会計ハンドブック』（編集，東京経済情報出版，2008年），『現代簿記の基礎』（編著，中央経済社，2008年），『原価計算の基礎』（編著，東京経済情報出版，2008年），『現代原価・管理会計の基礎』（編著，東京経済情報出版，2015年），『ビジネス・キャリア検定試験標準テキスト—経理（原価計算）3級〔第2版〕』（監修，中央職業能力開発協会，2017年）など。

飯島　康道（いいじま　やすみち）
1981年東海大学工学部卒業，明治大学大学院経営学研究科博士後期課程単位取得，1992年札幌大学経営学部専任講師，同大学助教授，1997年愛知学院大学経営学部助教授，2004年同大学教授，現在に至る。
〔主要著書〕『基本原価計算用語辞典』（分担執筆，白桃書房，2004年），『経営管理会計の基礎』（分担執筆，東京経済情報出版，2006年），『経営管理会計ハンドブック』（分担執筆，東京経済情報出版，2008年），『原価計算の基礎』（分担執筆，東京経済情報出版，2008年），『現代原価・管理会計の基礎』（分担執筆，東京経済情報出版，2015年）など。

大槻　晴海（おおつき・はるみ）
1996年明治大学経営学部卒業，同大学大学院経営学研究科博士後期課程単位取得，2002年諏訪東京理科大学経営情報学部助手，2004年明治大学経営学部専任講師，2007年同大学准教授，現在に至る。
〔主要著書〕『基本原価計算用語辞典』（分担執筆，白桃書房，2004年），『現代英和会計用語辞典』（分担執筆，同文舘出版，2006年），『管理会計（マネジメント・アカウンティング）』（分担執筆，学文社，2006年），『経営管理会計ハンドブック』（分担執筆，東京経済情報出版，2008年），『現代簿記の基礎』（分担執筆，中央経済社，2008年），『会計による経営管理』（分担執筆，税務経理協会，2012年），『現代原価・管理会計の基礎』（分担執筆，東京経済情報出版，2015年）など。

原価・管理会計の基礎

2018年4月1日　第1版第1刷発行
2024年3月1日　第1版第9刷発行

編著者	平　田　庫　司
	聡　道　康　晴
	海　継
	山　吉　飯　大
	村　島　槻

編著者　平田　聡道　庫　海　康晴　山吉　村島　飯　大槻　継

発行者　山　本　　　継
発行所　㈱中央経済社
発売元　㈱中央経済グループ
　　　　パブリッシング

〒101-0051　東京都千代田区神田神保町1-35
電話　03（3293）3371（編集代表）
　　　03（3293）3381（営業代表）
https://www.chuokeizai.co.jp
印刷／昭和情報プロセス㈱
製本／侑井上製本所

Ⓒ 2018
Printed in Japan

＊頁の「欠落」や「順序違い」などがありましたらお取り替えいたしますので発売元までご送付ください。（送料小社負担）

ISBN978-4-502-25911-1　C3034

JCOPY〈出版者著作権管理機構委託出版物〉本書を無断で複写複製（コピー）することは，著作権法上の例外を除き，禁じられています。本書をコピーされる場合は事前に出版者著作権管理機構（JCOPY）の許諾を受けてください。
JCOPY〈https://www.jcopy.or.jp　eメール：info@jcopy.or.jp〉